CATIA MASTER

카티아 마스터

노현구 · 오현묵 공저

B.C.Info

저자 서문

최근 기술분야에서 컴퓨터를 이용한 엔지니어링의 발달은 하루가 다르게 급속히 발전하고 있다. 그 중에서도 설계분야의 컴퓨터 의존율은 매우 높다고 할 수 있으며,CAD/CAM이 대표적이라 할 수 있다. 이러한 추세에 따라 CAD를 이용한 도면(Drawing)/모델링(Modeling)/계산(Calculation)/해석(Analysis) 분야의 프로그램 툴(Tool)은 수없이 많이 개발되고 있으나, 이 프로그램들을 정확히 이해하고 사용하는 데는 많은 시간과 노력을 투자해야만 한다. 한 가지 프로그램을 유용하게 사용할 수 있다는 것은 엔지니어에게 매우 큰 경쟁력을 가지는 기회가 된다. CATIA는 기계/자동차/조선/항공 등의 분야에서 전 세계적으로 많이 사용되고 있고, 그 기능도 도면에서부터 모델링, 해석까지 다양하다. 또한, 배우기도 비교적 쉬우므로 도전해 볼 만하다. 시중에 나와 있는 책들은 대부분 CATIA의 기능 설명이나 이론적인 측면에서 접근하여 많은 지면을 할애 하고 있다. 그러다 보니 처음 시작할 때 배움의 흥미가 다소 떨어지고 두꺼운 책임에도 불고하고 다소 허무한 느낌이 드는 경우도 있다.

본서는 초반부터 따라하기 위주로 집필되었다. 즉, 책의 내용을 한 단계씩 따라 하면서 최대한 쉽고 흥미롭게 CATIA를 익힐 수 있도록 하였다. CATIA는 여러 기능을 연결하여 수행하였을 때 한 개의 모델이 완성되므로 그러한 흐름을 독자에게 전달하고 싶었다. 그리고 중 후반부터는 상세한 설명을 최대한 배제하였다. 기본적인 설명만 서술하여 배우는 이가 생각하고 시행착오를 거치며 한 단계씩 완성해 가며 그 성취감을 맛볼 수 있도록 준비하였다. 또한, 각 장의 Title 이름을 명령어 및 기능 이름으로 정하고 최대한 세분화하여 나누었으므로 목차를 보고 찾고자 하는 명령이나 기능을 찾아서 확인할 수 있도록 하였다.

엔지니어의 길을 가고자 한다면, 프로그램 사용은 필수이다. 학교에서 배운 여러 가지 역학 문제들을 시험시간에 계산기를 두드려 가며 열심히 풀어 본 기억을 가지고 있다가, 키보드나 마우스 몇 번의 조작으로 그 결과를 쉽게 확인해 볼 수 있는 프로그램을 처음 접하면 신기하고, 그 동안 열심히 공학 공부했던 것에 대해 배신감을 느낄 수도 있을 것이다, 저자가 그랬던 것처럼. 그러나 프로그램을 알아가면 갈수록 열심히 공부했던 학창시절의 노력이 얼마나 중요했는지 몇 번이고 확인하게 된다. 프로그램은 엔지니어들에게 편리함과 정확성 그리고 보증된 결과를 도출하여 그래픽으로 나타내어 줌으로서 우리를 기쁘게 한다. 그러나 프로그램을 시작하기 전에 반드시 명심해 두어야 할 부분이 있다. 지금 사용하는 프로그램이 정품인지 꼭 확인하여야 한다. 프로그램은 매우 비싸다. 작게는 몇 백만 원에서 많게는 수억 원에 이르는 프로그램들이 즐비하다. CATIA도 모듈에 따라 다르지만 억대 프로그램이다. 구입비용도 만만치 않지만, 매년 또는 2년에 한 번씩 업그레이드 버전 지원을 받기 위해서는 유지보수 계약이 필수적이다. 즉, 억대의 금액을 지불하고서도 매년 수 백 에서 수천만 원의 유지보수 금액을 지불해야 한다.

저자 서문

설치된 각 컴퓨터마다… 더 무서운 사실은 프로그램은 중고판매나 타인에게 양도 할 수가 없다. 그리고 가끔 라이선스(License)를 잃어버리거나 컴퓨터 포멧 또는 고장 등의 경우에 정품 프로그램을 날려버릴 수도 있다. 혹시라도 비용 때문에 인증되지 않은 해적 프로그램을 가지고 사용하고 있다면 지금 당장 멈출 것을 권유한다. 프로그램을 실행하는 순간 컴퓨터의 I.P는 해당 프로그램사와 연결이 될 것이다. 그리고 적발이 되면(반드시 된다) 정가보다 훨씬 비싼 가격에 풀 버전의 프로그램을 구입해야 하며 합의금도 물어야 한다. 불복한다면 법정에서 검사들과 싸워야 하는 무시무시한 절차가 기다리고 있다. 간혹 판사의 판단에 따라 전과자가 되거나 옥살이를 하는 경우도 있다. 그럼에도 불고하고 CATIA는 분명 매력적인 설계 프로그램 툴이다.

이제 차근차근 그 진가를 알아보도록 하자. 본서가 늦은 밤까지 희망과 열정으로 불빛을 밝히는 많은 엔지니어들에게 도움이 되기를 바란다.

심은 대로 거두리라!

목차

목차

목차

Chapter 01 CATIA 소개

CATIA : Computer Aided Three dimensional Interactive Application

CATIA는 프랑스의 다쏘시스템(Dassault Systems)에서 자동차나 항공기를 설계/개발하기 위해 만든 3차원 설계 지원프로그램이다.

〈CATIA 시작화면〉

1960년대의 엔지니어들은 연필, 종이, 제도판만으로 항공기를 디자인하였다. 이러한 2D 위주의 수작업은 많은 문제점을 야기하였다. (수정, 복사, 해독 …)

이후, 1970년대에 들어 컴퓨터를 이용한 설계에 대한 연구가 시작되었다. 그 중에서 항공분야에서 이러한 시도가 급속히 이루어졌다. 비행기의 형상을 수학적으로 정의하여 컴퓨터의 공기역학해석에 입력이 가능한지를 연구하기 시작하였다.

즉, 곡선과 곡면을 수학적으로 표현하여 소프트웨어에 적용할 수 있도록 하였다. 이러한 활동들이 CAD(Computer Aided Design)시스템의 출현배경이 된 것이다. 이후 복잡한 형상의 CAD MODEL로 부터 받아들인 정보를 NC기계에 입력하여 가공가능 하도록 연구 개발을 시작하였다. 이것이 CAM(Computer Aided Manufacturing) 발생의 시초가 되었다.

1990년대 말, CATIA를 사용할 수 있다는 이유만으로도 항공우주 산업분야에 취업할 수 있는 기회가 주어졌다. 당시의 CATIA는 User Interface 환경이 발달되지 않아 다루기가 매우 복잡하였다.

현재는 CAD/CAM기술이 COMPUTER의 급속한 발전과 더불어 매우 빠른 속도로 발전하고 있다. 단 몇 분만에 3차원의 곡선, 곡면, SOLID MODEL을 만들어내고 회전가능하며 자르거나 내부를 볼 수 있다는 것은 마술과도 같다.

CATIA 기능 중 일부는 1981년 최초버전에서부터 사용되었으며 현재까지 큰 변경 없이 사용되고 있다.

CATIA는 약 90개 이상의 WORKBANCH로 구성이 되어있다. 다양한 분야의 엔지니어링에 접목 가능하도록 프로그래밍된 CATIA의 모든 기능을 알고 사용한다는 것은 불가능에 가깝다. 또한, 어떠한 CATIA 사용자도 모든 기능을 사용하는 이는 없으며 대부분의 관련서적들도 WORKBANCH의 일정 부분의 기능들만을 소개하고 있다.

[CATIA의 특징]

① CAD/CAM/CAE 등 다양한 분야의 적용이 가능하다.

CAD(Computer Aided Design in CATIA) : 수학과 기하학의 알고리즘이 프로그래밍되어 있어 설계자가 도형, 차체, 비행기 등 복잡한 MODELING을 할 수 있도록 도와준다.

CAM(Computer Aided Design in CATIA) : CAD에서 Modeling 된 형상을 가공에 필요한 정보로 전환한다. (공구경로, APT-Automatically Programmed Tool, NC data 및 가공 simulation)

CAE(Computer Aided Engineering in CATIA) : CAD에서 Modeling 된 형상에 대하여 응력해석, 충돌해석, 유동해석 등의 유한요소해석(FEM)이 가능하다.

② Interactive Application으로서 CATIA화면 하단의 대화창을 보고 작업수행이 가능한 양방향 Communication 가능하다.

③ 전 세계에서 생산되는 자동차의 약 1/3이 CATIA로 설계되고 있으며, 선박, 항공, 우주산업까지 포함한다면 더 많이 사용되고 있다고 추정할 수 있다.

Chapter 02 CATIA 시작과 모델링

CATIA(카티아)는 잘 만들어진 하나의 3D MODELING/SIMULATION/ANALYSIS 프로그램이다. 즉, Design을 하기 위한 좋은 공구(Tool)이다. CATIA를 시작하는데 있어 이론적으로 접근을 하면 매우 지루하고 배우기도 힘이 들 것이다. 이론적인 부분은 CATIA를 활용하는 능력이 상급으로 되었을때 관심을 가지고 공부하는 것이 깊이도 있고 쉽게 이해가 될 것이다. 이 책은 초급 및 중급사용자를 위해 집필되었으므로 실습위주로 내용을 구성하였다. 하나씩 집중하여 따라 하다 보면 매우 큰 흥미를 느낄 수 있을 것이다.

우선, CATIA의 시작과 MODELING을 바로 배워보자.

1. CATIA 시작

1.1 바탕화면의 CATIA 아이콘을 더블클릭하고 잠시 기다린다.

(초기부팅 시 컴퓨터사양에 따라 부팅시간이 수십 초에서 수분 정도 걸림)

[그림 1.1.1]

[그림 1.1.2] CATIA 실행 시 초기화면

(그림 1.1.2)처럼 CATIA가 실행되고 초기 화면에는 “Product” workbench 환경이 나타난다. (Option 설정에 따라 다를 수 있음)

1.2 “Product” workbench는 파트모델들을 조립하는 “Assembly” workbench이므로 현재로는 필요가 없다.

그러므로 (그림1.2.1)처럼 초기 화면에 나타난 “Product” workbench는 닫아준다.

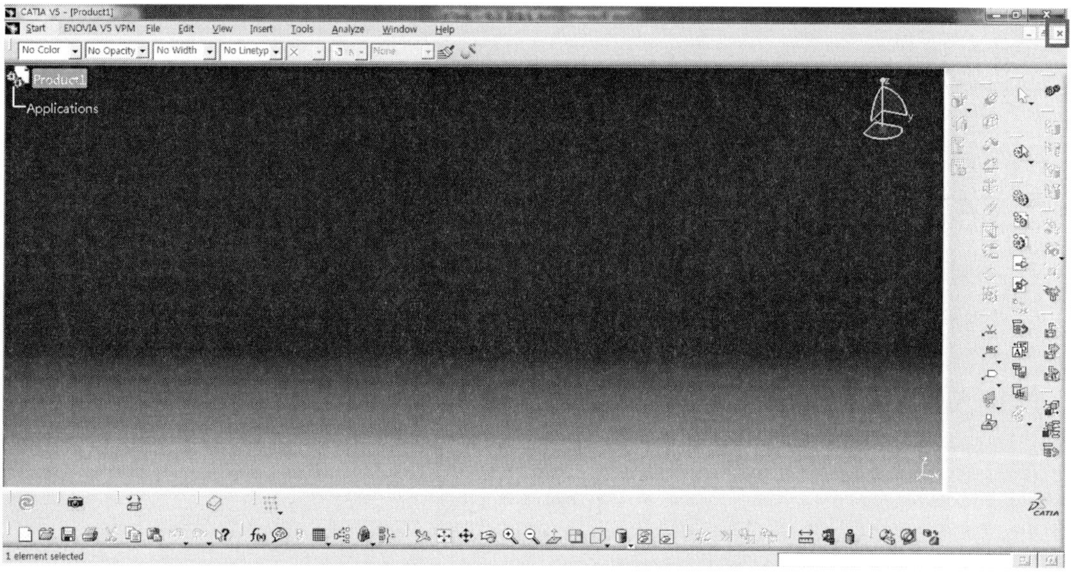

[그림 1.2.1] 초기화면의 “Product 1” workbench는 닫아준다.

[그림 1.2.2] “Product 1” workbench를 닫은 후의 화면

2. 단품 모델링을 위한 “Part” workbench 작업환경으로 이동

“Part” workbench 작업환경으로 들어가기 위한 방법은 여러 가지가 있다. 아이콘을 클릭하거나 pull down 메뉴를 이용하거나 단축키를 이용할 수 있다.

2.1 Pull down 메뉴에서

▶ Start 〉 Mechanical Design 〉 Part Design

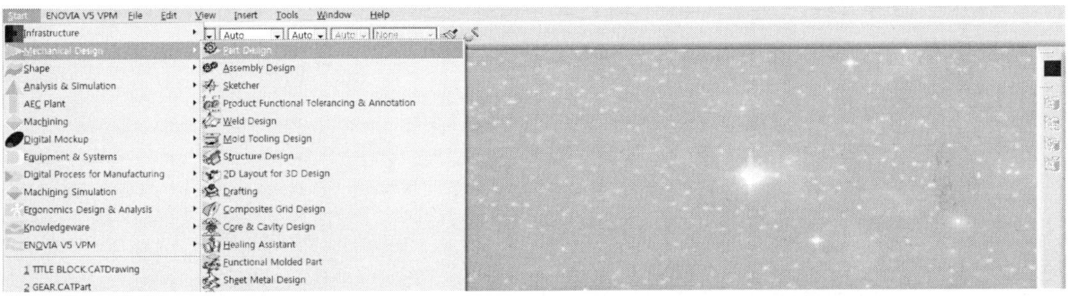

[그림 2.1.1] “Part” workbench를 시작하기 위한 절차

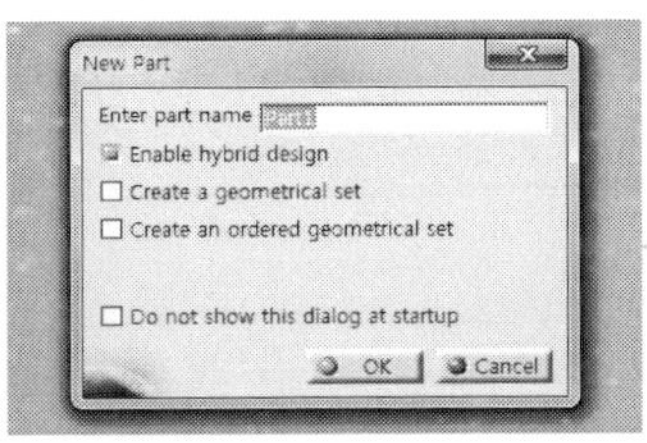

Pop-up창이 나타나면
파트이름을 입력하고 OK 클릭

[그림 2.1.2] “Part” workbench를 실행하면 나타나는 창

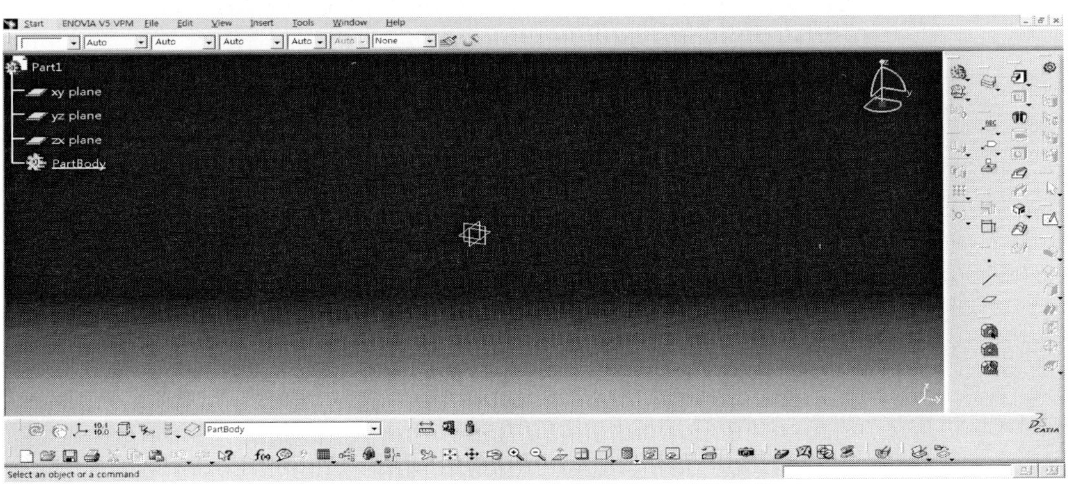

[그림 2.1.3] “Part” workbench 작업화면

2.2 단품 모델링을 위한 "Sketch" workbench 작업환경으로 이동

"Sketch" workbench로 이동하기 위해서는 가장먼저 Sketch 할 평면을 정해주어야 한다. CATIA에는 기본적으로 세 개의 평면을 보여준다. (xy plane, yz plane, zx plane) 이 세 개의 평면에서 본인이 원하는 평면에 Sketch를 할 수 있다. 처음부터 평면에 대한 개념을 잡으려면 복잡하게 느껴지므로, 우선 xy plane을 선택하여 "Sketch" workbench로 이동해 보자.

(그림2.2.1)처럼 좌측상단의 Tree에서 xy plane을 선택하고, 도구모음의 "Sketch" 아이콘을 클릭한다. (도구모음은 설정에 따라 화면의 왼쪽이나 오른쪽 또는 상단이나 아래 등, 어디든지 위치할 할 수 있다. 처음 시작하는 초보자는 아이콘의 위치를 찾는데 시간이 다소 걸릴 것이다.)

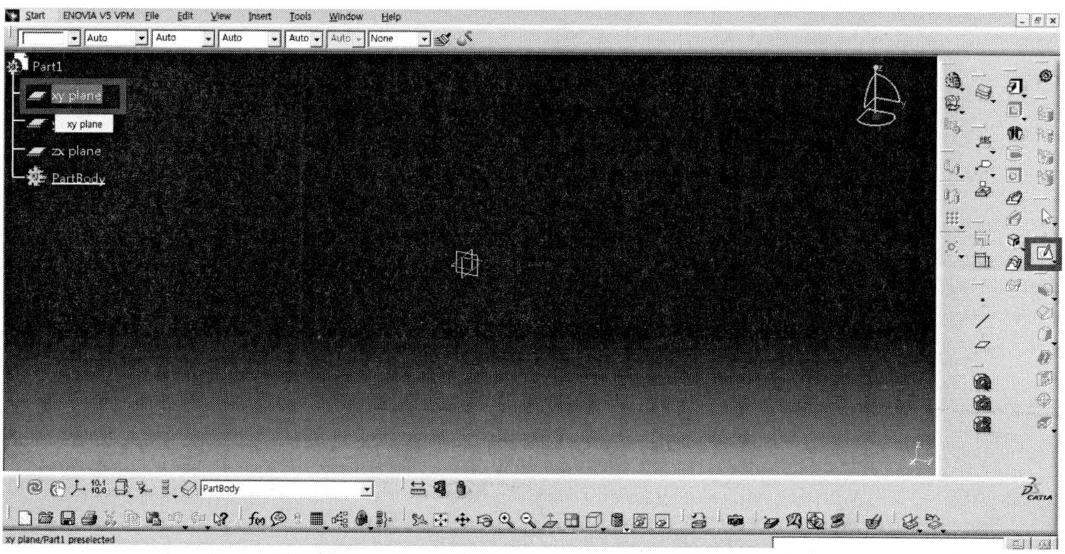

[그림 2.2.1] xy plane을 선택한 모습

[그림 2.2.2] Sketch 아이콘의 모양

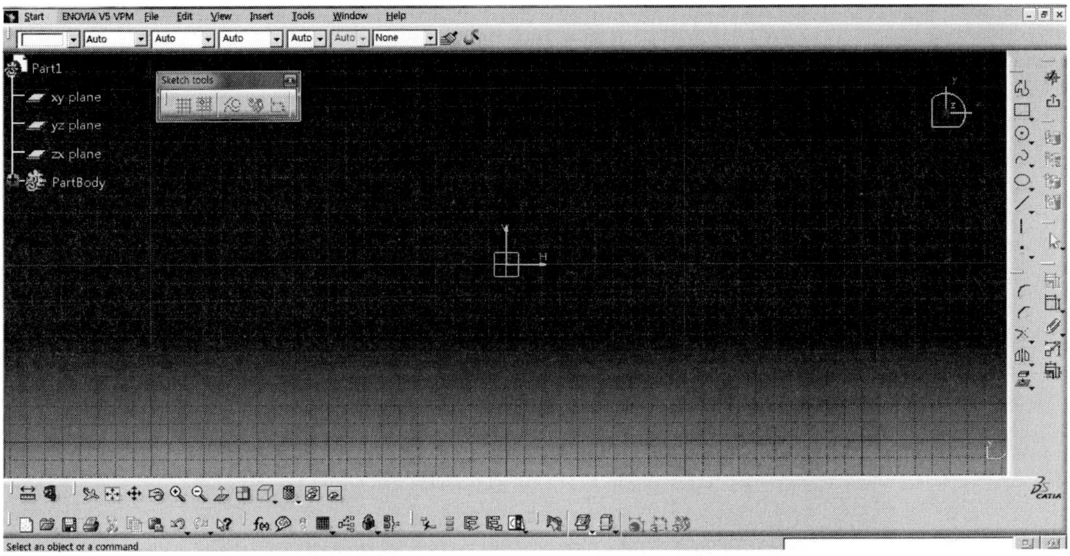

[그림 2.2.3] Sketch workbench 작업환경 화면

2.3 간단한 Sketch 작성

직경이 20 mm인 원 한 개를 sketch 하자.

도구모음에서, ▶ circle(원) 아이콘을 클릭 〉 원점(0, 0) 지점 클릭 〉 마우스를 끌어서 적당한 크기의 원이 되면 클릭

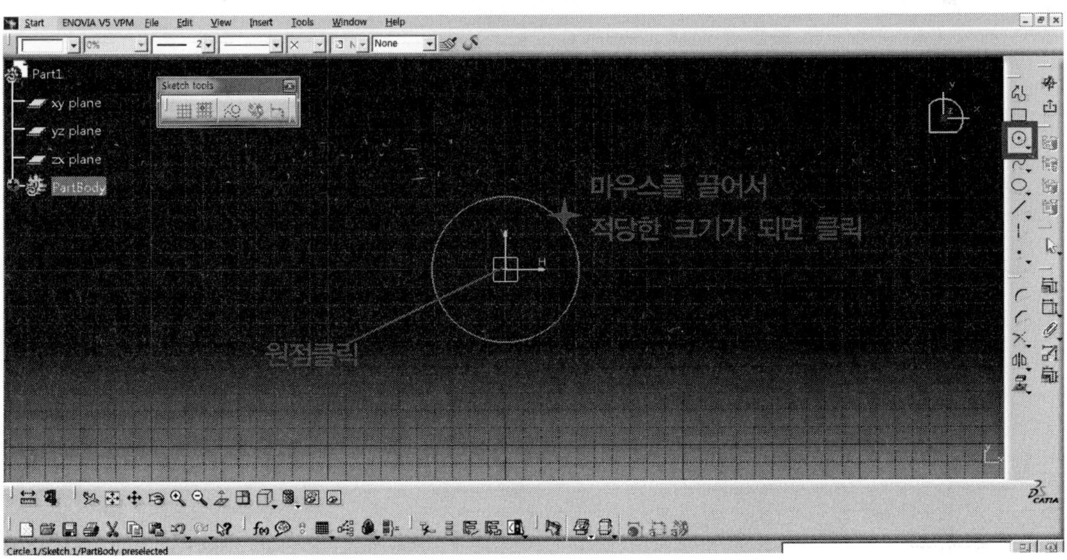

[그림 2.3.1] 직경 20 mm인 원의 작도

이렇게 작성된 원은 지름이 20 mm가 아니므로, 직경을 지정해 준다. (그림2.3.2)처럼 원을 더블클릭 하면 Pop-up 상자가 나타나는데, 여기서 직경을 지정해 준다. (지름이 20이므로 반지름(Radius) 10을 입력하고 "OK" 클릭)

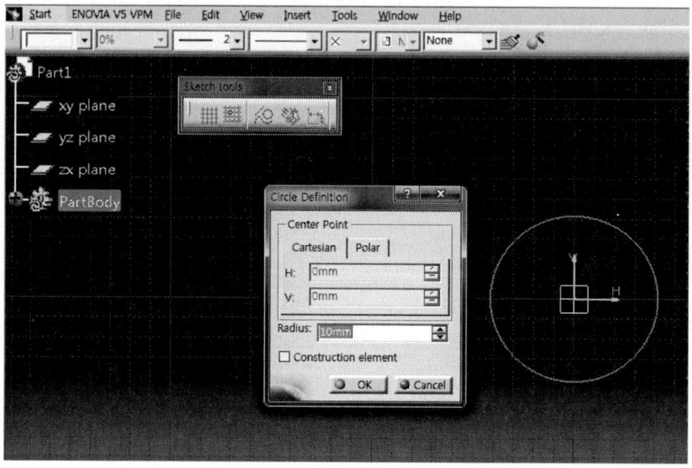

[그림 2.3.2] 원의 치수를 입력

지름 20 mm인 원의 Sketch가 완성되면 우측의 도구모음상자에서 "Exit" 아이콘을 눌러준다. "Exit" 아이콘을 누르면 "Part" workbench로 이동하게 되고 여기서 3차원 modeling을 완성한다.

[그림 2.3.3] Exit 아이콘 모양

2.4 Solid Modeling

Sketch에서 나오면 "Part" workbench로 이동하게 된다. 이 상태에서 돌출(Pad) 아이콘을 눌러 20 mm의 2D원을 100 mm 만큼 돌출시켜보자. (Solid modeling)
도구모음 아이콘에서 (그림2.4.1)과 같은 Pad 아이콘을 클릭한다.

[그림 2.4.1] "Pad" 아이콘 모양

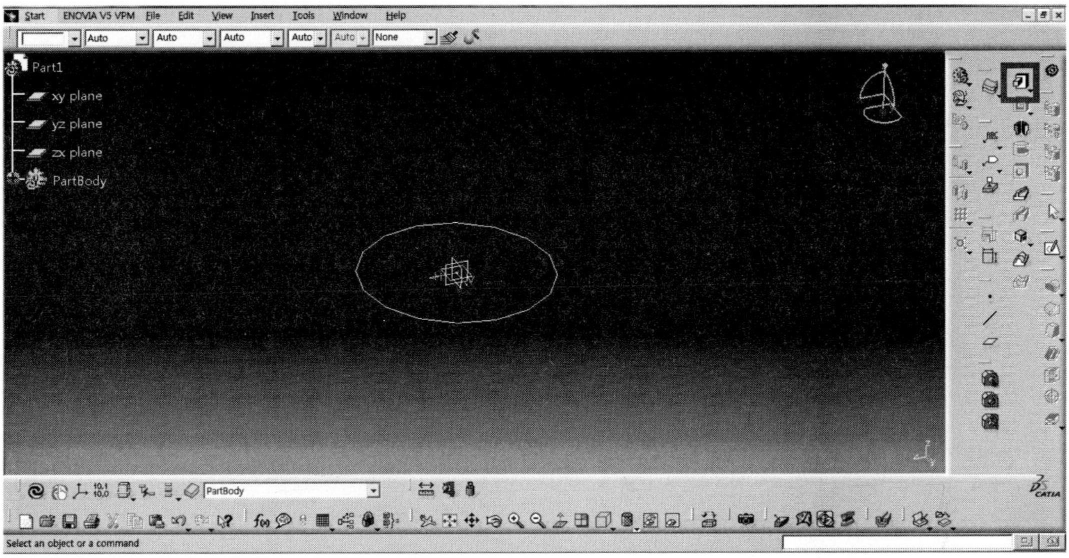

[그림 2.4.2] Sketch에서 나와서 "Part" workbench로 이동한 화면

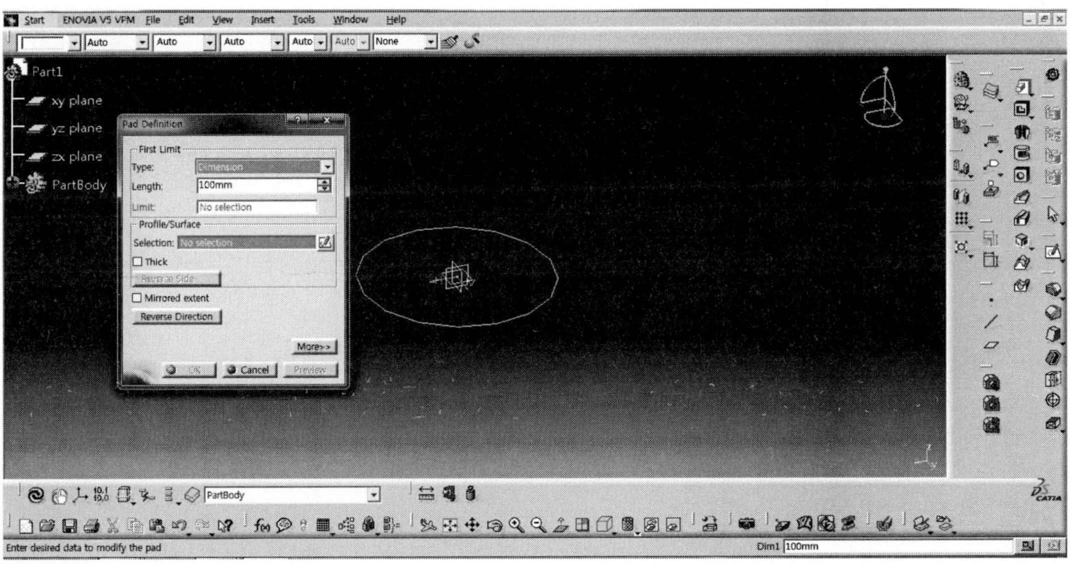

[그림 2.4.3] "Pad" 아이콘을 클릭하면 나타나는 Pop-up 창

Pop-up 창이 나타나면 (그림2.4.2)와 같이 설정을 한다. "Length" 에 100을 입력, "Selection" 을 클릭한 뒤 sketch(원)을 선택하고 "OK" 클릭 (일반적으로 원은 자동으로 선택되어 있는 경우가 많으므로 "Selection" 선택 없이 100 mm만 입력하면 되는 경우가 많다.)

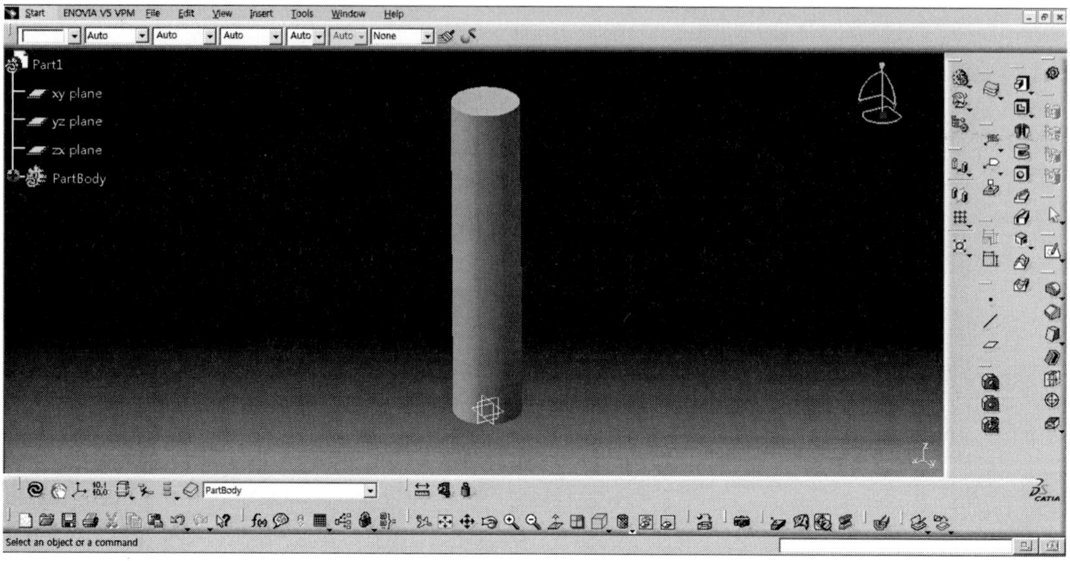

[그림 2.4.4] 지름 100mm의 원기둥 Modeling 완성 화면

Chapter 03 마우스를 이용한 화면

Modeling을 할 때, Model을 크게/작게 하거나 여러 각도로 돌려보아야 하는 경우가 매우 많다. 이때 마우스와 키보드를 이용하여 편리하게 화면을 조작할 수 있다. (익숙해 질 때까지 여러 번 반복하여 연습한다.)

1. 모델 상하좌우로 이동

Workbench 화면상의 모델을 상하좌우로 이동하고자 할 때는 마우스 가운데 버튼 (휠버튼)을 누른채로 Drag (마우스 끌기) 하면, 마우스를 따라 모델이 이동한다.

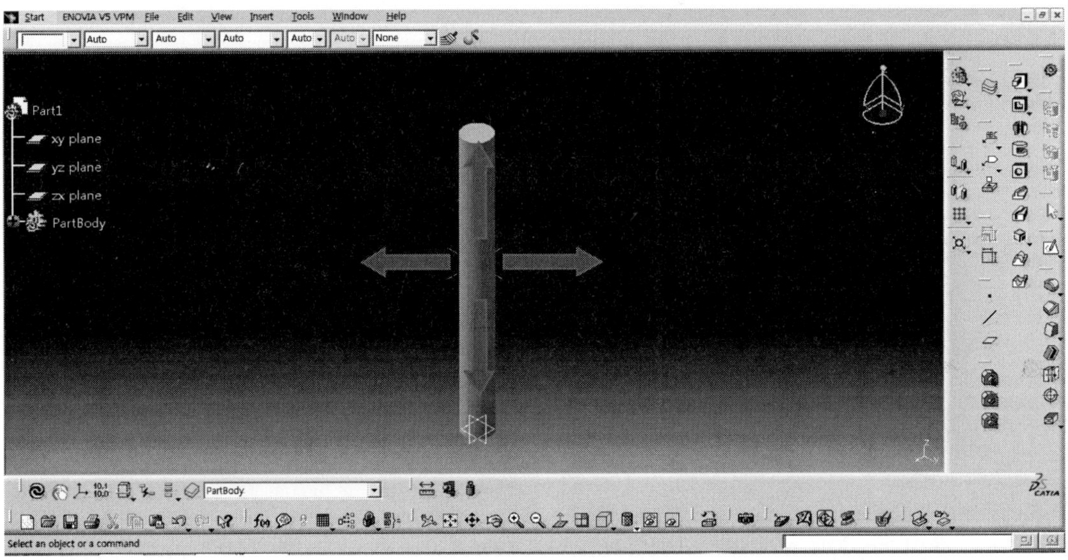

[그림 1.1] Mouse Wheel button을 누르고 Drag하면 Model이 상하좌우로 움직인다.

2. Zoom in / Zoom out

▶ 키보드의 "Ctrl" +마우스 가운데 버튼 (휠 버튼)

임의의 파트모델을 연다. 자판(key board)의 "Ctrl+마우스 휠 버튼"을 동시에 누른다. 마우스를 아래위로 움직이면 모델이 커졌다/작아졌다 한다. (Zoom in / Zoom out)

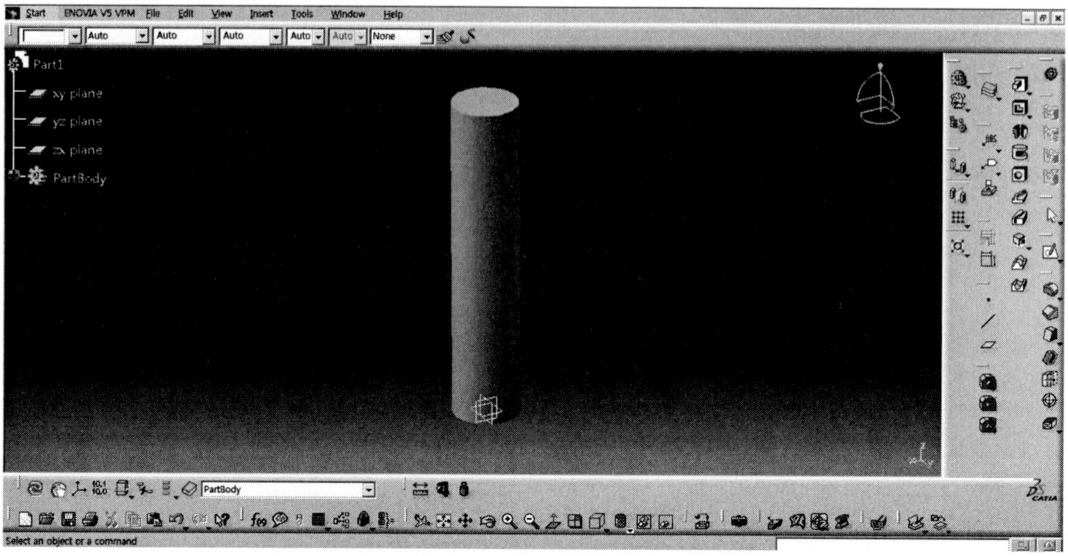

[그림 2.1] 마우스조작 연습을 위한 part model

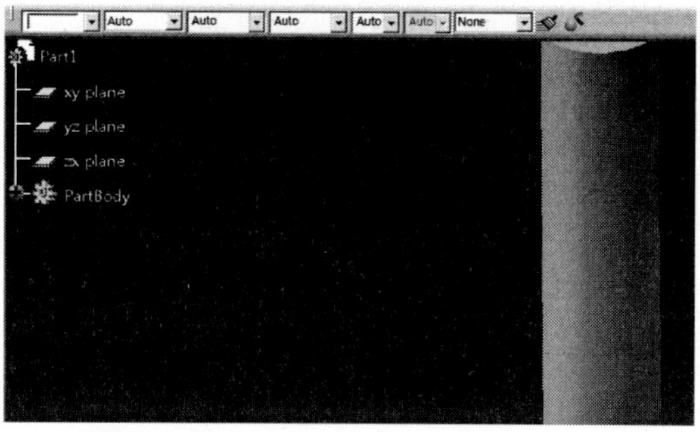

[그림 2.2] "Cont+휠 버튼" (Zoom in)

[그림 2.3] "Cont+휠 버튼" (Zoom out)

3. Model Rotation (모델 돌려보기)

▶ 마우스 가운데 버튼 (휠 버튼)+키보드의 "Ctrl"

모델을 이리저리 돌려보기 위해서 [휠 버튼+키보드의 "Ctrl"]을 누른 후 마우스를 움직이면 모델도 함께 여러 방향으로 움직인다.

<Note>

Cont 키를 먼저 누르고 휠 버튼을 누르면 Zoom in/ Zoom out 이고, 휠 버튼을 먼저 누르고 Cont 키를 누르면 모델 회전이 된다. (순서에 유의하면서 익숙해질 때까지 몇 번 연습한다.)

4. 정면/측면/평면 보기

마우스를 통한 모델보기 조작은 특정각도 (정면/측면/평면)을 잡기가 어렵다. 정면/측면/평면과 같이 특정 뷰를 정확히 보기 위해서는 "View" 아이콘을 이용하면 된다. View 아이콘은 화면 하단의 도구모음에 위치한다.(설정에 따라 다른 곳에 위치할 수도 있다.)

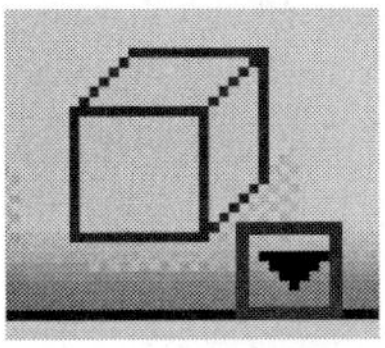

[그림 4.1] "View" 아이콘

[그림 4.2] "View" 아이콘을 이용한 정면/측면/평면 보기

(그림4.2)과 (그림4.3)처럼 View 아이콘 옆의 작은 역삼각형(검은색)을 누르면 하위메뉴(Sub menu)가 나타난다. 이 서브메뉴에서 정면/측면/평면 등을 선택해 주면 해당 View를 보여준다.

[그림 4.3] "View" 아이콘 옆의 서브메뉴를 눌렀을 때 나타나는 아이콘

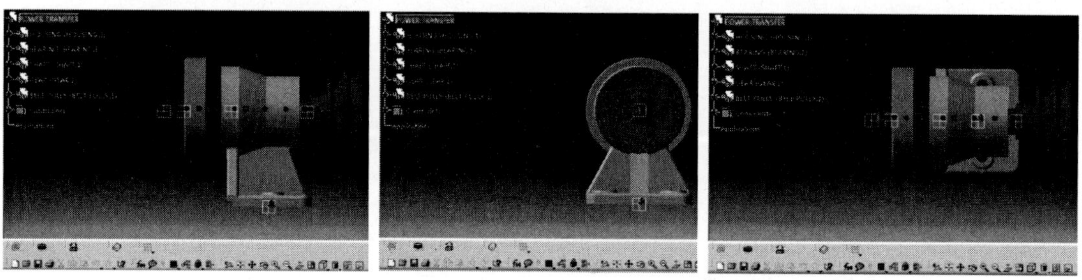

[그림 4.4] "View" 아이콘을 이용한 정면/측면/평면 보기

Chapter 04

Thread and Tap (나사와 탭 가공)

1. Thread (나사가공)

1.1 직경 12 mm, Pad length 100 mm인 봉을 한 개 modeling 한다.

▶ xy plane 선택 〉 Sketch 아이콘 클릭 〉 Circle 명령 선택 〉 원점(0, 0)에 직경 12 mm 원 sketch 〉 Exit 〉 Pad 〉 Dimension 100 〉 "OK" 클릭

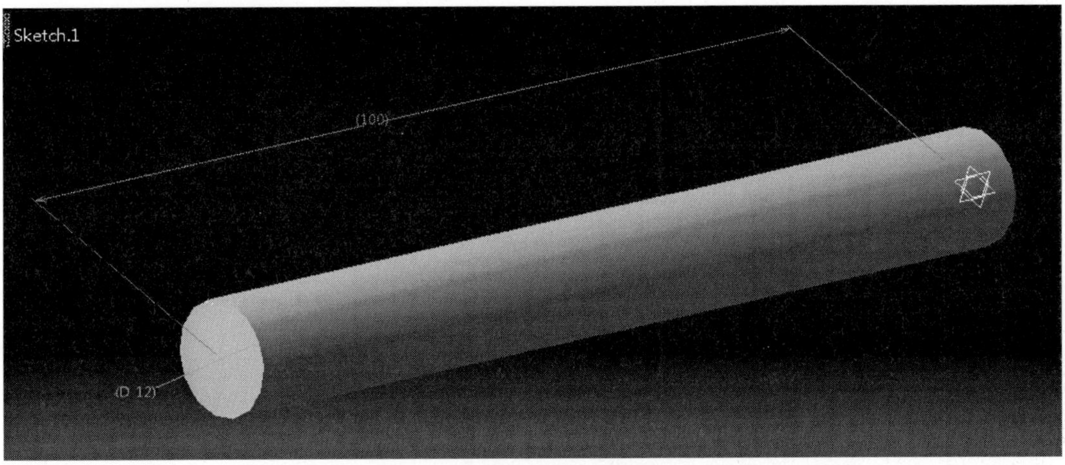

[그림 1.1.1] 직경 12 mm, Pad 100 mm인 봉 Modeling

1.2 도구모음에서 "Thread/Tap" icon을 클릭한다.

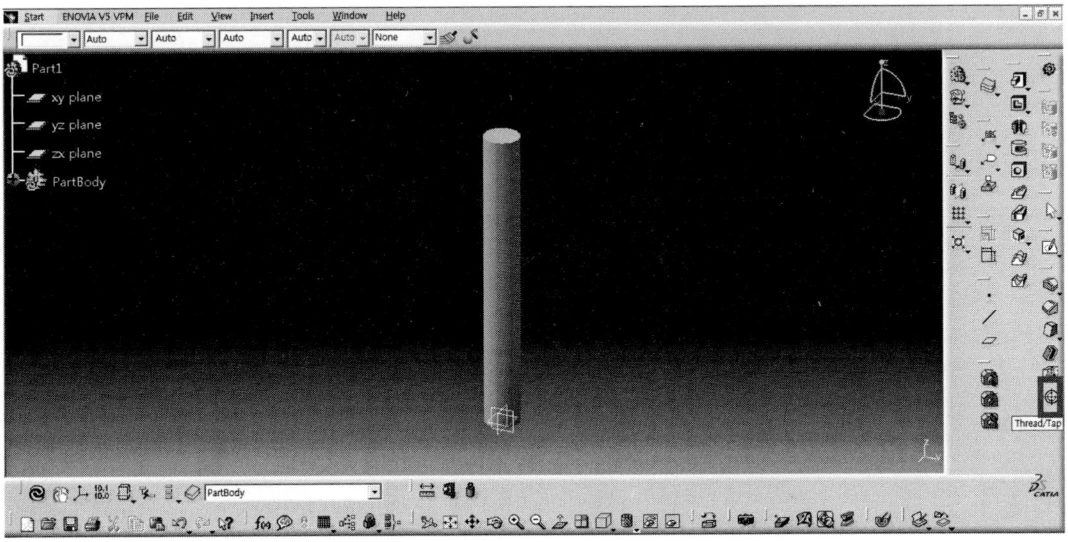

[그림 1.2.1] 도구모음에서 Thread/Tap 아이콘 클릭

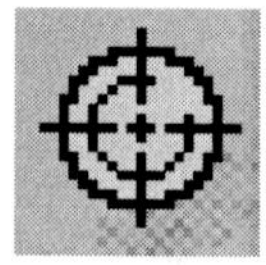

[그림 1.2.2] Thread/Tap 아이콘

Thread/Tap 아이콘을 누르면 (그림 1.2.3)과 같은 창이 나타난다.

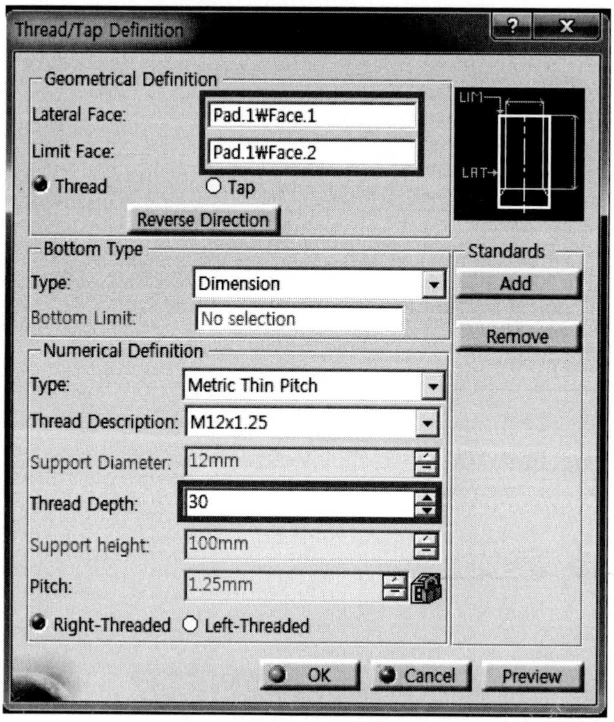

◆Lateral Face

나사가 만들어질 면을 선택

◆Limit Face

나사의 시작될 면을 선택

◆Bottom Type

Dimension : 나사가 가공될 길이를 설정 (Thread Depth)

◆Numerical Definition

Type : "Metric Thin Pitch" / "Metric Thick Pitch" / "No Standard" 3개의 옵션이 있다.

◆Thread Description

표준나사의 직경과 pitch가 정해진다.

◆Thread Depth

나사가 만들어지는 길이를 입력한다.

[그림 1.2.3] Thread/Tap 아이콘을 누르면 나타나는 창

(그림 1.2.4)와 같이 Lateral Face/Limit Face를 선택하고, Thread Depth를 30 mm로 입력한다.

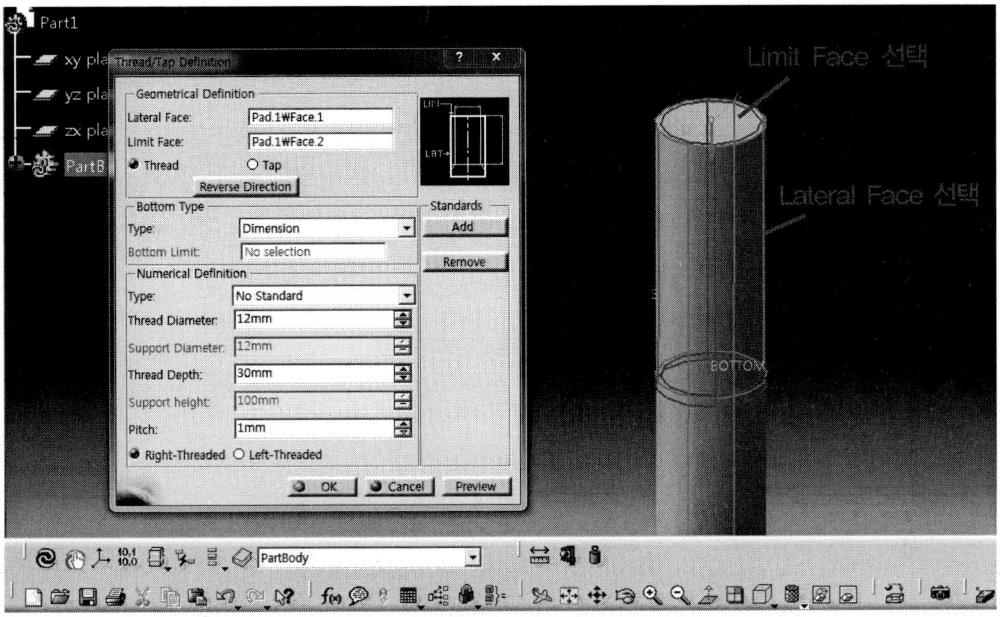

[그림 1.2.4] Thread/Tap 창에서 설정

<Note>

나사가 만들어지고 나면 3D modeling 상에는 나타나지 않는다. (2D로 Drafting하면 나사산이 표현됨 -Properties에서 "Thread" 가 check되어있어야 함)

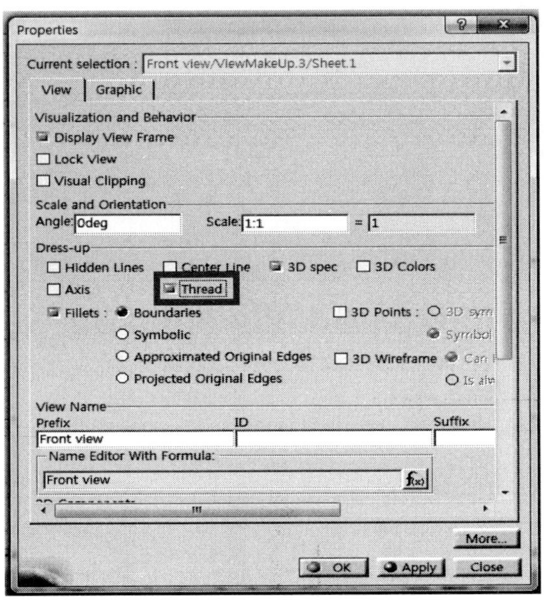

[그림 1.2.5] Drafting workbench의 Properties 창에서 "Thread" 를 체크해 준다.

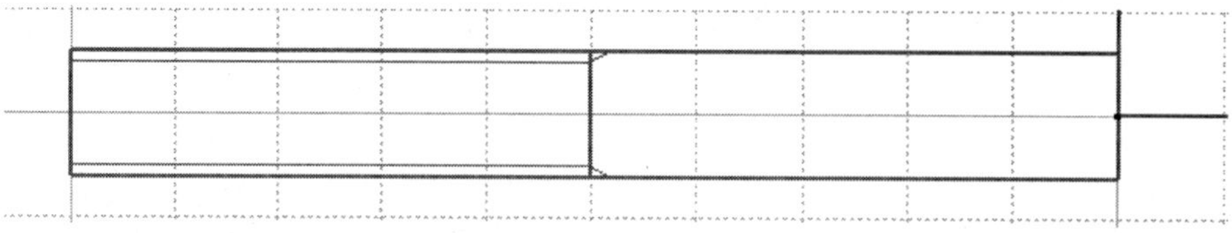

[그림 1.2.5] "Thread" 가 도면에 표현된 모습 (2D에서만 표현된다)

2. Tap 가공 (구멍에 나사산 가공-암나사)

2.1 가로 100 mm × 세로 100 mm × 높이 50 mm인 사각박스를 modeling 한다.

▶ xy plane 선택 〉 Sketch 아이콘 〉 Rectangle 명령 선택 〉 가로, 세로 100 mm 사각형 스케치 (그림2.1.1)

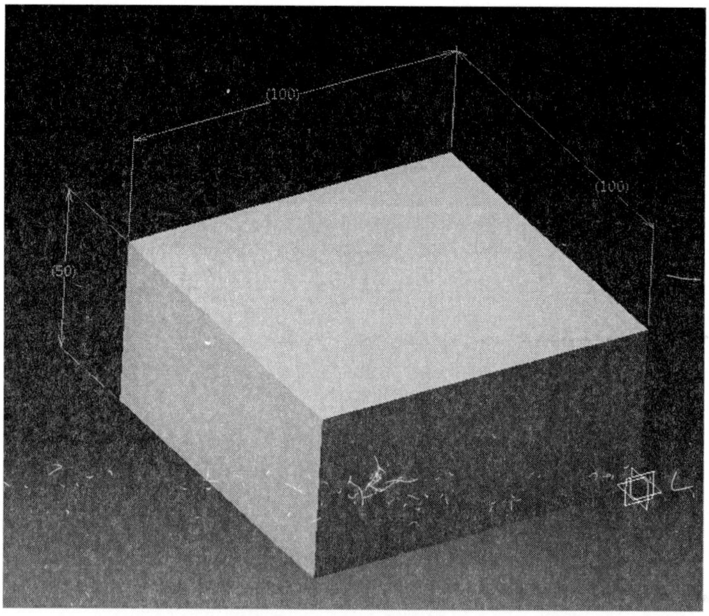

[그림 2.1.1] Pad를 이용하여 100 × 100 × 50 사각박스 모델링

2.2 도구모음에서 "Hole" icon을 클릭한다.

[그림 2.2.1] Hole Icon의 모양

▶ Hole 아이콘 선택 〉 사각박스 윗면의 모서리 1 선택 〉 사각박스 윗면의 모서리 2 선택 〉 사각박스의 윗면 선택 (그림2.2.2)

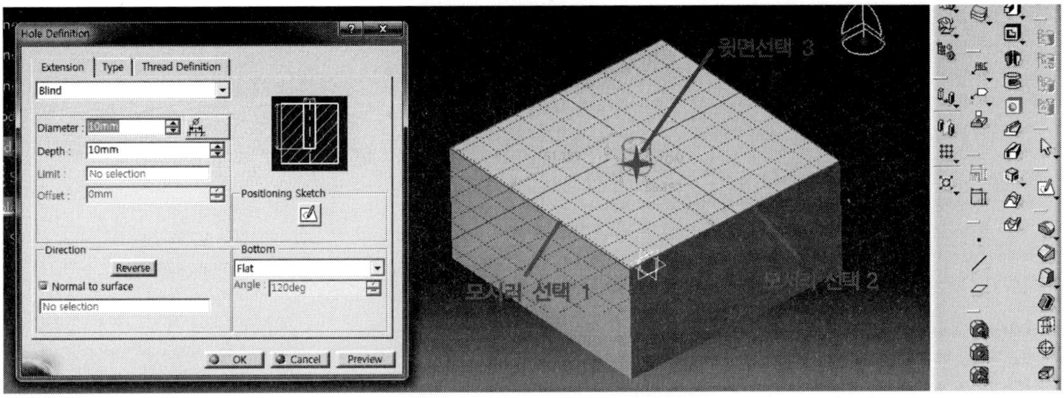

[그림 2.2.2] Hole 명령 실행

Hole이 뚫릴 정확한 위치를 지정하기 위해 녹색으로 나타난 Hole 위치 치수선을 더블클릭하여 원하는 치수를 입력한다. (그림2.2.3)과 같이 여기서는 50, 50을 입력한다.

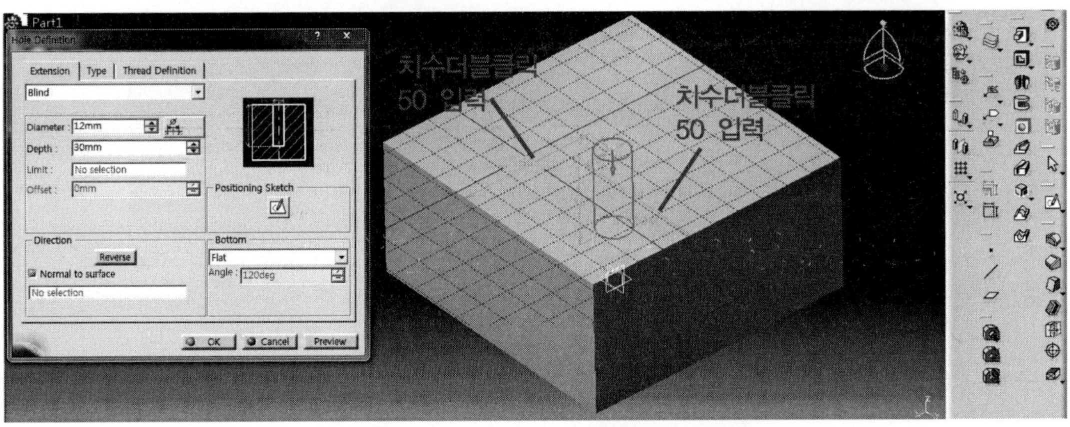

[그림 2.2.3] Hole의 정확한 위치 선정

Hole의 정확한 위치를 선정한 후, 상세설정 Pop-up 창에서 다음과 같이 설정한다.

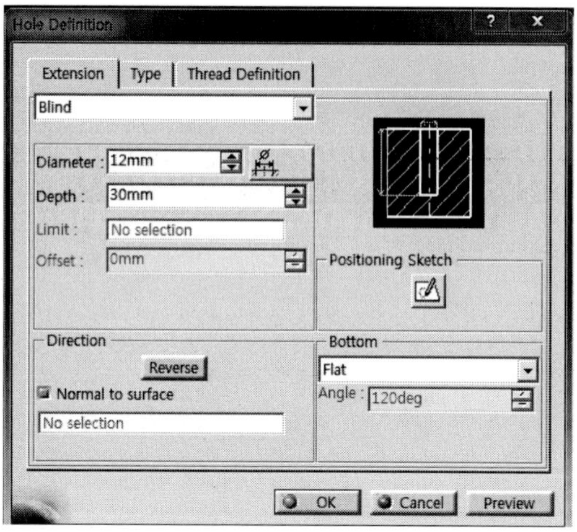

◆Diameter = 12 mm

◆Depth = 30 mm

"OK" 클릭

[그림 2.2.3] Hole 치수설정

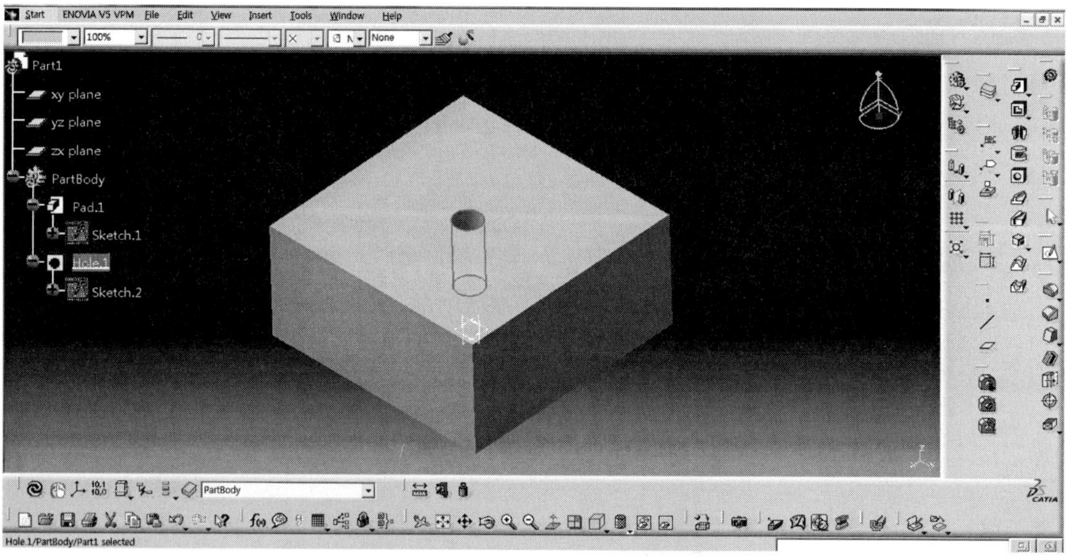

[그림 2.2.4] Hole이 정가운데 가공

Chapter 05 SPUR GEAR DRAWING (평기어 작도)

1. Spur gear 모델링을 위해 기어 각 부분의 명칭을 알아보자.

(그림1.1) & (그림1.2)

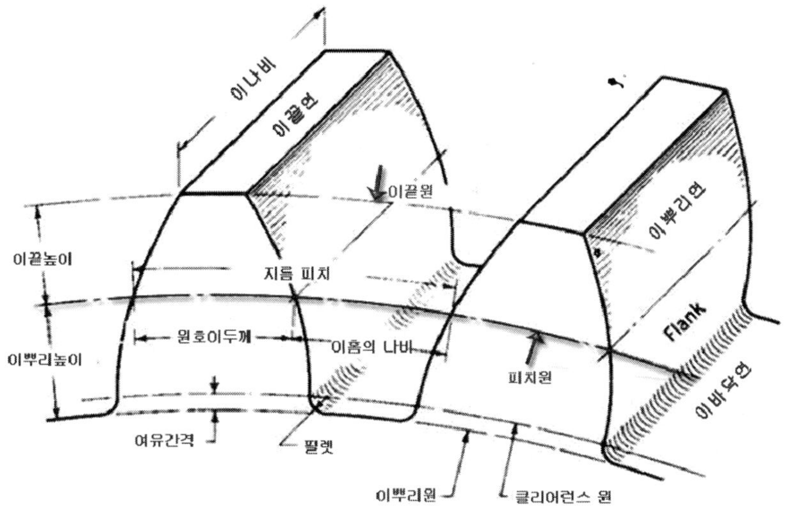

[그림 1.1] Spur Gear 각 부분의 명칭 (한글)

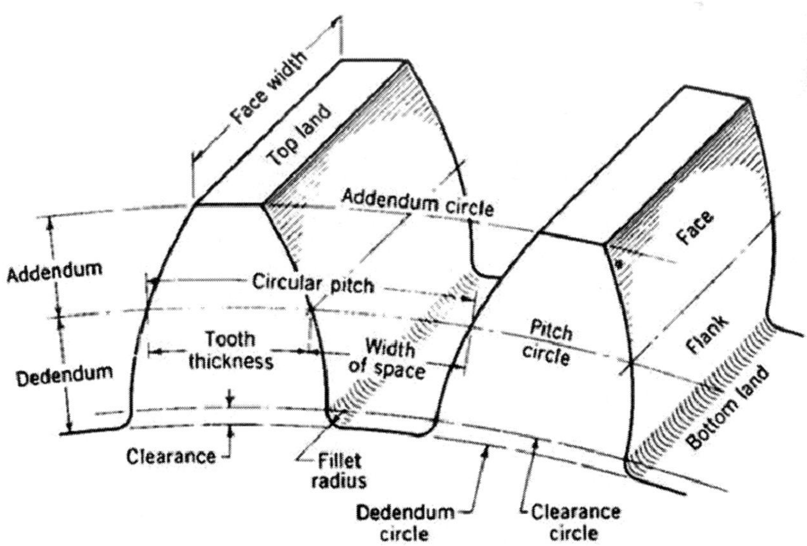

[그림 1.2] Spur Gear 각 부분의 명칭 (영문)

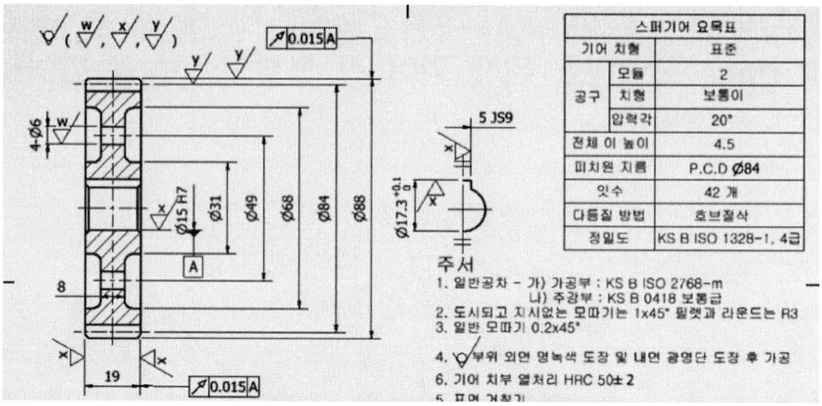

[그림 1.3] Spur Gear 요목표

2. 세 개의 원을 작도한다. (이뿌리원, 피치원(PCD), 이끝원)

▶ xy plane 선택 〉 Sketch 아이콘 선택 〉 Circle 〉 원점클릭 〉 치수기입

2.1 피치원 (PCD) = M × Z (기어요목표에서 확인-주어지는 값) = 84 mm

2.2 이뿌리원 = PCD - (2.5 × M) = 79 mm

2.3 이끝원 = PCD + (2 × M) = 88 mm

M : Module = 2 Z : 잇수 = 42

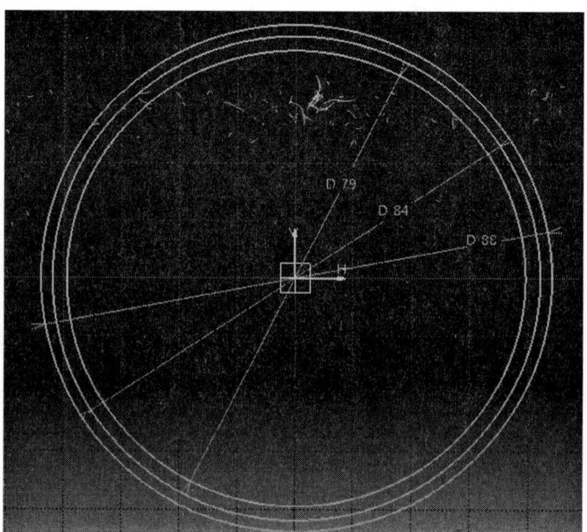

[그림 2.1] 피치원/이끝원/이뿌리원의 작도

3. 두 개의 선을 그어준다.

3.1 중심점에서 수직인 선

3.2 압력각선을 긋는다. (압력각은 요목표에서 확인 - 보통 20도)

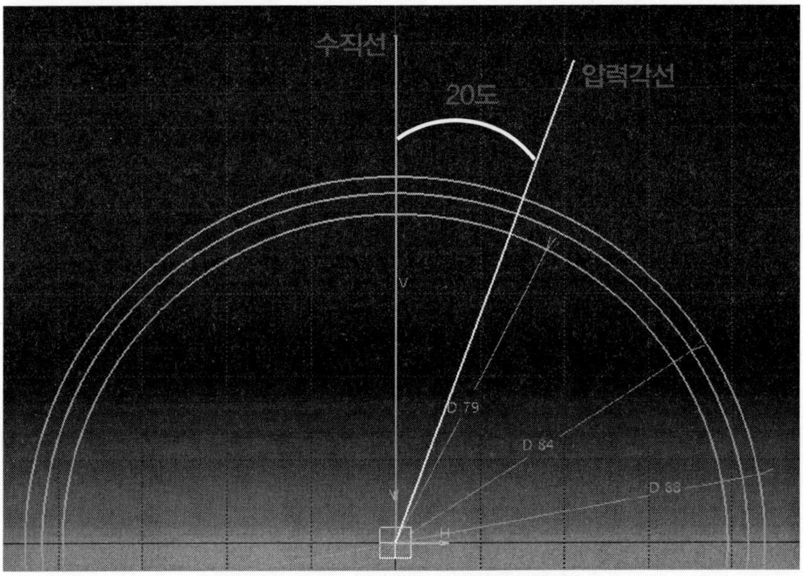

[그림 3.1] 수직선과 압력각선 작도

◆ 수직선 긋는 법

도구모음에서 Line 명령을 선택하고 원점을 찍고 마우스를 천천히 수직위로 이동하면 수직선 그려짐(자동으로 Constraints이 실행됨)

◆ 20도 선을 긋는 법

Line 명령을 선택하고 임의의 각도로 압력각선을 긋는다. 수직선과 압력각선을 둘 다 선택하고 (Cont 키를 누른 상태에서 두 선을 선택) Constraints 아이콘을 눌러 명령 실행

Constraints 명령을 실행하면 다음 그림과 같은 Pop-up 창이 나타난다. 여기서 Angle을 체크하고 "OK" 클릭 (각도 편집은 치수를 두 번 클릭하여 20 입력)

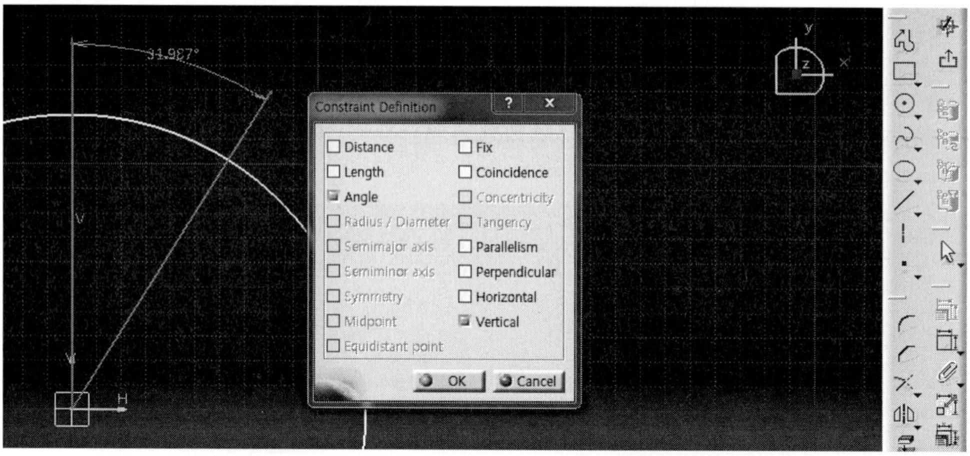

[그림 3.2] Constraints(구속) 명령을 이용한 각도 입력

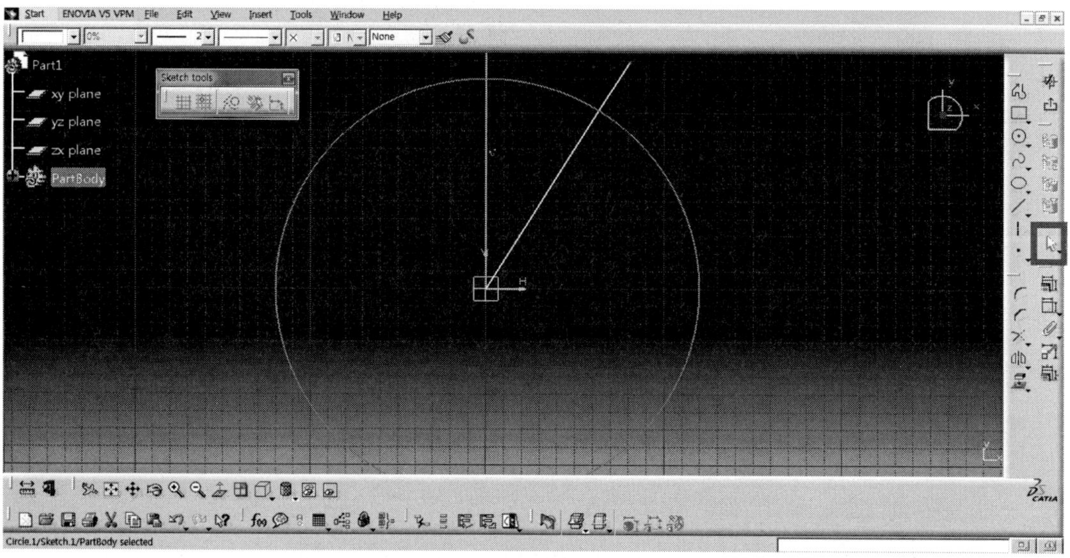

[그림 3.3] Constraints(구속) 명령어를 이용한 치수설정 및 구속

[그림 3.4] Constraints(구속) 명령 아이콘

4. 기초원을 그린다.

4.1 기초선을 압력각선과 수직이 되게 작도 한다.

4.1.1 Line 명령을 실행하고, 시작점을 수직선과 PCD 선이 만나는 곳을 찍는다.

4.2.2 마우스를 끌어서 압력각선과 직각이 되는 곳으로 천천히 가져가면 자동으로 직각구속이 된다. 이때 클릭하여 선 긋기를 마무리 한다. (그림4.1)의 기초선을 보고 따라한다.

4.2 기초원을 작도 한다.

4.2.1 Circle 명령을 실행하고 중심점을 원점으로 찍는다.

4.2.2 마우스를 이동하여 압력각선과 기초선의 교차점을 찍으면 기초원이 작도된다. (그림 4.1)

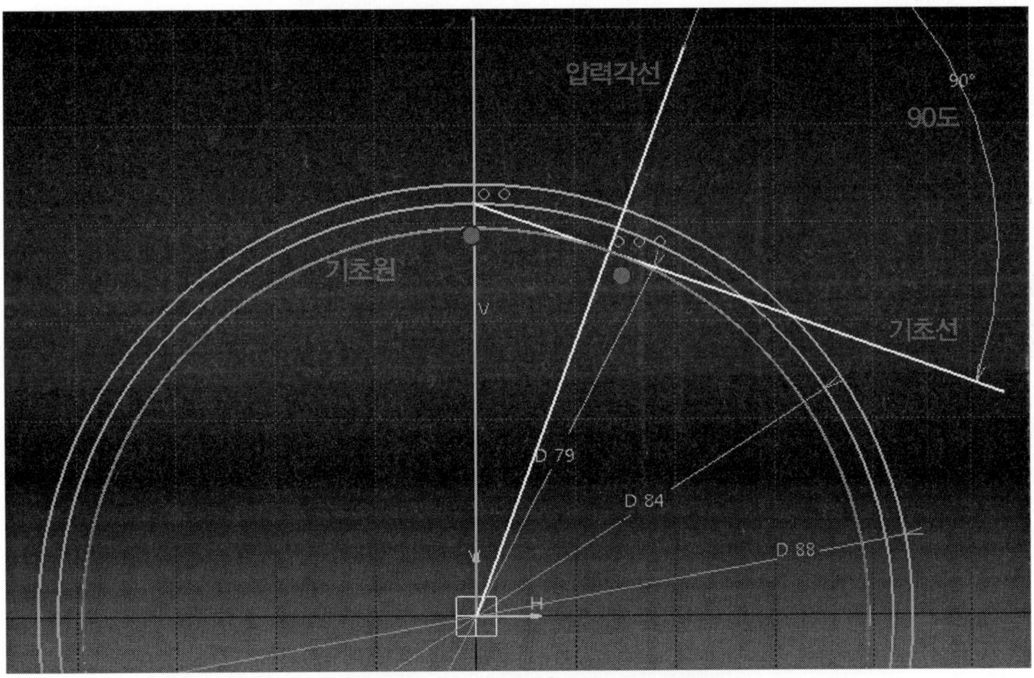

[그림 4.1] 수직선과 압력각선 작도

5. 수직선과 기초원 상에 두 개의 원을 그린다.

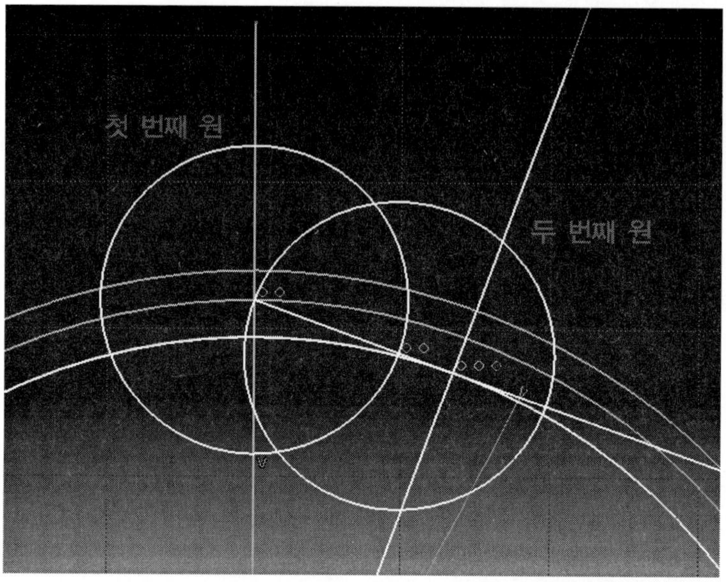

◆ 원의 반지름
R = PCD/8 = 10.5

◆ 첫 번째 원
수직선과 PCD원의 교차점을 원의 중심으로 잡고 그린다.

◆ 두 번째 원
첫 번째 원과 기초원이 만나는 점을 원점으로 잡고 원을 그린다.

[그림 5.1] 수직선과 압력각선 작도

6. TRIM으로 선을 다듬는다.

(그림6.1)처럼 도구모음에서 Trim 명령어를 선택하여 불필요한 선을 정리한다.

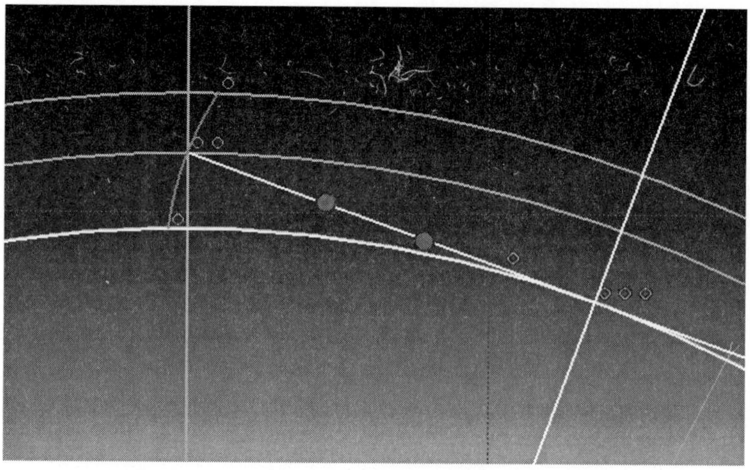

[그림 6.1] Trim 명령을 실행하여 불필요한 선을 정리

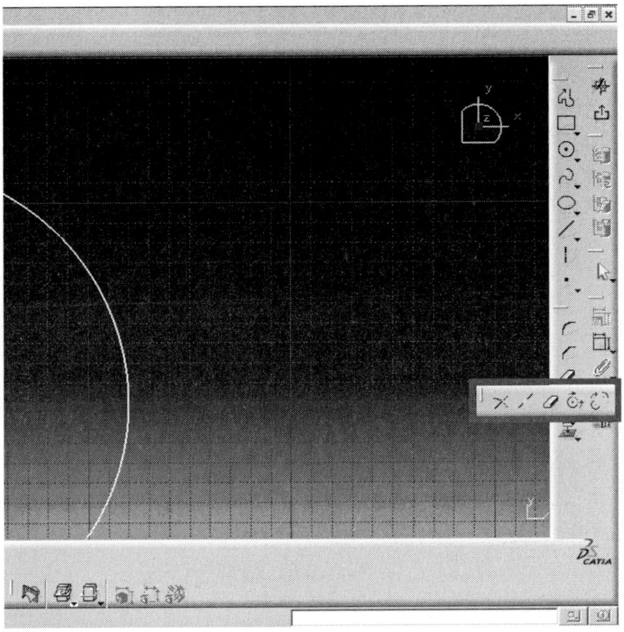

[그림 6.2] Trim 명령 아이콘의 위치와 Sub menu

7. MIRROR를 위한 중심선을 긋고 MIRROR한다.

중심선 각도 = 90/Z = 2.142857 도

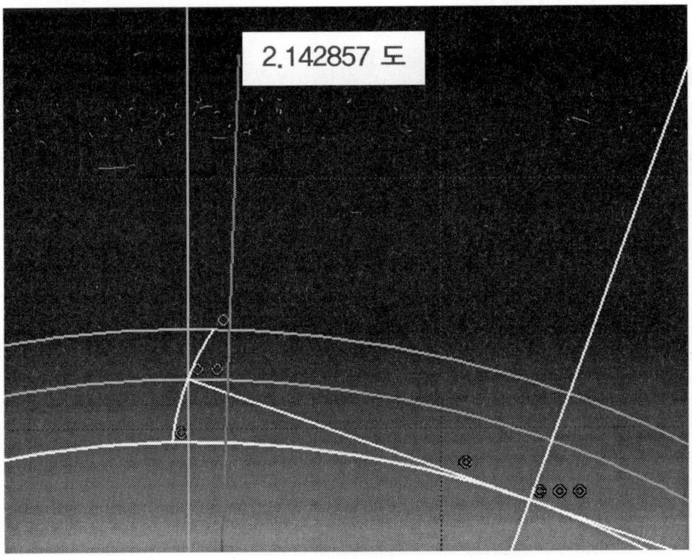

[그림 7.1] Mirror를 실행하기 위한 중심선 작도

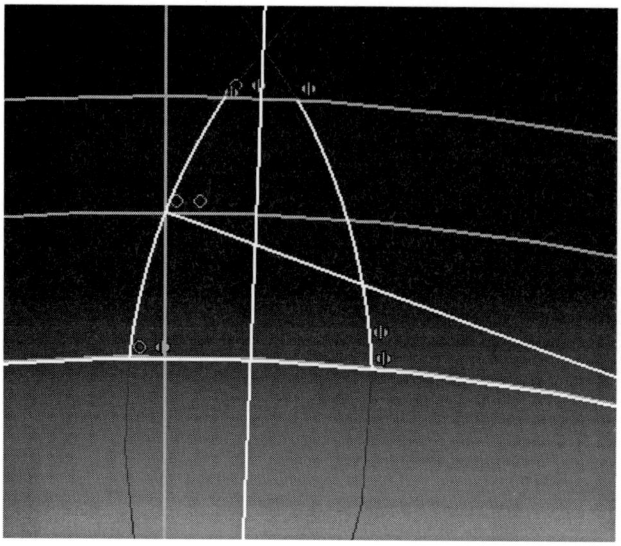

◆ 도구모음에서 Mirror 명령 실행 (그림7.3)

◆ Mirror 시킬 목적물 선택하고, Mirror의 중심선을 선택하면 (그림 7.2)와 같이 중심선을 기준으로 대칭으로 물체가 복사된다.

[그림 7.2] Mirror를 실행한 모습

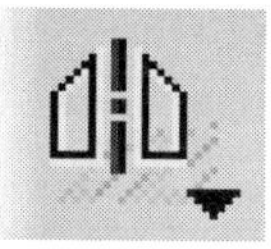

[그림 7.3] Mirror 아이콘의 모양

8. 잇수(Z) 만큼 원형배열

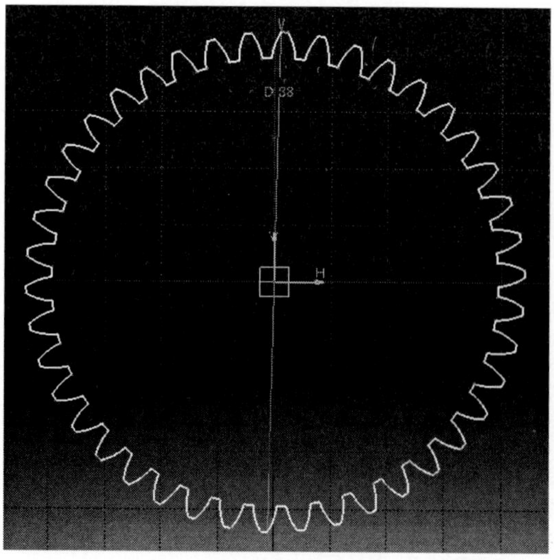

◆ 도구모음에서 Rotation 명령을 실행 (Rotation 명령은 Mirror 하위메뉴에 존재) (그림8.3)과 같은 Pop-up 창이 나타남

◆ Rotation 시킬 스케치 선택 (기어 이빨 모양의 스케치 선택)

◆ 회전중심인 원점(0, 0) 선택

◆ 회전개수와 회전각도 입력 (회전개수는 잇수 42에서 원본 1개를 제외한 41을 입력) 회전각도는 360도/42 = 8.5714285도 입력

[그림 8.1] Rotation 명령어를 이용한 배열 (41개)

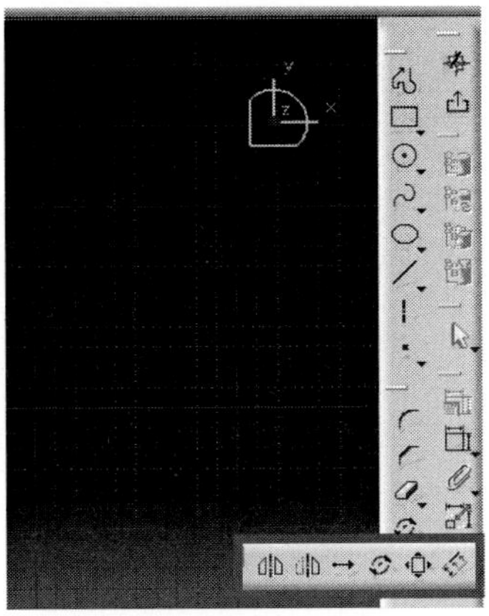

[그림 8.2] Rotation 명령의 위치

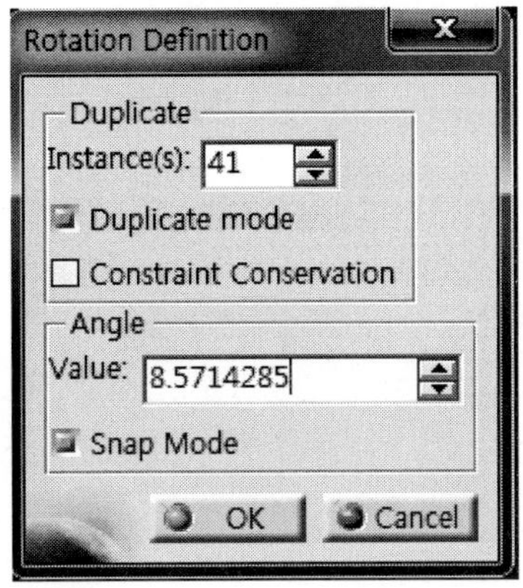

[그림 8.3] Pop-up 차이 나타남

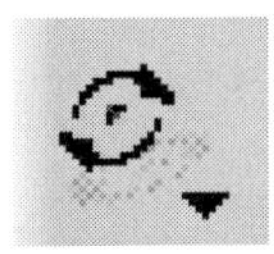

[그림 8.4] Rotation 명령 아이콘

9. SPUR GEAR 생성

9.1 (그림8.1)과 같이, 기어 스케치가 마무리도면 "Exit" 를 클릭하여 Part workbench로 나온다.

9.2 Pad 명령을 사용하여 19 mm만큼 pad한다.

[그림 9.1] Pad 명령 사용하여 19mm 돌출

10. Edge Fillet 및 Chamfer

(Fillet 부분 R = Gear 치차 사이의 호길이 / 7)

◆ Edge Fillet (모서리 Rounding)과 Chamfer (모따기)를 실행한다.

◆ 가운데 구멍의 치수는 (그림1.3)의 Spur Gear 요목표와 도면을 참조하여 완성한다.

[그림 10.1] Fillet 과 Chamfer를 사용하여 완성된 Spur Gear

11. 실습과제-Spur Gear

다음 그림의 Spur Gear 도면과 요목표를 참조하여 Spur Gear를 완성하시오.

스퍼기어 요목표			
구분 \ 품번		3-a	3-b
기어치형		표준	
공구	치형	보통이	
	모듈	2	
	압력각	20°	
잇수		39	18
피치원 지름		ø78	ø36
다듬질 방법		호브절삭	
정밀도		KS B 1405 3급	

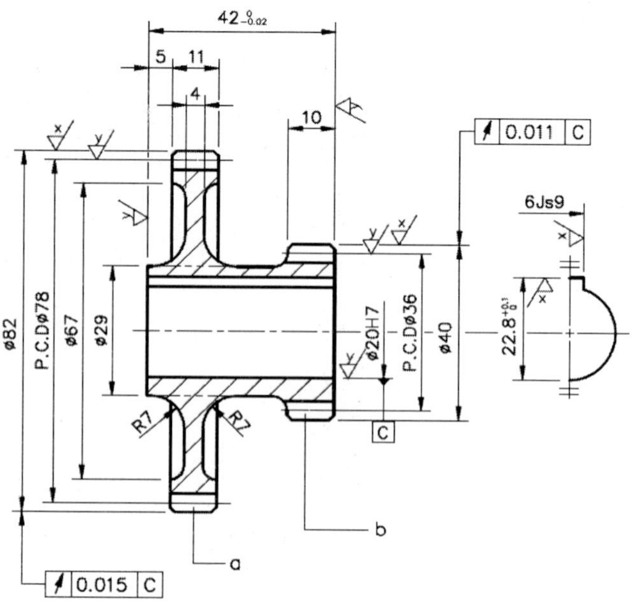

Chapter 06 자동차 Engine Modeling

이번 장에서는 자동차 엔진 모델링을 해보자.

CATIA PART MODELING에 대한 기능을 익히고, ASSEMBLY와 동역학적 시뮬레이션(Kinematics)으로 엔진구동에 대한 Mechanism을 이해하는데 많은 도움이 될 것이다. 자동차 엔진은 Engine Block/ Piston Head/ Connecting Rod/ Rod Cap/ Piston Pin/ Crank Shaft 등으로 이루어진다. 이 6개의 파트들을 모델링하여 Assembly로 조립을 한다. 모델링 순서는 간단한 부품부터 모델링을 하며, 모델링하는 파트들은 실제 엔진에 사용되는 것을 간략화한 것이다.

1. Piston Pin Modeling

가장 먼저 Folder를 한 개 만들어서, 이제부터 작업하는 모든 파트들을 그 폴더에 저장을 한다. CATIA를 실행하고, Part workbench를 실행하여 파일이름을 "Piston Pin" 이라고 입력한다.

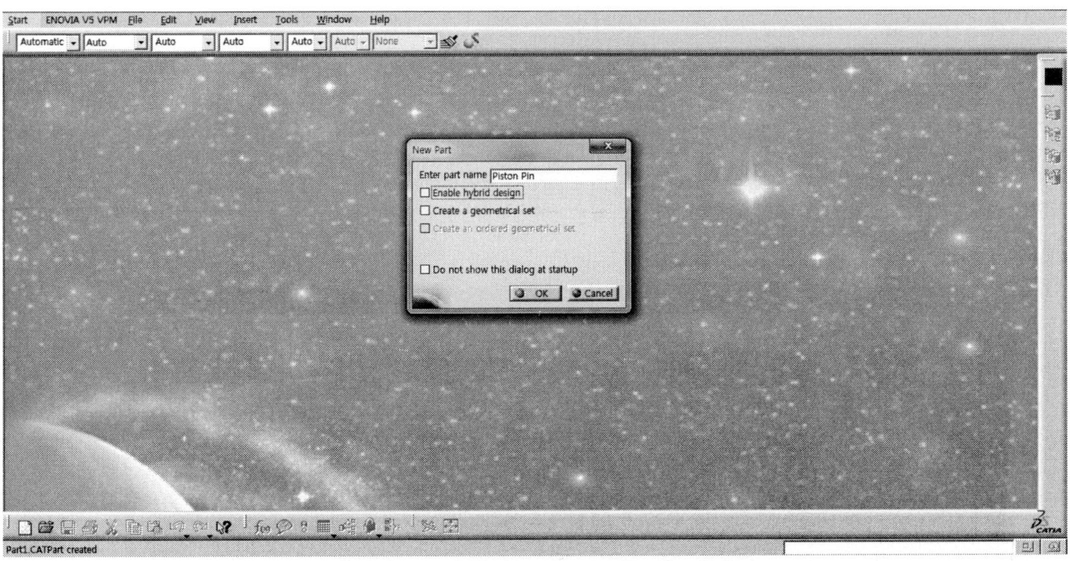

[그림 1.1] Part Workbench의 실행

1.1 Sketch-2D 스케치 Workbench로 이동

Tree에서 zx plane을 선택 후, "Sketch" 아이콘을 클릭하여 Part workbench에서 Sketch workbench로 이동한다.

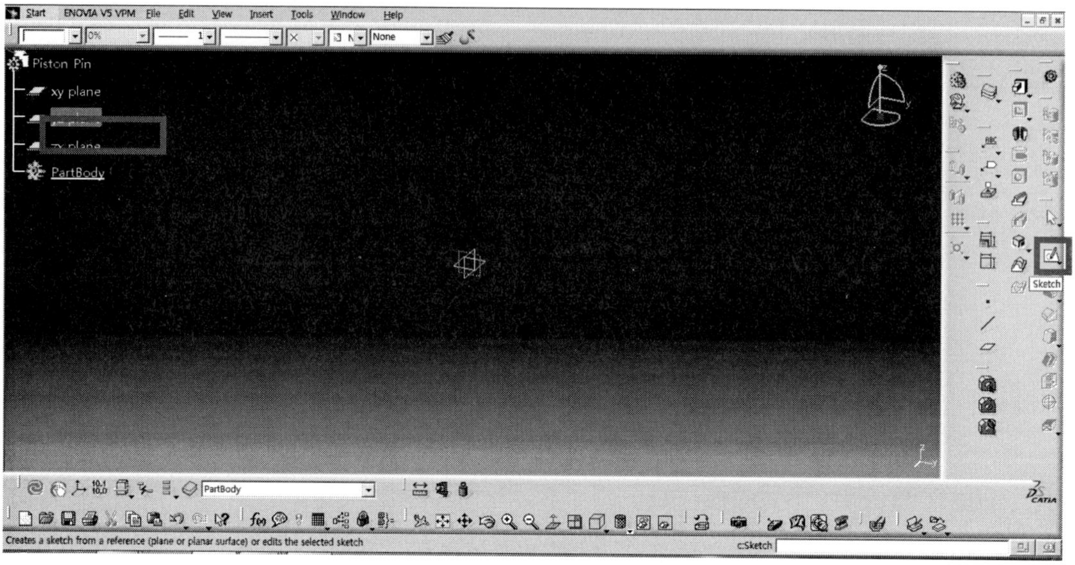

[그림 1.1.1] Part Workbench의 실행

[그림 1.1.2] Sketch 아이콘의 모양

도구모음에서 "Circle" 명령을 클릭하고, 원점(0, 0)에 중심점을 클릭한다. 마우스를 천천히 끌어 임의의 공간을 클릭하면, 화면과 같은 반지름이 지정되지 않은 원이 스케치 된다.

[그림 1.1.3] 원을 스케치 한다.

1.2 Constraints Defined in Dialog Box-스케치 구속조건 지정

원을 선택한 상태에서 "Constraints Defined in Dialog Box" 아이콘을 클릭한다. Pop-up 창이 나타난다. "Radius / Diameter" 에 체크 하면 지름이 치수가 나타난다. "OK" 클릭하여 Pop-up 창을 닫는다. "Constraints Defined in Dialog Box" 명령은 스케치에서 치수구속을 하는데 매우 중요한 명령어이므로 잘 기억해두고 활용을 하여야 한다. 모든 모델링의 기본은 스케치이다.

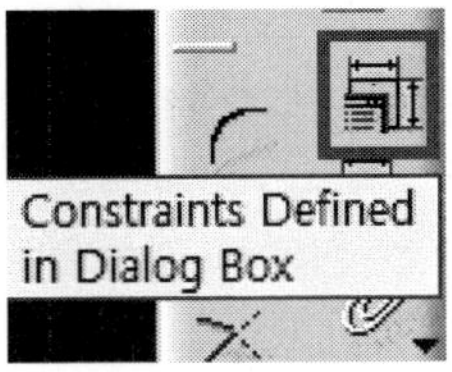

[그림 1.2.1] "Constraints Defined in Dialog Box" 아이콘의 모양

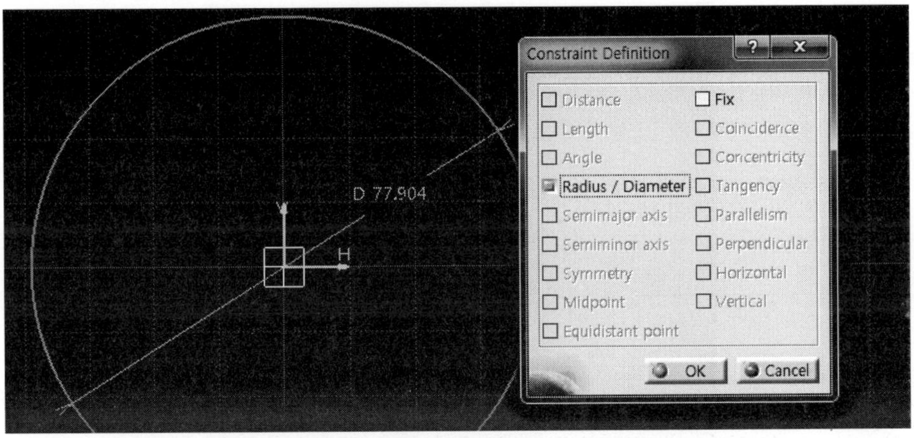

[그림 1.2.2] Pop-up 창에서 "Radius / Diameter" 에 체크

1.3 치수설정

"Constraints Defined in Dialog Box" 에 의해서 나타난 치수를 더블클릭한다. 그리고 지름을 12.7로 입력하고 "OK" (지름 12.7 mm인 원 스케치가 생성되었다)

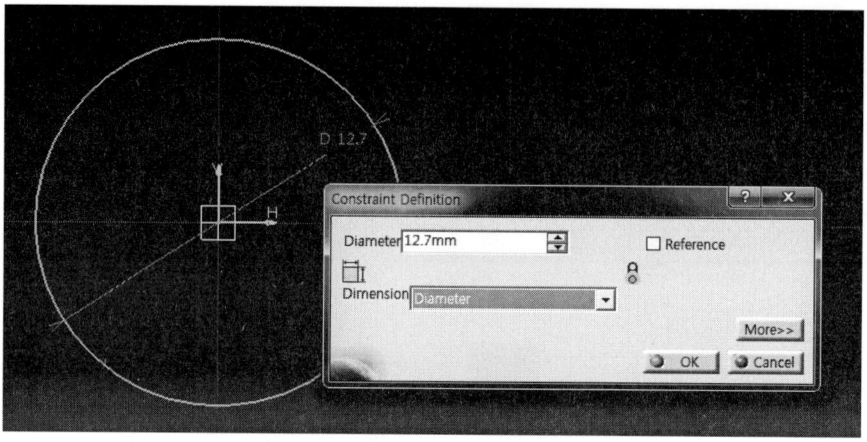

[그림 1.3.1] Pop-up 창에서 Diameter를 12.7 mm 입력

같은 방법으로 원점(0, 0)을 중심으로 하고, 지름이 25.4 mm인 원을 한 개 더 스케치한다.

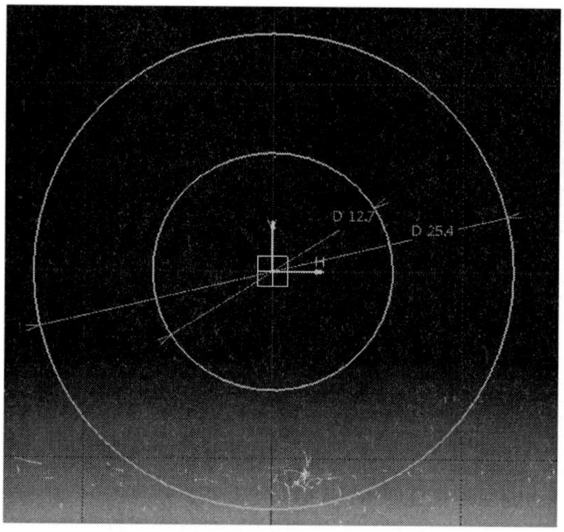

[그림 1.3.2] 원점을 중심으로 하는 지름 25.4 mm 원 추가

1.4 Exit-스케치 Workbench에서 빠져 나가서 Part Workbench로 이동한다.

두 개의 원이 스케치가 완료되면, 도구모음에서 "Exit" 아이콘을 클릭하여 스케치 Workbench에서 빠져 나가서 Part Workbench로 이동한다.

[그림 1.4.1] Exit 아이콘 모양

1.5 Pad-선택한 스케치를 돌출시켜 모델 생성

Part workbench로 이동하면 스케치가 자동으로 선택이 되어있다. (만약 선택이 되어있지 않으면 마우스로 선택한다. 원을 바로 선택해도 되고, Tree에서 Sketch를 선택해도 된다)

▶ Pad 아이콘 클릭 〉 Length 35 mm 입력 〉 "OK"

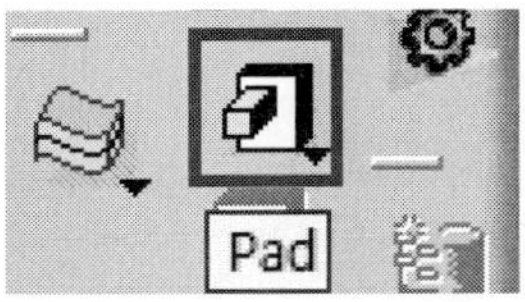

[그림 1.5.1] "Pad" 아이콘 모양

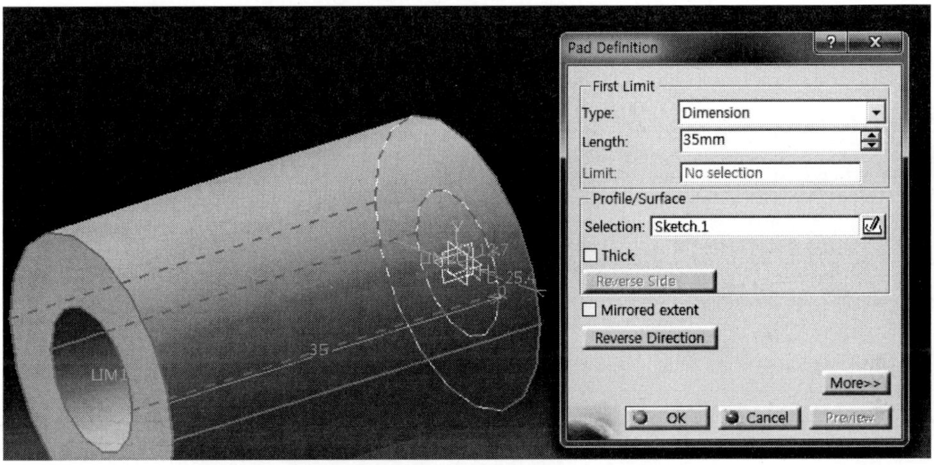

[그림 1.5.2] Pad로 35 mm 돌출

1.6 Chamfer-모서리 모따기

35 mm 돌출된 Piston pin의 양쪽을 2.5 mm로 모따기한다.

▶ Chamfer 실행 〉 Length 1에 2.5mm 입력 〉 모델양쪽 모서리선택 〉 "OK"

[그림 1.6.1] "Chamfer" 아이콘 모양

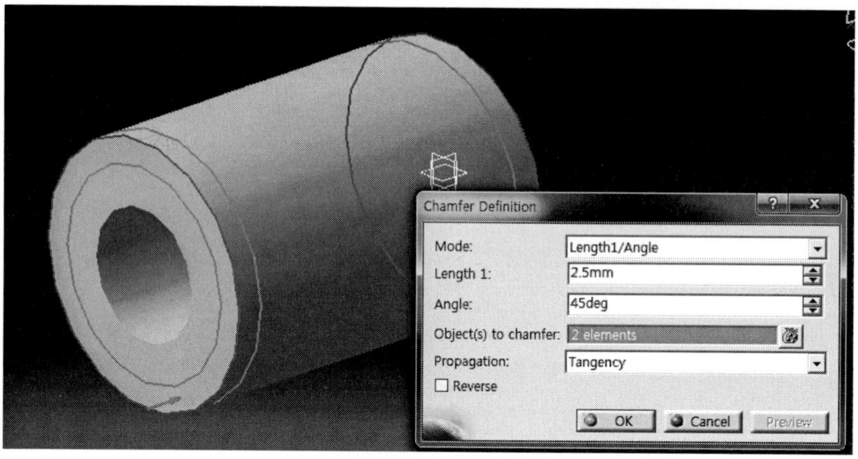

[그림 1.6.2] 양쪽 바깥 모서리 “Chamfer”

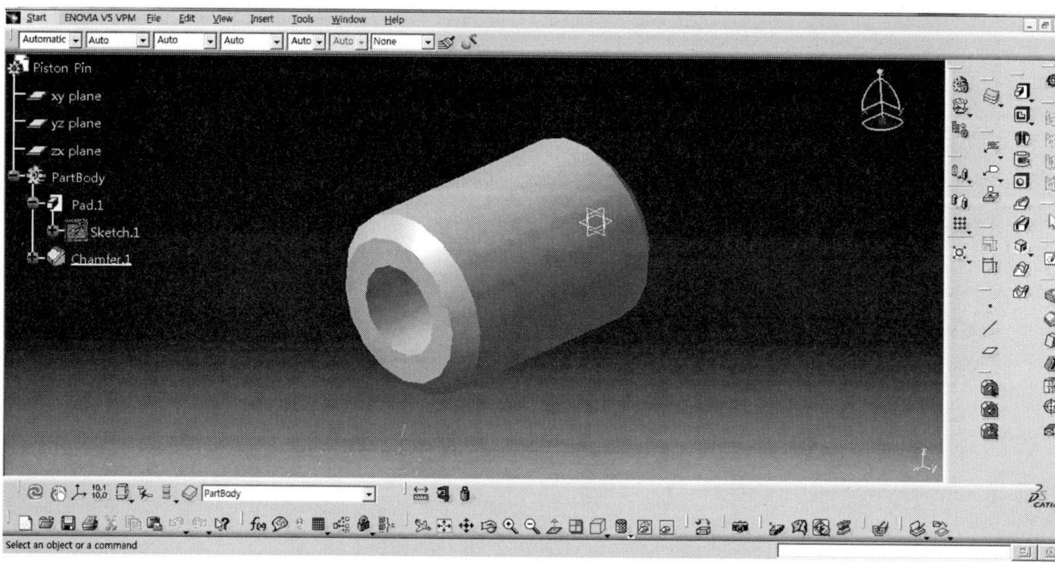

[그림 1.6.3] Piston Pin 완성

폴더에 저장하고, 닫는다.

1.7 Update All-작업한 내용 반영

작업한 내용은 보통 화면상의 모델에 바로 적용이 된다. 그러나 바로 적용이 되지 않는 경우도 많다. 그 이유는 다소 복잡하므로 설명은 제외하고, 모델링을 몇 번 하다 보면 Update가 필요하다는 것을 느낀다.

그리고 도구모음에서 Update All이 활성화되어 있으면 꼭, 클릭하여 주는 것이 좋다.

[그림 1.7.1] Update All 명령어 아이콘
(통상 도구모음의 아래쪽에 위치한다)

2. Piston Head Modeling

Piston Head를 모델링 해보자. (그림 2.1)의 도면을 보면 복잡해보이나 몇 번의 명령어 실행으로 간단히 모델링 할 수 있다.

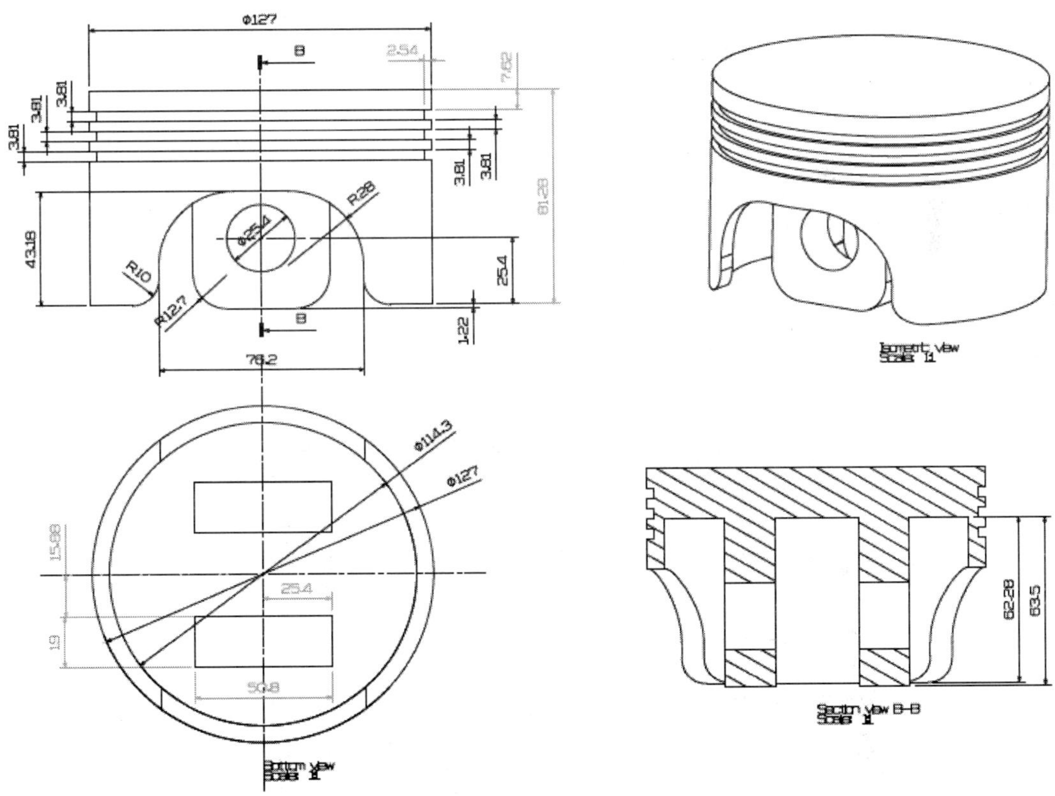

[그림 2.1] Piston Head 도면

도면을 잘 보는 것이 모델링을 잘 하는 방법이므로 모델링을 하기 전에 항상 도면을 유심히 관찰하여 모델링 되었을 때 어떤 모양이 될 것인지 머릿속에 염두에 두고, 치수도 정확하게 보아야 한다. 모델링이 잘못되면 Assembly (조립)에서 Error가 발생한다. 물론 수정이 가능하지만, 복잡한 모델의 경우 수정에 상당한 스트레스를 받게 된다. Piston Head 모델링을 위해 새로운 Part Workbench를 연다.(Part name은 Piston Head라고 입력)

▶ Start 〉 Mechanical Design 〉 Part Design

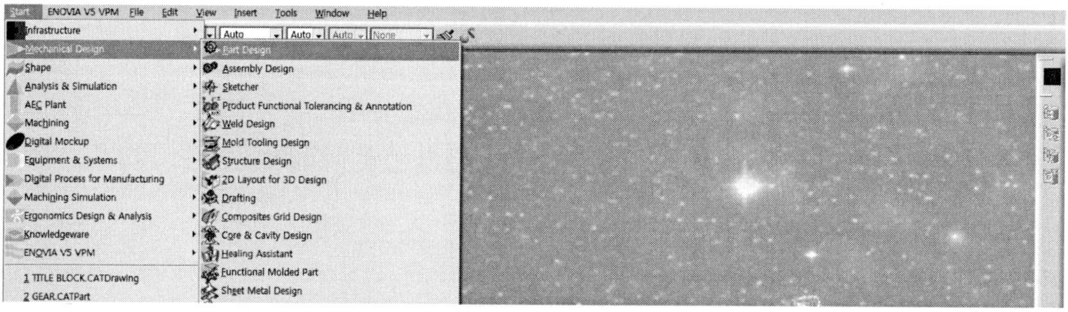

[그림 2.2] “Part” workbench 시작

2.1 지름 127 mm 원기둥 모델링

Tree에서 xy plane을 선택 후, “Sketch” 아이콘을 클릭하여 Part workbench에서 Sketch workbench로 이동한다. “Circle” 명령어를 사용하여 원점(0, 0)을 중심으로 하는 지름 127 mm 원을 스케치한다. “Exit” 를 클릭하여 빠져 나온다. “Pad” 실행하여 돌출 높이를 81.28 mm로 돌출시켜 모델링을 생성한다.

[그림 2.1.1] 지름 127 mm, 높이 81.28 mm 원기둥 생성

2.2 Pocket-불필요한 모델 없애기

원기둥의 내면을 파낸다. (그림 2.2.1)과 원기둥의 바닥 면을 선택하고, Sketch 아이콘을 클릭한다.(이제까지는 Plane을 선택하고 Sketch로 들어갔지만, 이미 형성된 모델의 특정한 면을 선택하고 그 면에 스케치를 할 수도 있다.) 스케치 원크밴치로 이동하면, 원점(0, 0)을 중심으로 하는 지름 114.3 mm 원을 한 개 그린다. "Exit" 로 빠져나온다.

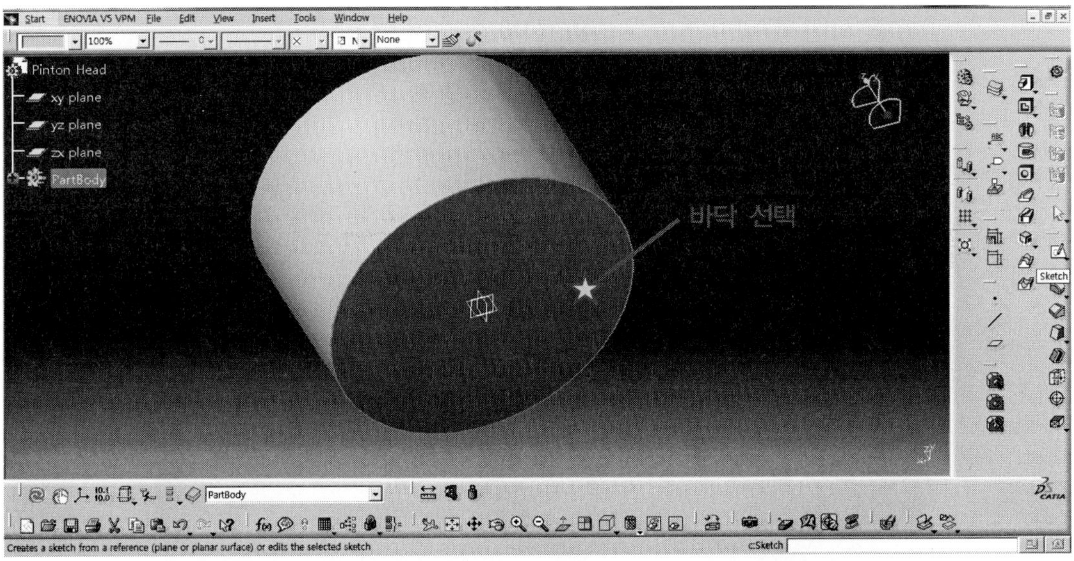

[그림 2.2.1] 원기둥의 바닥을 선택하고 Sketch 아이콘 선택

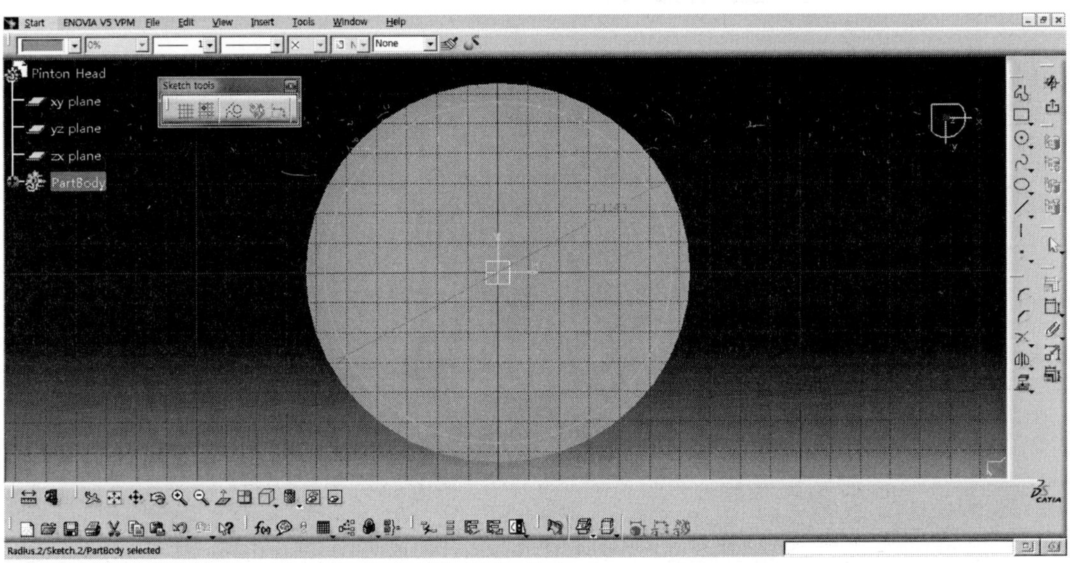

[그림 2.2.2] 지름 114.3 mm 원을 스케치

도구모음에서 Pocket 명령을 실행한다. (Pad 바로 아래) Pop-up 창이 나타나면, (그림2.2.4)와 같이 Depth에 62.28 mm를 입력하고, "OK" 클릭한다.

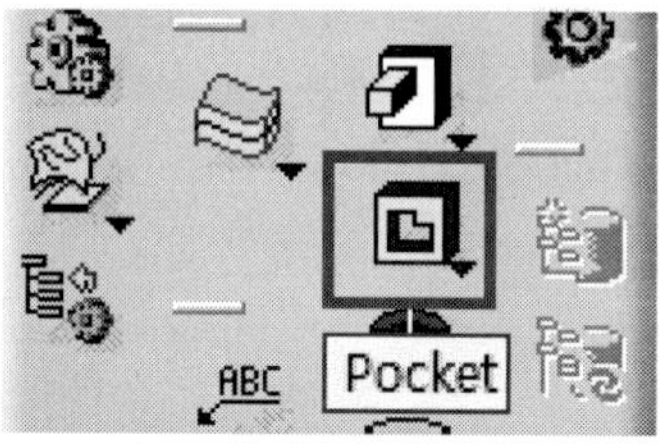

[그림 2.2.3] Pocket 명령어 모양

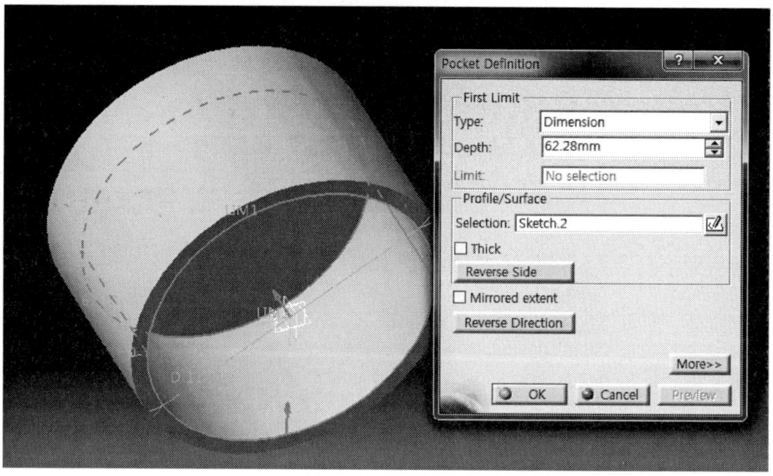

[그림 2.2.4] Pocket 명령을 실행하는 모습

zx plane을 선택하고, Sketch 워크밴치로 이동한다. (76.2 × 43.18)mm 크기의 사각형을 스케치한다. "Exit" 로 빠져 나온다.

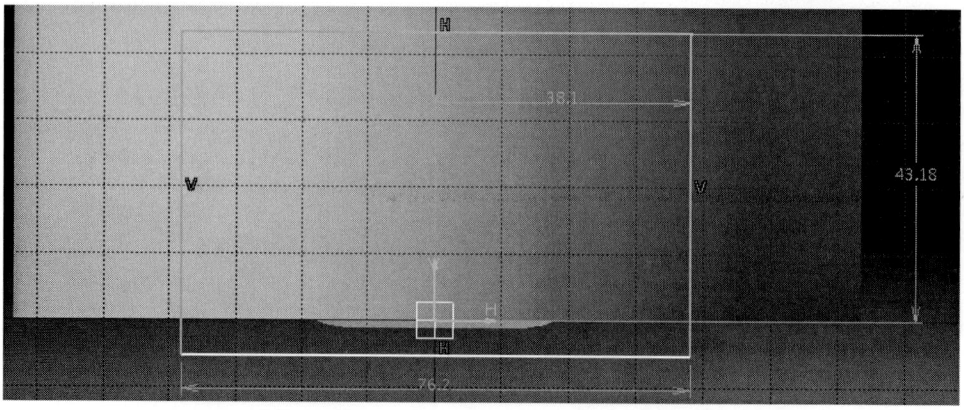

[그림 2.2.5] (76.2 × 43.18)mm 크기의 사각형을 스케치

Pocket 명령을 다시 한 번 더 실행하여 사각형 스케치를 선택한 다음 파내기를 한다.

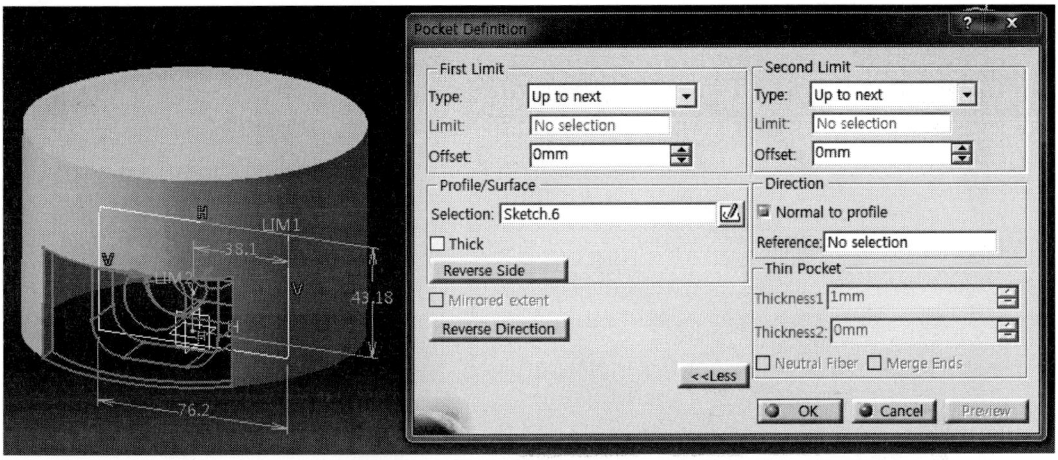

[그림 2.2.6] 양쪽으로 끝까지 파내기

안쪽 모서리 부분을 R28mm로 라운드 처리한다. Edge Fillet 명령 실행

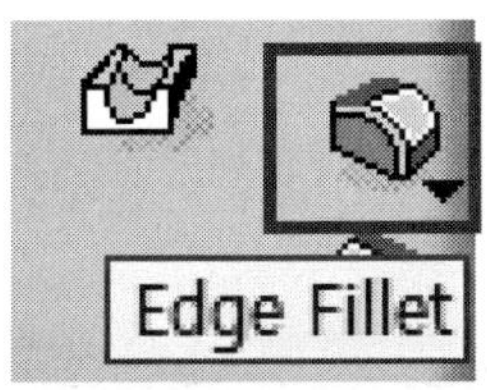

[그림 2.2.7] Edge Fillet Icon의 모양

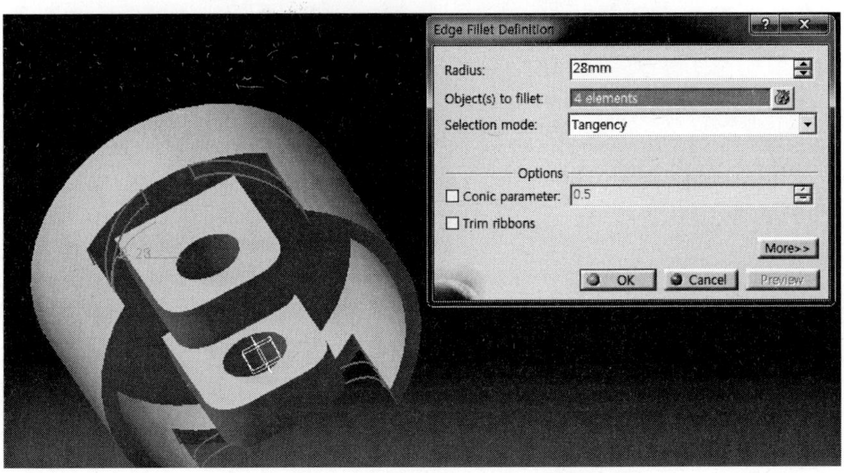

[그림 2.2.8] Edge Fillet R28 × 4 point

다시 Edge Fillent명령을 선택한다. 이번에는 바깥쪽 모서리 부분을 R10 mm로 라운드 처리한다.

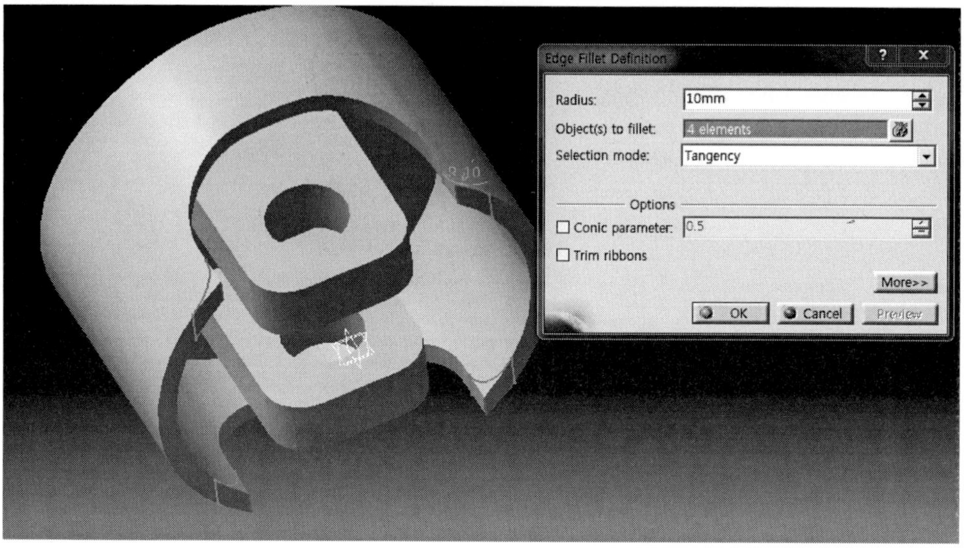

[그림 2.2.9] Edge Fillet R10 × 4 point

2.3 Pad-돌출하여 모델 생성

조금 전, Pocket로 파낸 안쪽의 면을 선택하고 Sketch workbench로 이동한다.

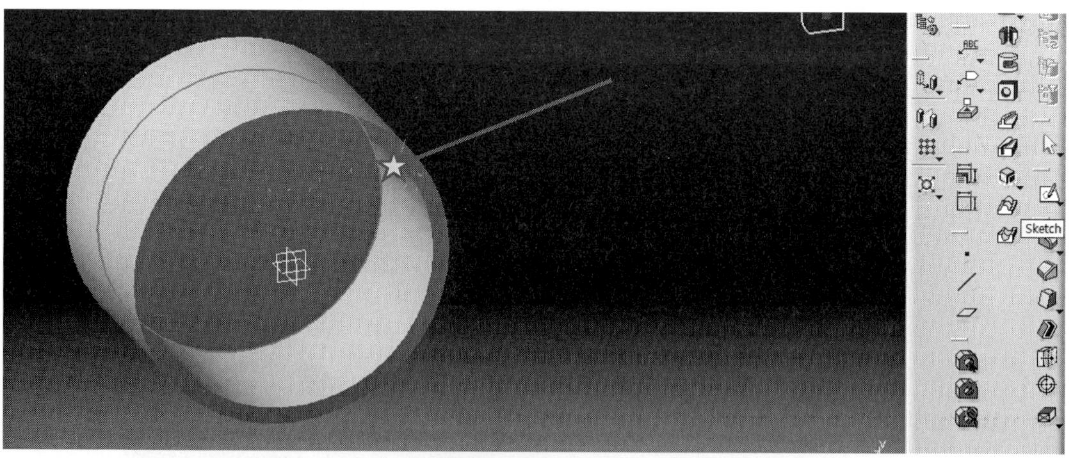

[그림 2.3.1] 스케치할 면 선택 후, Sketch로 이동

두 개의 직사각형을 스케치하는데, 한 개만 스케치해서 대칭복사 하여 완성한다. 직사각형의 크기는 (50.8 × 19)mm이며, y축을 기준으로 좌우대칭이며, x축과의 거리는 15.88 mm이다. 한 개의 사각형이 끝나면 "Mirror" 명령을 사용하여 대칭복사 한다. "Exit" 로 빠져 나온다.

[그림 2.3.2] Mirror 명령 아이콘

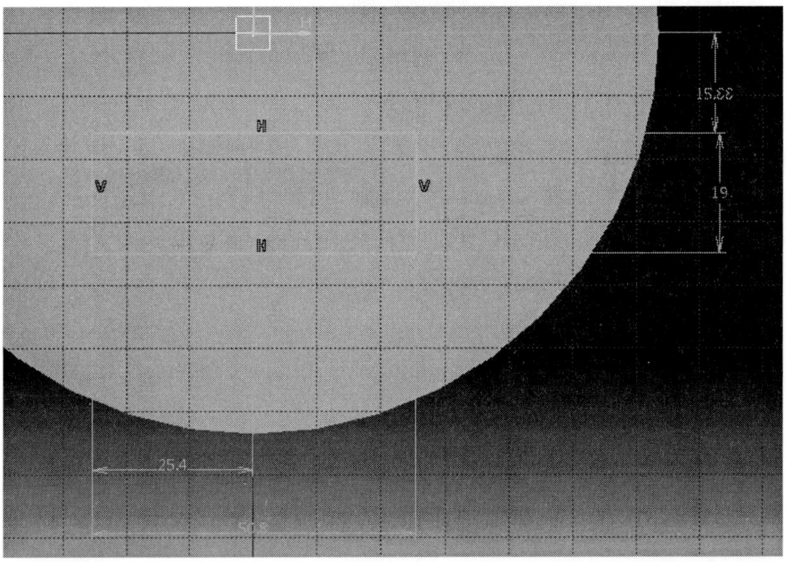

[그림 2.3.3] (50.8 × 19) 직사각형 스케치, y축 기준으로 좌우대칭, x축으로부터 15.88

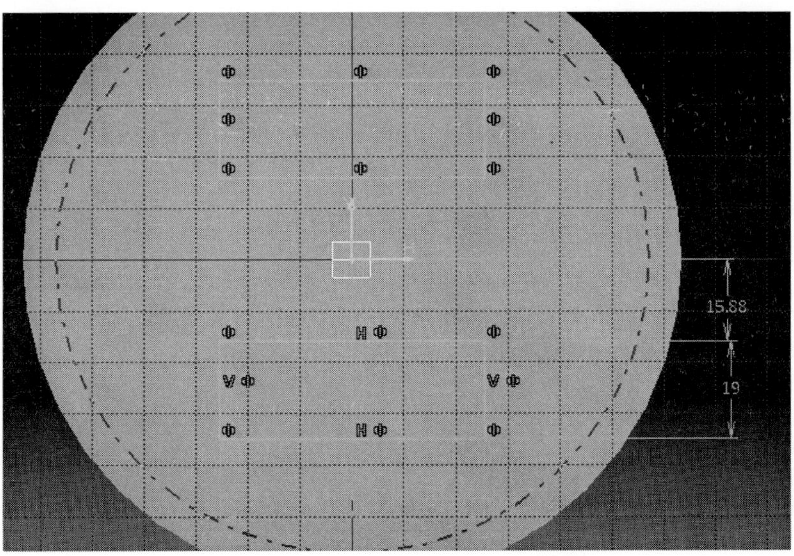

[그림 2.3.4] Mirror를 이용한 대칭복사

"Pad" 명령으로 63.5 mm 만큼 돌출시킨다.

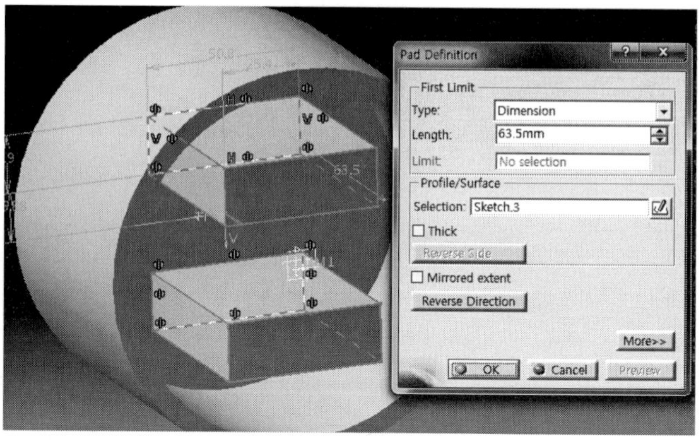

[그림 2.3.5] 63.5 mm Pad시킨다.

2.4 Hole-구멍 뚫기

Hole 명령을 사용하여 직경 25.4 mm 구멍을 뚫는다.

[그림 2.4.1] Hole Icon의 모양

Hole 명령 사용에 대해서는 "Thread & Tap" 부분을 참조한다.

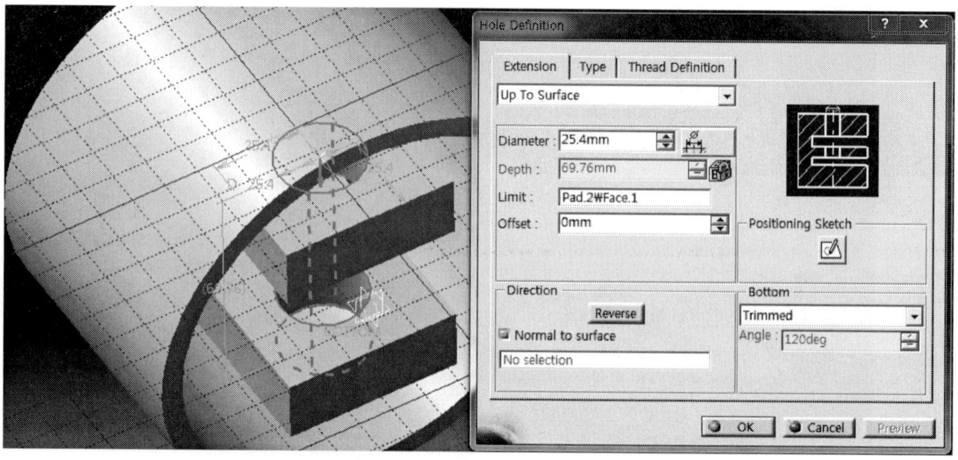

[그림 2.4.2] Hole 명령을 이용한 구멍 뚫기

2.5 Edge Fillet-모서리 라운드

모서리 부분을 R12.7mm로 라운드 처리한다. Edge Fillet 명령 실행

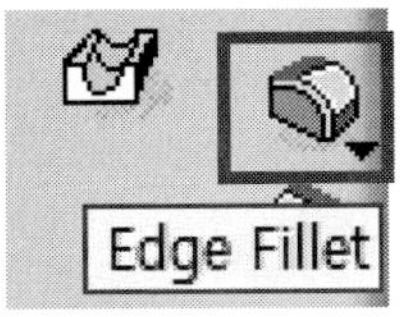

[그림 2.5.1] Edge Fillet Icon의 모양

4곳의 모서리를 선택하여 라운드 처리한다.

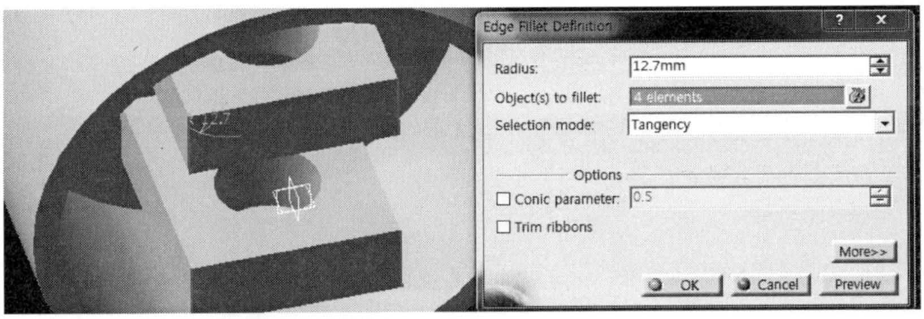

[그림 2.5.2] Edge Fillet 12.7 mm 실행

2.6 Pocket-파내기

이제 마지막 작업으로, 피스톤 링 자리를 모델링한다. Zx plane을 선택하고 스케치 워크밴치로 이동한다. (그림2.6.1)과 같이 피스톤 헤드의 우측상단에 스케치한다. 이번 스케치는 다소 어려우므로 여러 번 시행착오를 거쳐서 스케치를 완성한다.

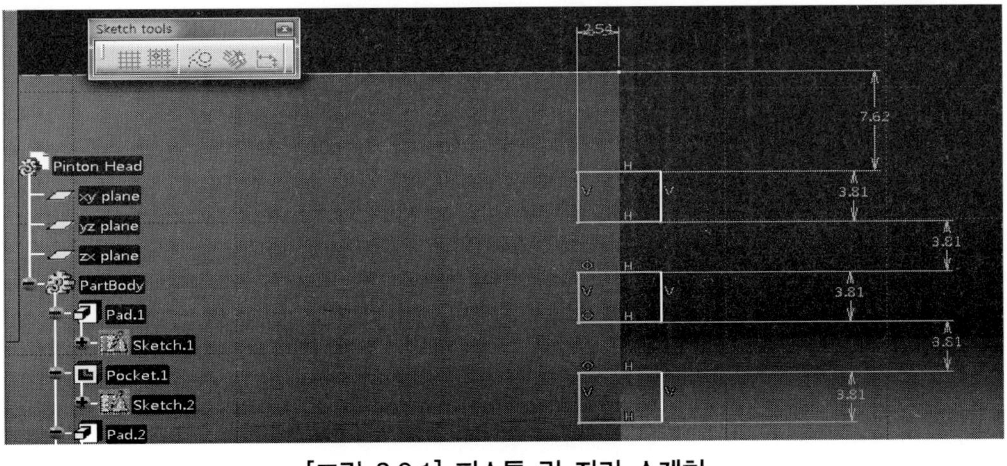

[그림 2.6.1] 피스톤 링 자리 스케치

스케치가 완성되면 “Exit” 로 빠져 나온다.

Groove 명령을 실행한다. 회전축으로는 피스톤 헤드의 중심을 잡아준다. 중심을 잡는 방법은 간단하다, 마우스를 피스톤 헤드 근처로 가져가면 자동으로 중심선이 나타나는데 그때 마우스를 클릭하여 중심선을 선택해 준다.

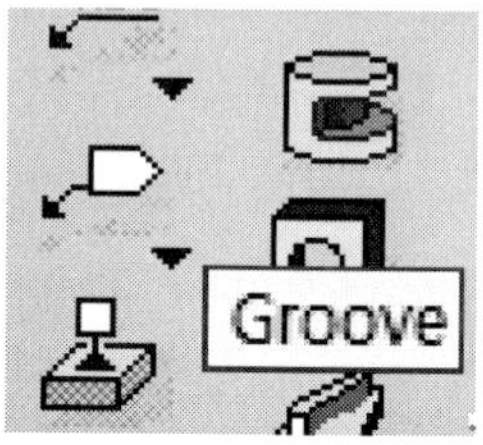

[그림 2.6.2] Groove 명령어 아이콘

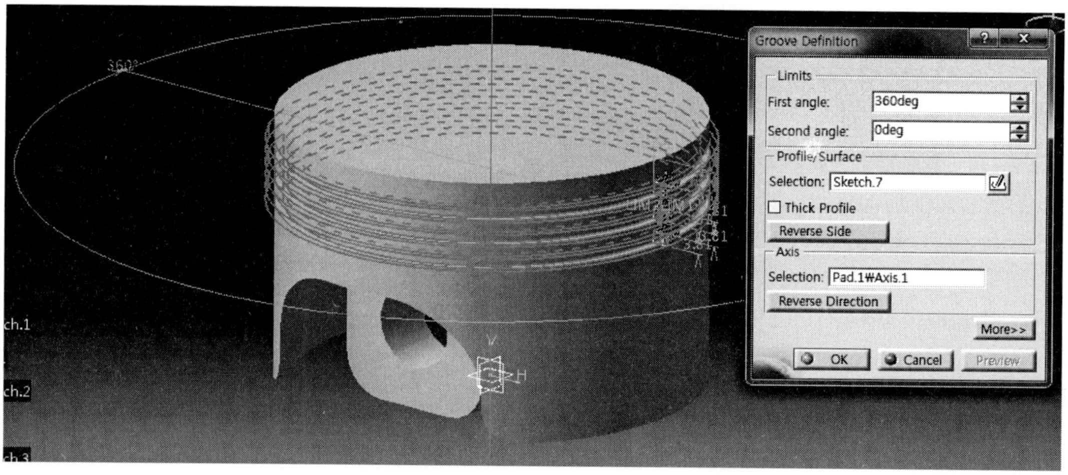

[그림 2.6.2] 피스톤 링 모델링 및 완성

저장하고 닫는다.

3. Rod Cap Modeling

이번에는 Rod cap을 모델링 한다. 도면을 참조하여 직접 모델링 하여 본다.

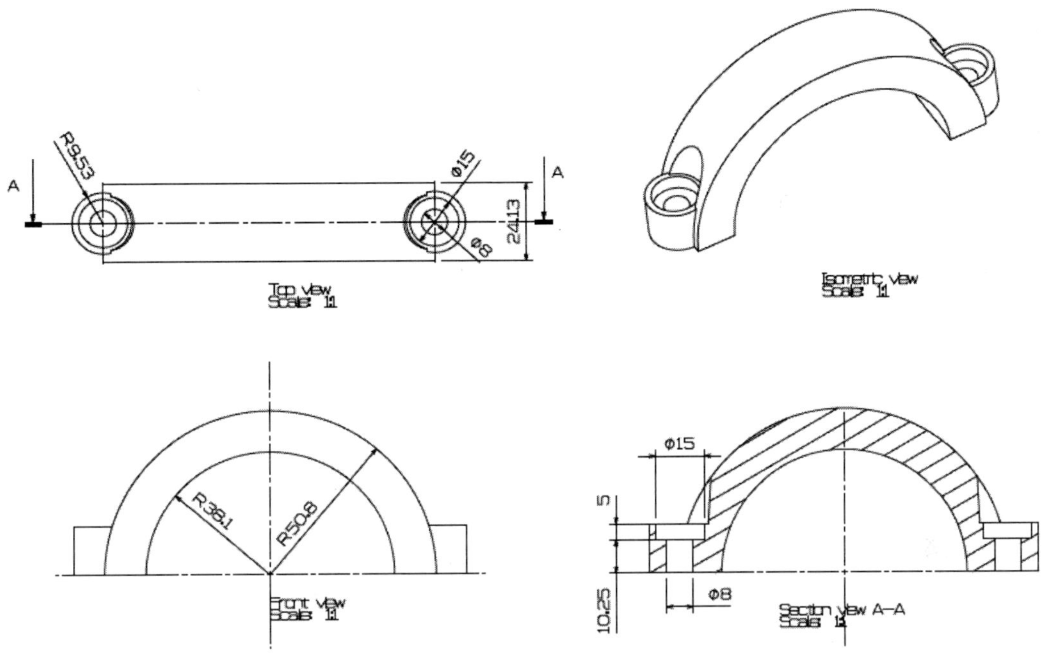

[그림 3.1] Rod Cap Modeling Drawing

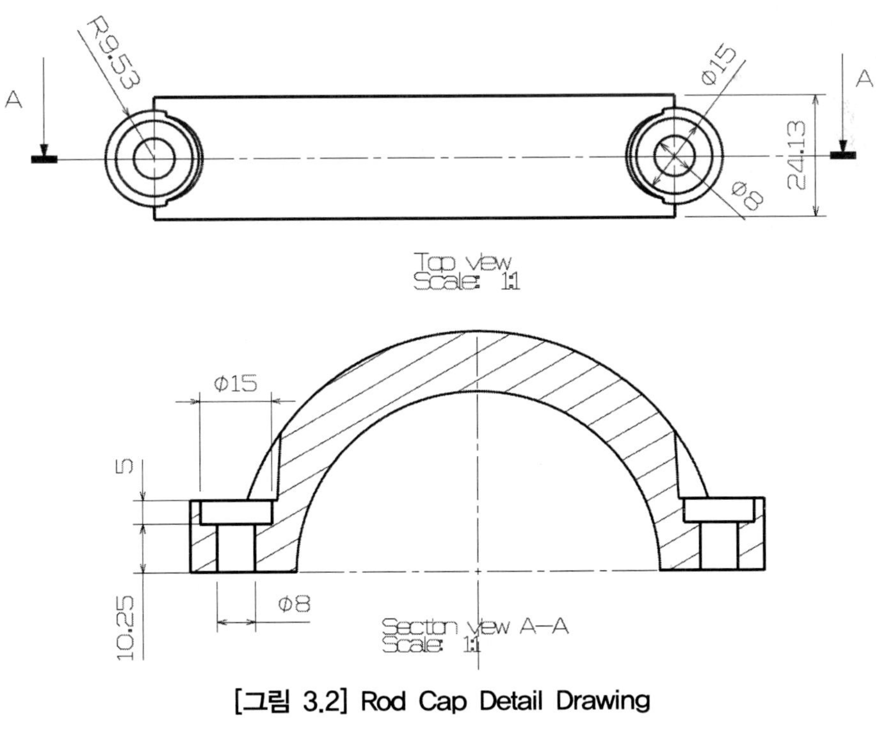

[그림 3.2] Rod Cap Detail Drawing

4. Connecting Rod Modeling

Connecting Rod도 도면을 보고 스스로 모델링 해 본다. 여러 번 시행착오를 거쳐서 모델링을 완성한다.

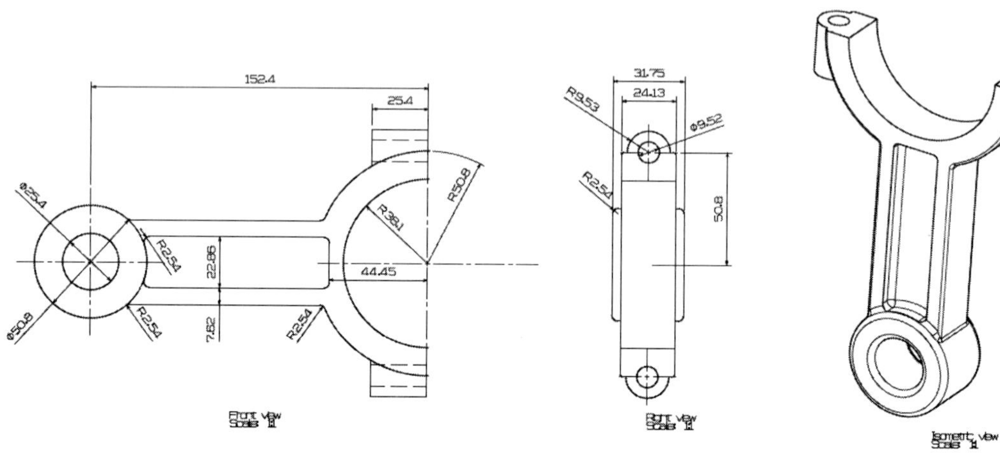

[그림 4.1] Connecting Rod Modeling Drawing

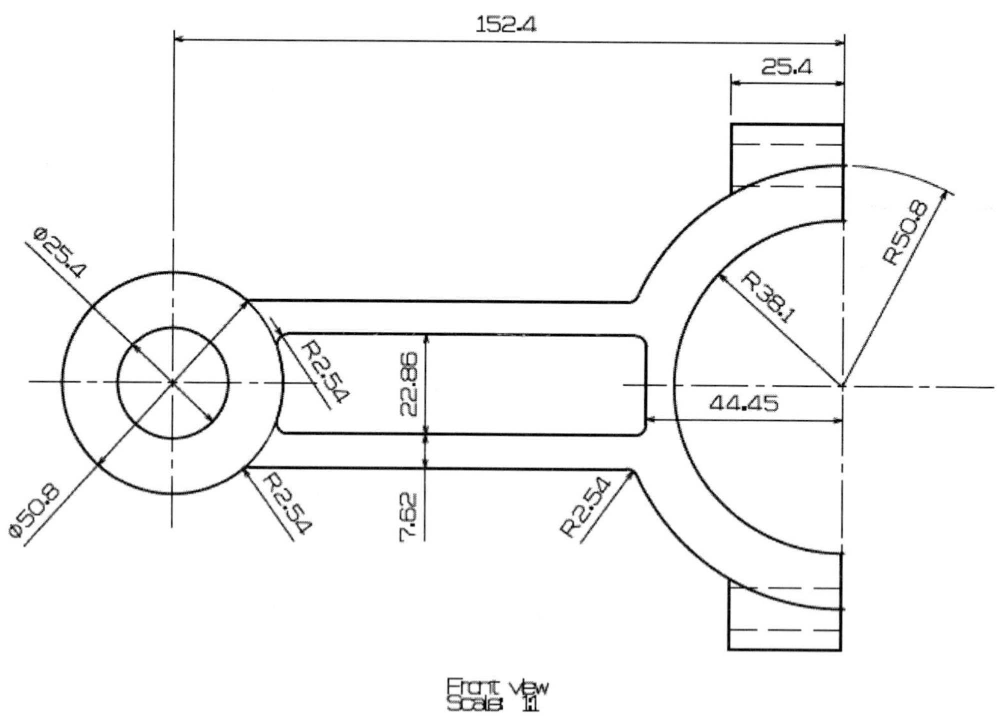

[그림 4.2] Connecting Rod Detail Drawing

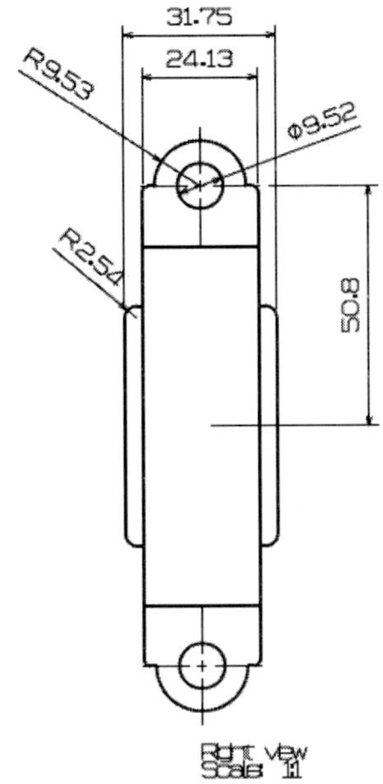

[그림 4.3] Connecting Rod Detail Drawing

5. Crank Shaft Modeling

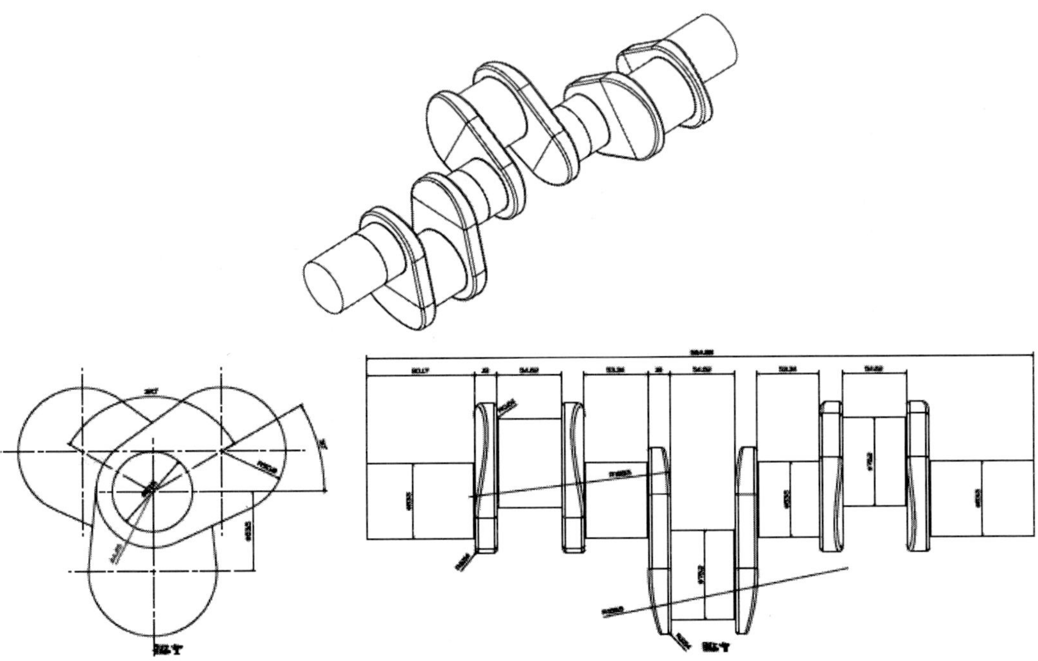

[그림 5.1] Crank Shaft Drawing

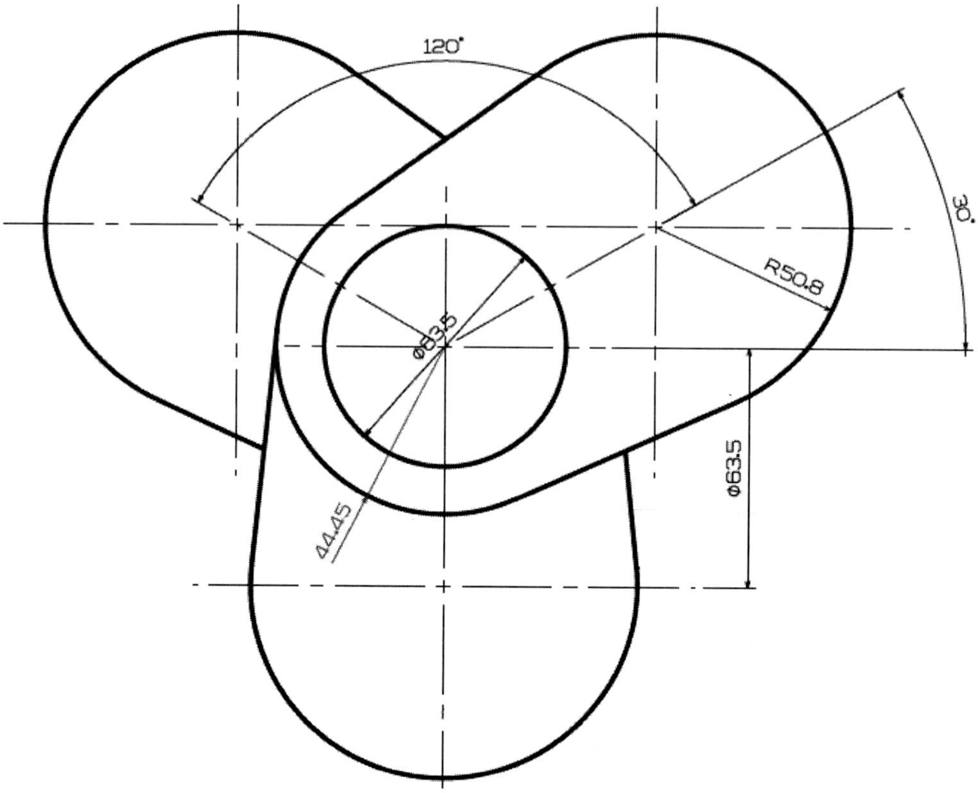

[그림 5.2] Crank Shaft Detail Drawing

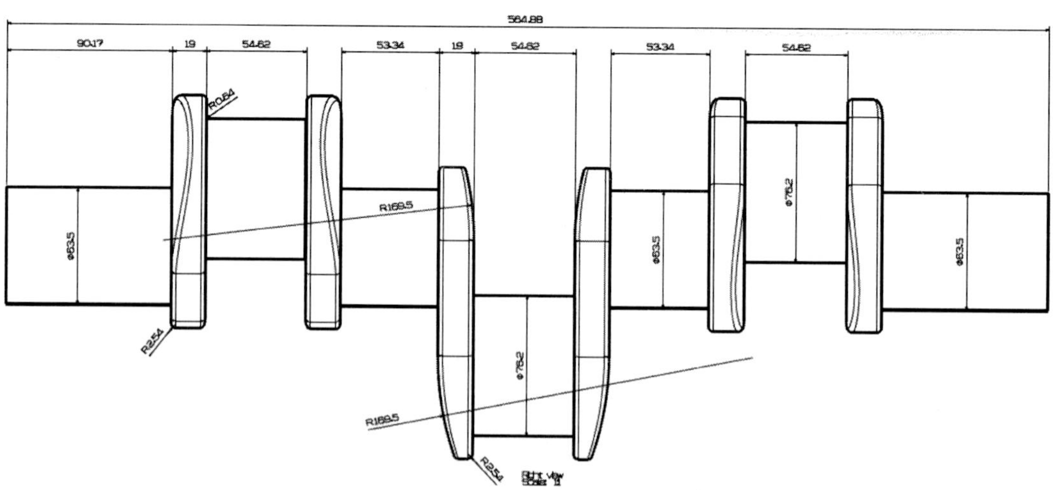

[그림 5.3] Crank Shaft Detail Drawing

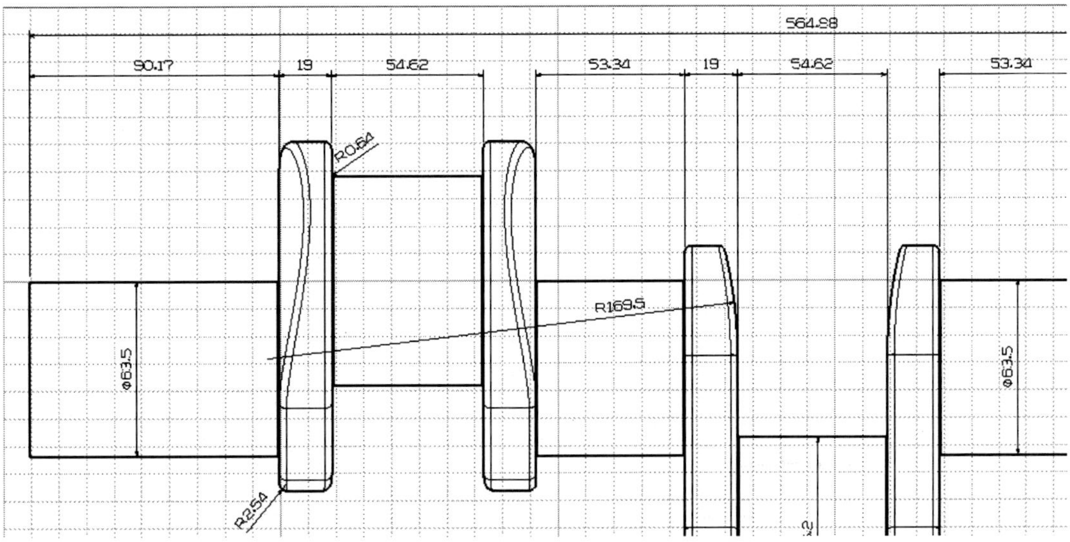

[그림 5.4] Crank Shaft Detail Drawing

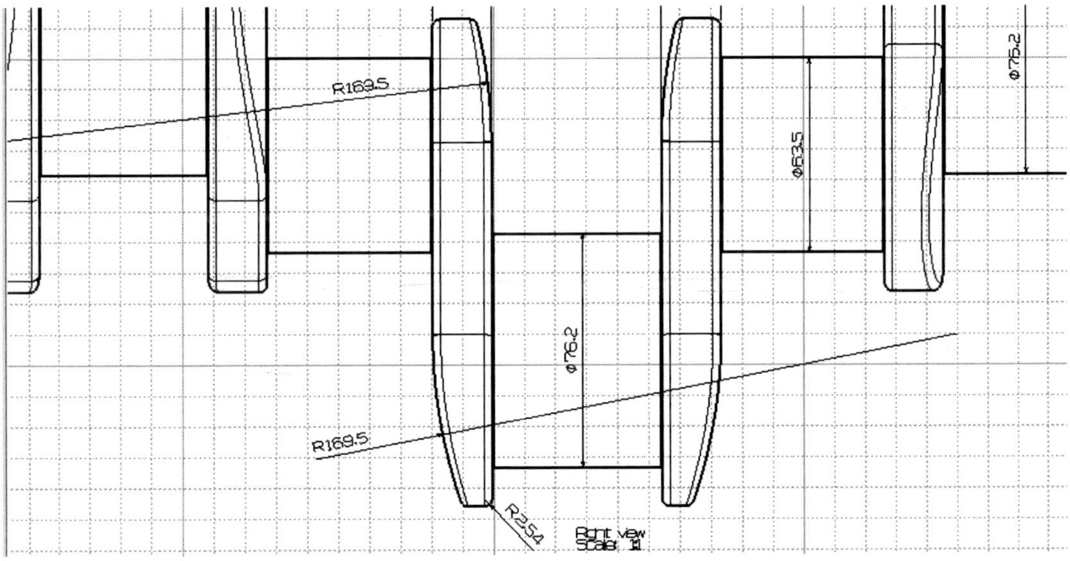

[그림 5.5] Crank Shaft Detail Drawing

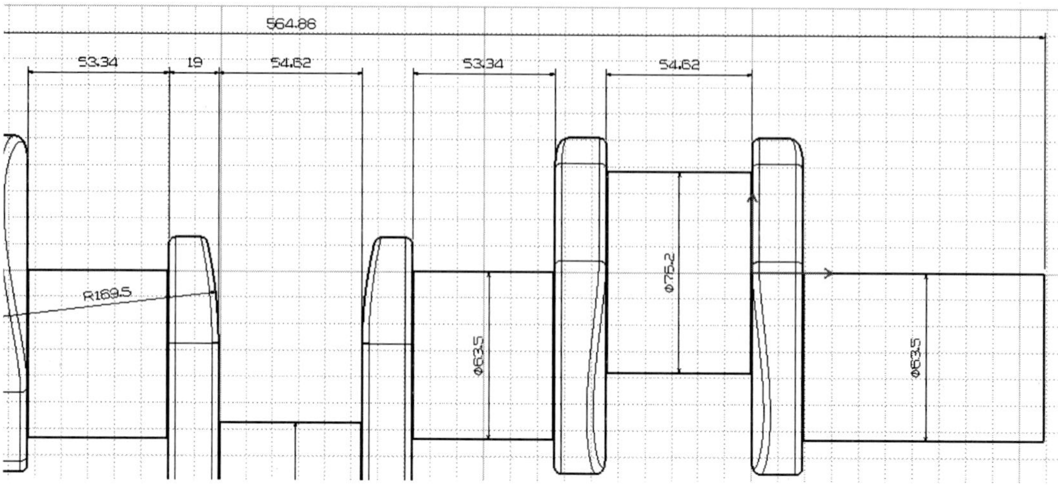

[그림 5.6] Crank Shaft Detail Drawing

6. Engine Block Modeling

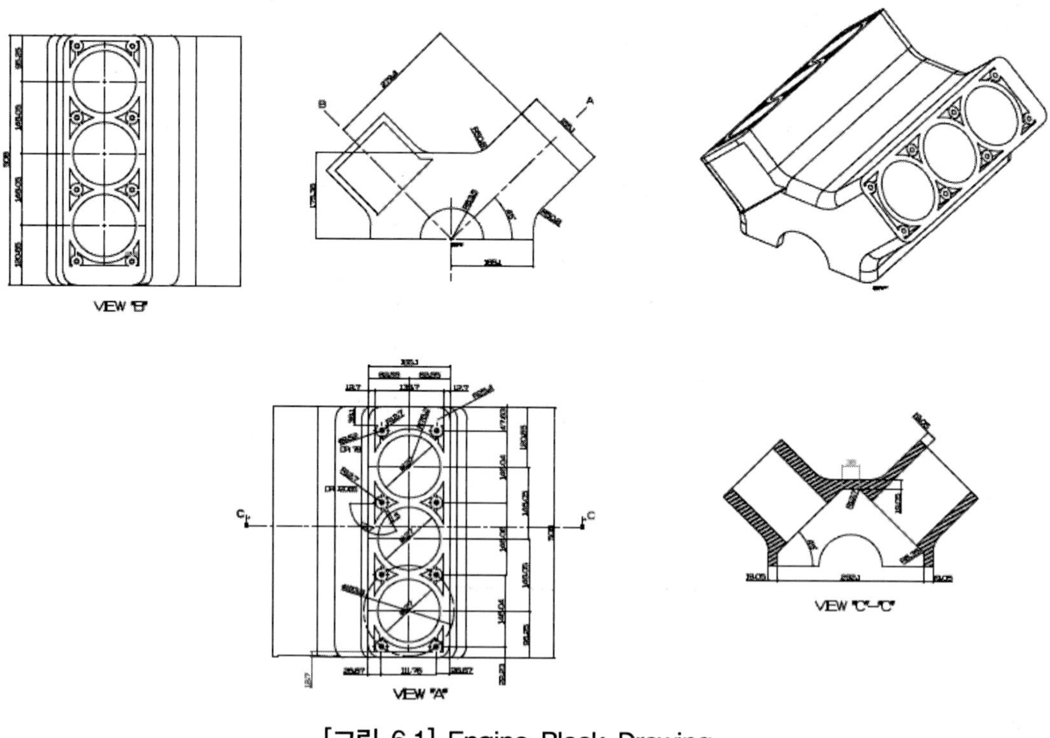

[그림 6.1] Engine Block Drawing

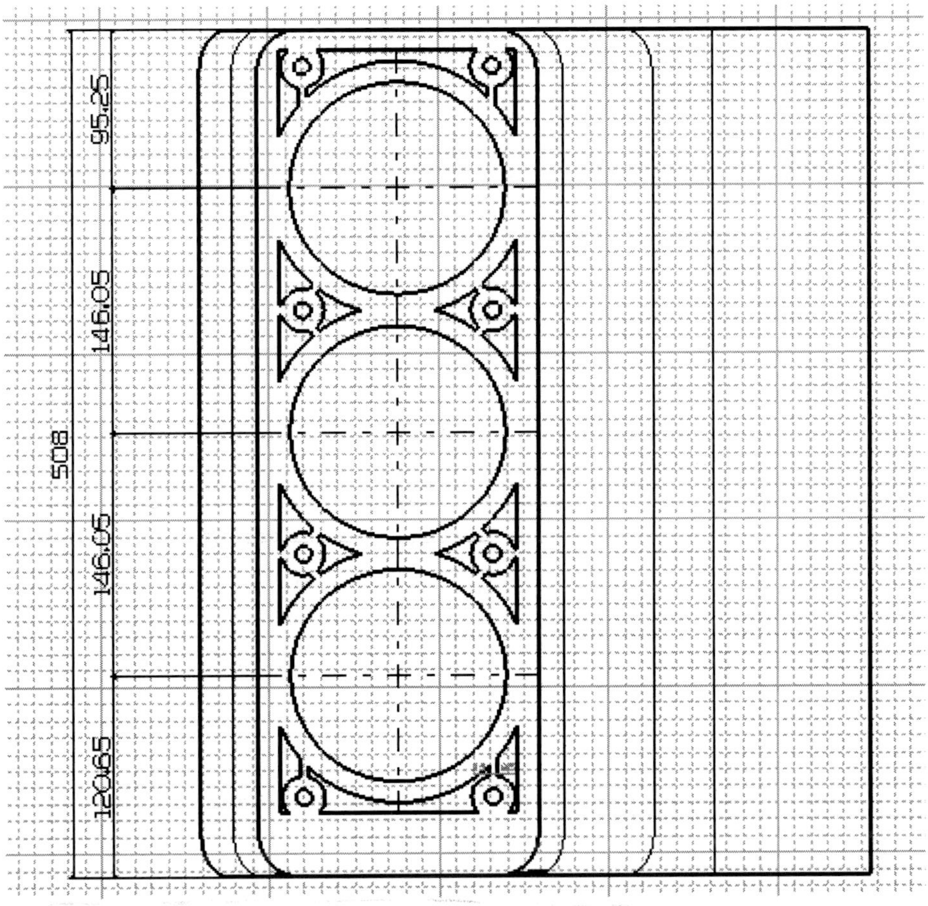

[그림 6.2] Engine Block Detail Drawing

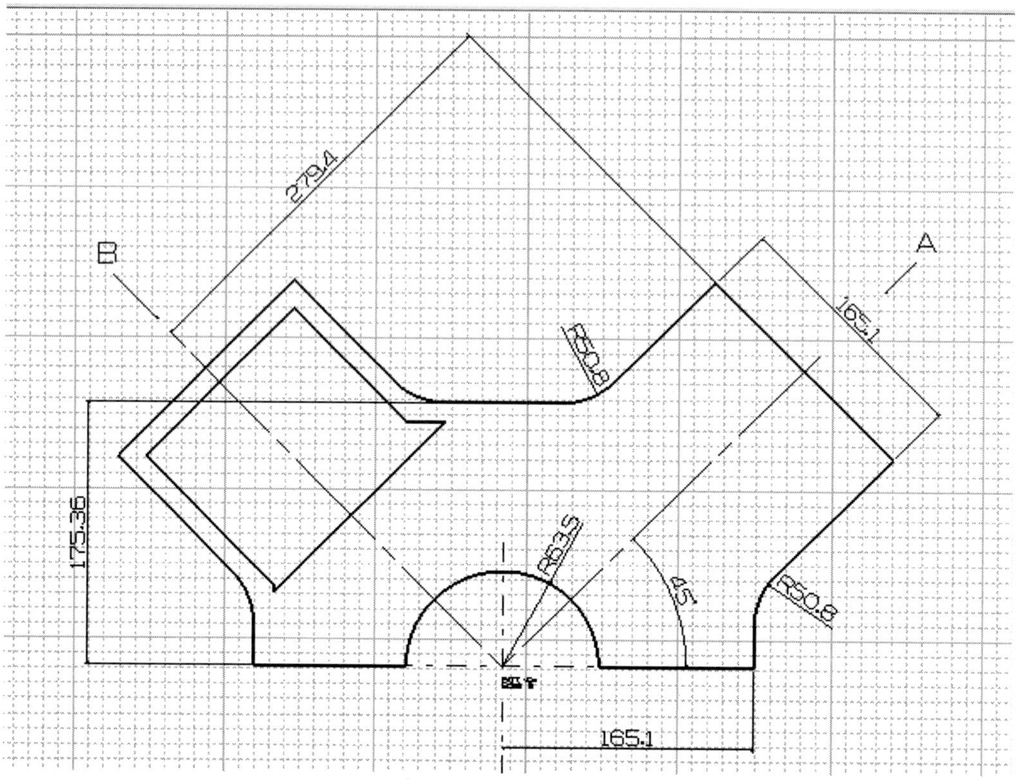

[그림 6.3] Engine Block Detail Drawing

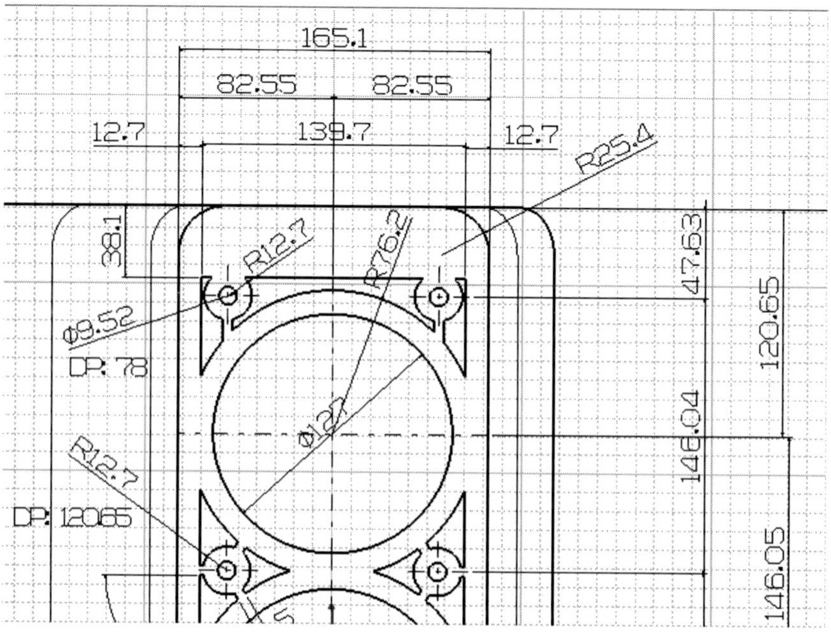

[그림 6.4] Engine Block Detail Drawing

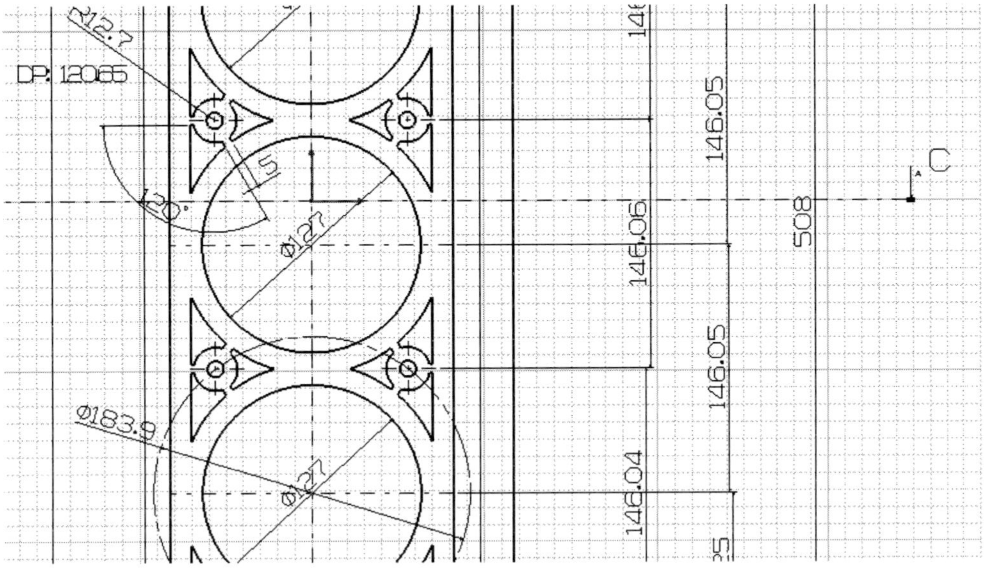

[그림 6.5] Engine Block Detail Drawing

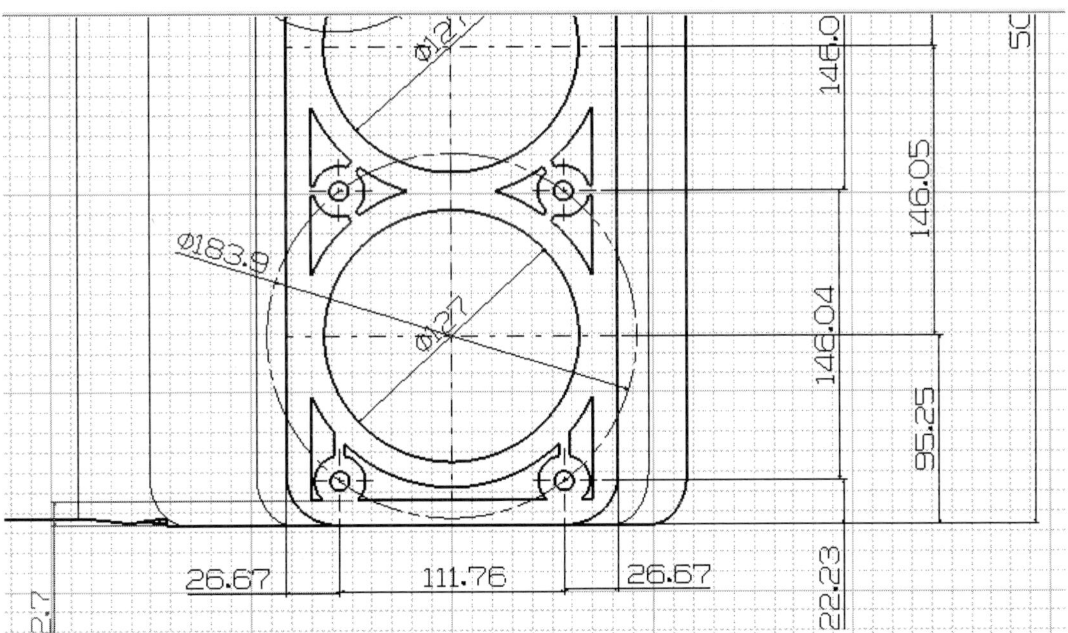

[그림 6.6] Engine Block Detail Drawing

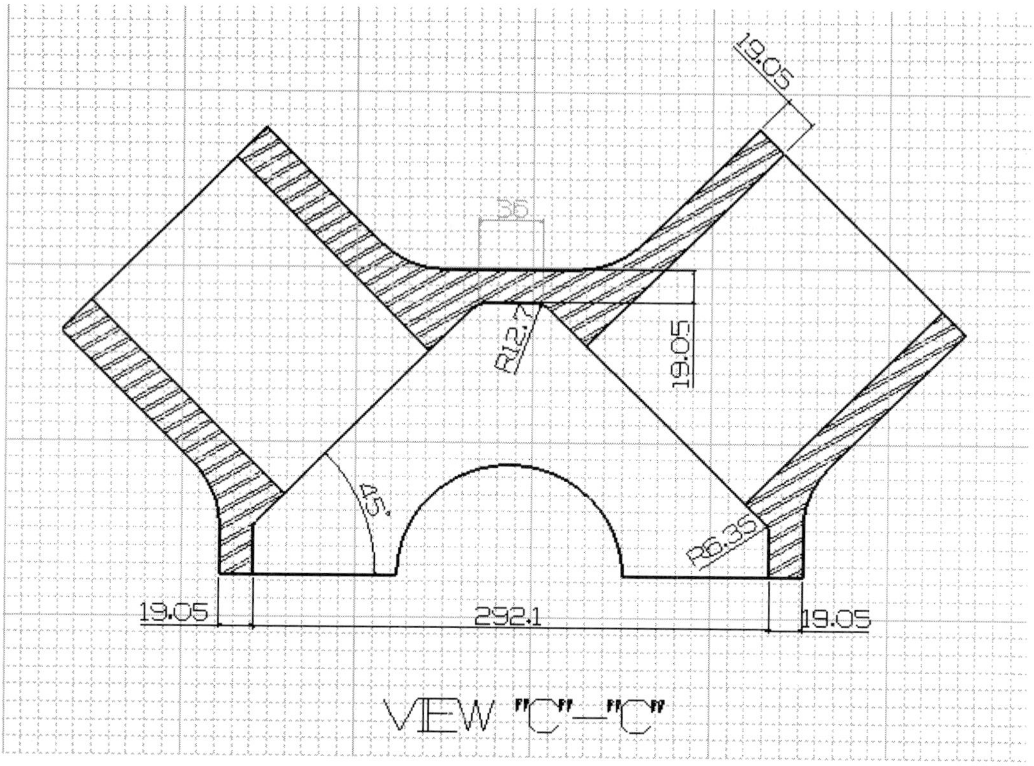

[그림 6.7] Engine Block Detail Drawing

Chapter 07 Mouse Modeling

이번 장에서는 우리가 주변에서 흔히 볼 수 있는 마우스 모델링을 따라 하며 CATIA의 기능을 익힌다.

1. 2D 스케치를 xy/yz/zx Plane으로 분산

마우스 모델을 만들기 위해서는 위해서는 마우스도면이나 이미지가 있어야 한다. 도면이 있다면 모델링하기가 편하지만 마우스 도면은 구하기가 어렵다. 여기서는 마우스의 정면/측면/평면 2D 이미지를 이용하여 3D SOLID 모델을 만들어 본다. (이 장에서 배우는 마우스뿐만 아니라, 모델링해야 할 대상이 있다면 정면/측면/평면을 사진촬영하고, 그 이미지 파일을 카티아에서 읽어 들인 후, 외형선만 추출하여 2D 스케치를 만들 수 있다.)

1.1 우선 마우스모델을 저장하기 위한 폴더를 한 개 만든다.

1.2 CATIA를 실행하고, 최초에 열리는 "Product 1" workbench는 닫는다.

[그림 1.2.1] CATIA를 실행하고, "Product 1" workbench를 닫은 상태의 화면

1.3 2D 스케치 열기

▶ File 〉 Open… 〉 폴더에서 MOUSE_SKETCH.dxf 파일 선택하여 불러들임

(마우스 모델링을 위해서는 파일명 "MOUSE_SKETCH.dxf" 인 2D SKETCH가 있어야 한다. 이 2D 스케치를 다운받아서 앞서 만든(Ch.1.1) 폴더에 저장해 둔다.)

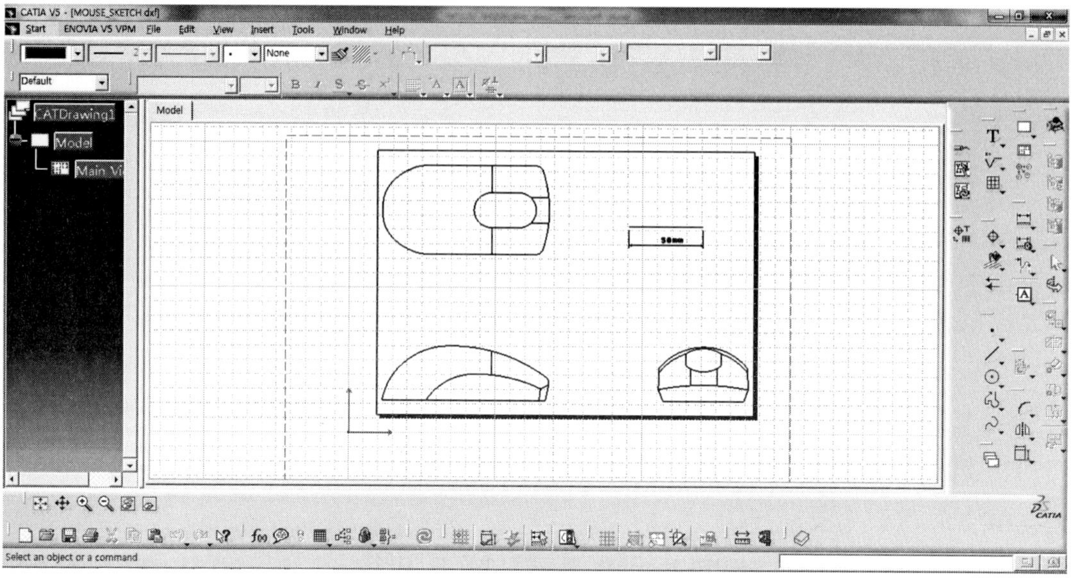

[그림 1.3.1] MOUSE_SKETCH.dxf 파일을 불러온 화면

1.4 Scale에 맞게 읽어 들였는지 치수확인

도구모음에서 "Dimensions" 아이콘을 실행하여 도면 우측상단에 있는 선을 선택하고 치수를 확인한다. 50 mm이면 scale에 맞게 파일을 읽어 들인 것이다.

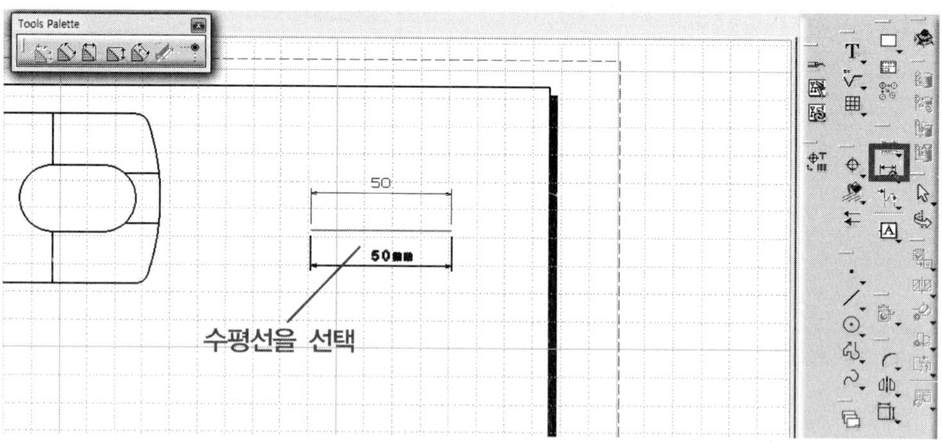

[그림 1.4.1] 선을 선택하여 치수확인 50 mm

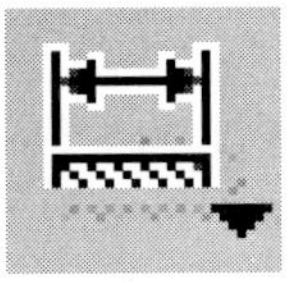

[그림 1.4.2] Dimensions Icon

1.5 Part workbench 시작

마우스 2D 스케치가 열려 있는 상태에서, 새로운 Part workbench를 실행한다.

▶ File 〉 New… 〉 "Part" 선택 〉 "OK" 클릭 〉 Pop-up 창이 나타나면 파일명 입력 〉 "OK" 클릭

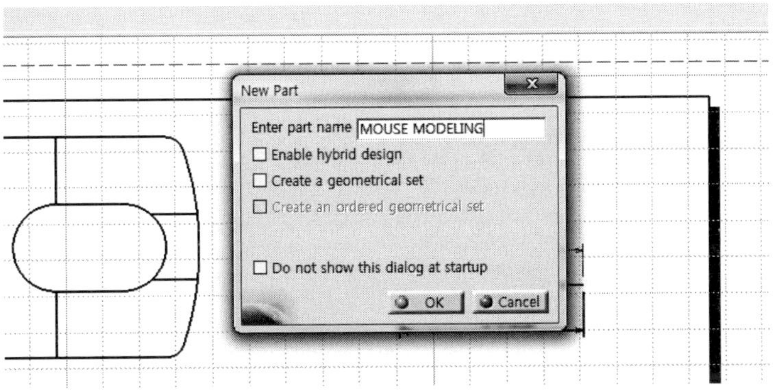

[그림 1.5.1] 새로운 Part workbench를 시작하는 화면

새로운 Part workbench가 실행되면 Option에 가서 설정을 한 가지 확인한다.

▶ File 〉 Tools 〉 Options… 클릭

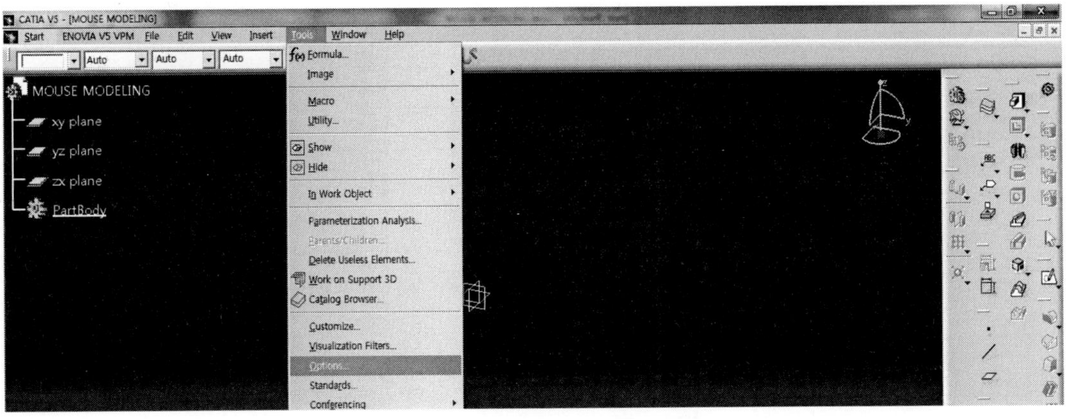

[그림 1.5.2] Option 설정 실행

Options 창이 나타나면 (그림1.5.3)

▶ Infrastructure 〉 Part Infrastructure 〉 Part Document 로 이동

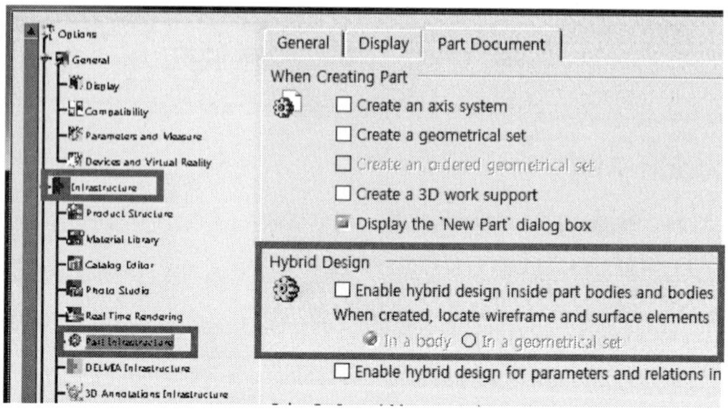

[그림 1.5.3] Option 설정화면

1.6 "Shape Design" workbench로 이동

처음 시작은 "Surface" workbench에서 모델링을 시작한다. Surface가 완성되면 Part workbench로 이동하여 Solid 모델로 완성한다. (Surface 모델링은 면으로만 이루어진 모델을 만드는 것으로 두께가 없다고 생각하면 된다. 즉, 속이 비어있는 면으로 된 모델을 만들고 그 속을 채워주면 두께가 있는 Solid 모델이 만들어 지는 것이다. Surface 모델을 굳이 사용하는 이유는 유려한 곡면을 만들 수 있기 때문이다. 마우스도 굴곡이 복잡한 형태이므로 Surface 모델링을 하고 Solid로 채울 것이다. Surface workbench는 CATIA의 매우 유용한 기능중의 하나 이다)

▶ Start 〉 Shape 〉 Generative Shape Design 선택

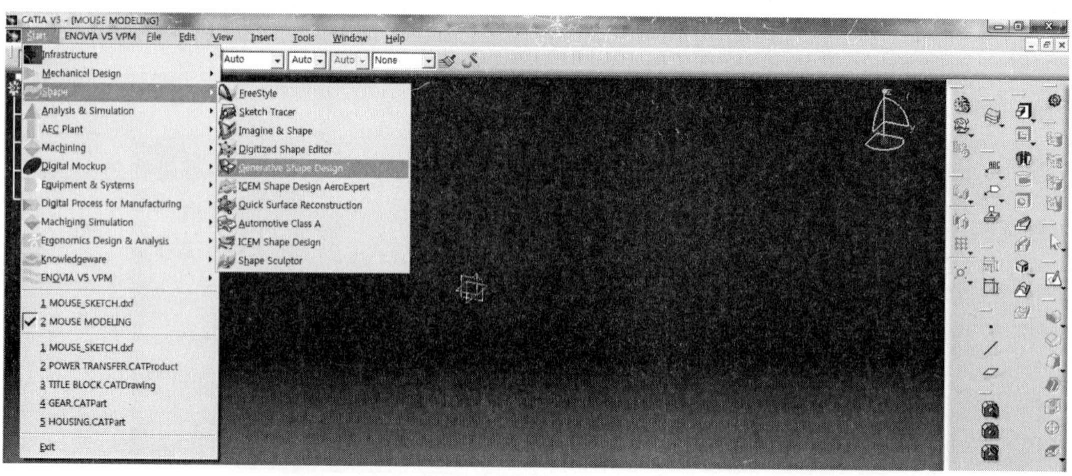

[그림 1.6.1] Shape Design Workbench로 이동

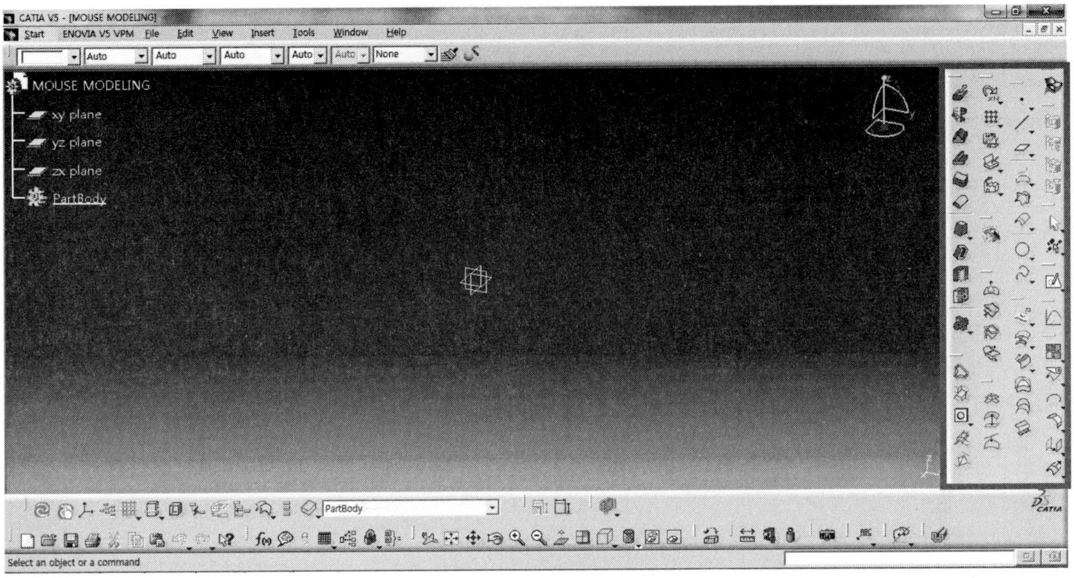

[그림 1.6.2] Shape Design Workbench 화면–도구모음이 Part workbench와 다르다

1.7 Tree에 Geometrical Set 추가

Tree에 "Geometrical Set…" 을 한 개 추가한다.

▶ Insert 〉 Geometrical Set…

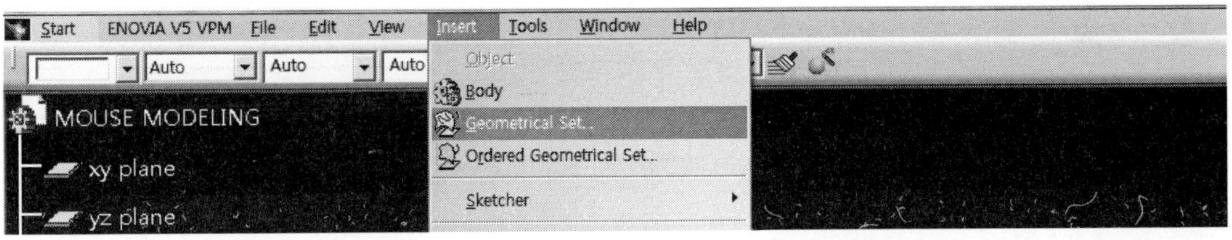

[그림 1.7.1] Tree에 Geometrical Set…을 추가

이름을 입력하는 창이 나타나면 Default 로 두고 "OK" 클릭(그림1.7.2)

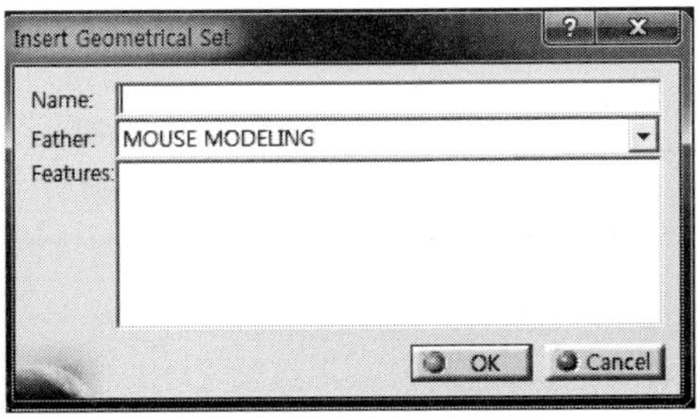

[그림 1.7.2] Geometrical Set… 실행 시 나타나는 창

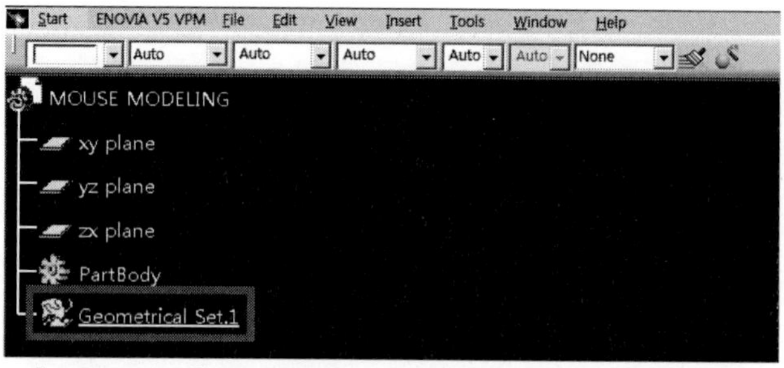

[그림 1.7.3] Tree에 Geometrical Set.1 이 추가됨

1.8 2D 스케치를 Shape Design으로 가져오기

현재 2D 스케치 화면과 Shape design 두 개의 workbench가 실행 중이다. 2D 스케치 도면을 Shape design workbench로 가져오자. 그리고 (그림1.8.1)과 같이 Xy plane을 선택하고 Sketch workbench로 이동한다. 그 후 (그림1.8.2)와 같이 "Ctrl+Tap" 키를 동시에 누르면 2D 스케치 화면으로 전환된다.

[그림 1.8.1] xy plane 선택 후 Sketch workbench로 이동

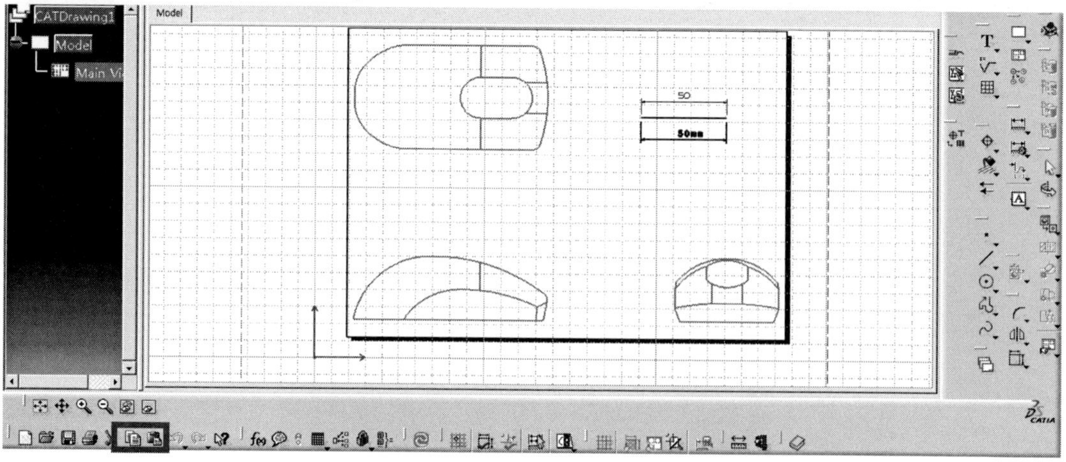

[그림 1.8.2] 2D Sketch workbench로 이동-(Ctrl+Tap)

(그림 1.8.2)와 같이 마우스 스케치 정면/측면/평면을 선택하고 “Ctrl+C” 키를 동시에 눌러 복사한다. 화면 하단의 복사 명령어 아이콘을 사용해도 된다.

[그림 1.8.3] 복사/붙여넣기 명령어 아이콘 – “Ctrl+C” / “Ctrl+V” 사용가능

복사를 하였으면 “Ctrl+Tap” 키를 동시에 눌러 Shape workbench로 다시 이동한다. 그런 다음 (그림1.8.4)와 같이 “Ctrl+V” 를 눌러 붙여 넣기를 완료한다. 붙여 넣기가 완료되면 “Exit” 를 눌러 스케치 워크벤치에서 나온다.

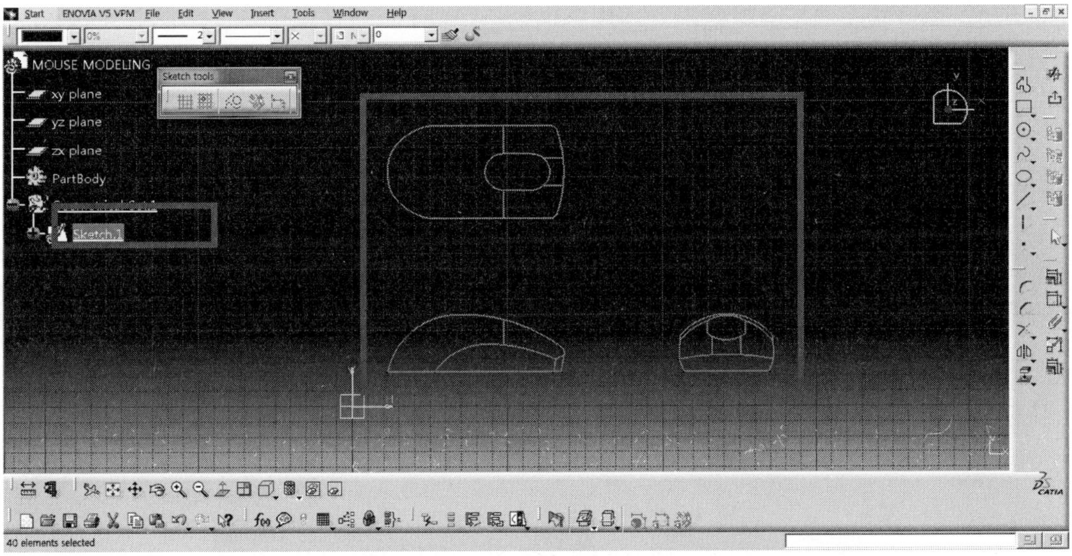

[그림 1.8.4] “Ctrl+V” 2D 스케치를 xy plane에 붙여 넣었다

1.9 2D 스케치를 정면/측면/평면으로 배치

(그림1.9.1)과 같이 Tree에서 “Sketch 1” 을 선택하고 복사 & 붙여 넣기 하여 “Sketch 2” 와 “Sketch 3” 을 각각 만든다.

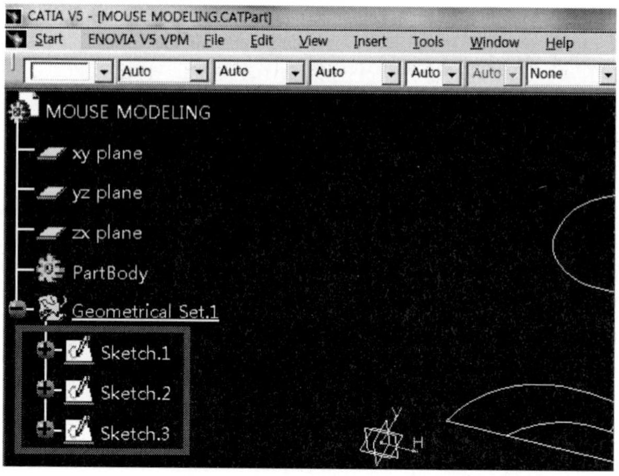

[그림 1.9.1] Sketch 1을 "Ctrl+C" / "Ctrl+V" 두 번하여 Sketch 2, 3을 만듦

"Sketch 1, 2, 3" 의 이름을 Top View/Side View/Front View로 수정한다. 수정 방법은 "Sketch 1" 위에 마우스를 올려놓고, (그림1.9.2)와 같이 마우스 우측버튼을 클릭하여 "Properties"를 선택, (그림1.9.3)과 같이 Pop-up 창이 나타나면 파일 이름을 수정하고 저장한다.

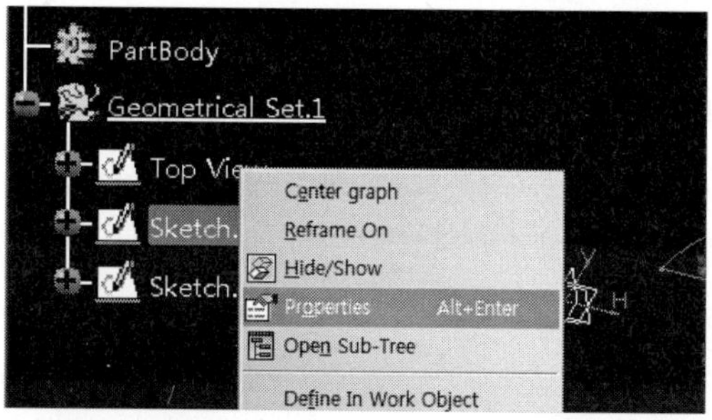

[그림 1.9.2] Sketch 세 개의 이름을 변경

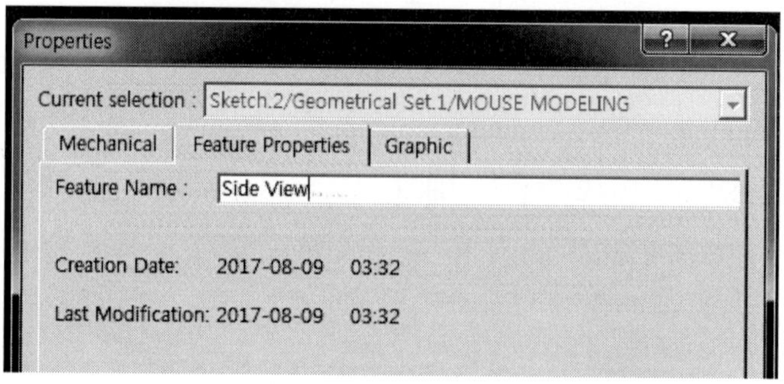

[그림 1.9.3] Properties 창에서 파일이름 변경

파일명 수정이 끝나면, (그림1.9.4)와 같이 세 개의 plane을 만든다. Plane 생성 방법은 도구모음에서 ▶ Plane 명령선택 〉 Tree에서 "xy plane" 선택 〉 거리를 150 입력 〉 "OK"

같은 방법으로 yx plane, zx plane도 각각 150 mm 떨어뜨려 Plane2, Plane3을 만든다.

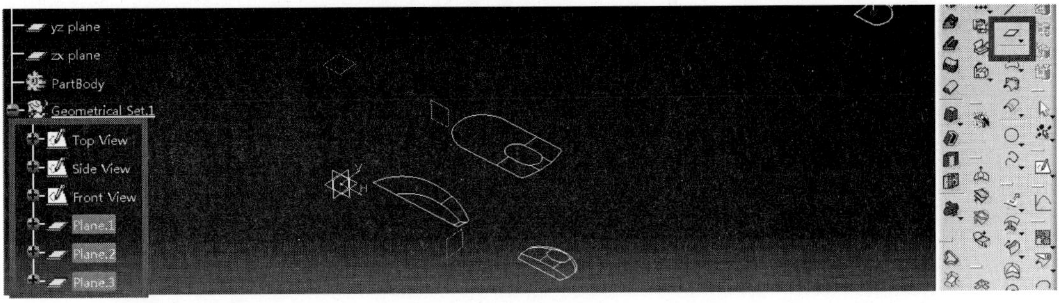

[그림 1.9.4] xy / yz / zx 각 plane에서 150 mm 떨어진 세 개의 plane 생성

현재, Top/Side/Front View는 스케치가 서로 겹쳐져 있는 상태이다. 이 겹쳐진 스케치를 각각 Plane 1/2/3에 대응시켜 분리시키는 작업을 한다.

▶ Top View 선택 〉 마우스 우측버튼 클릭 〉 Top View Object 선택 〉 (그림1.9.5)와 같이 Change Sketch Support… 선택 〉 (그림1.9.6)과 같이 Pop-up 창이 나타남 〉 Plane.1 선택 〉 "OK"

같은 방법으로 Side/Front View도 Plane.2/3에 대응시켜 분리한다.

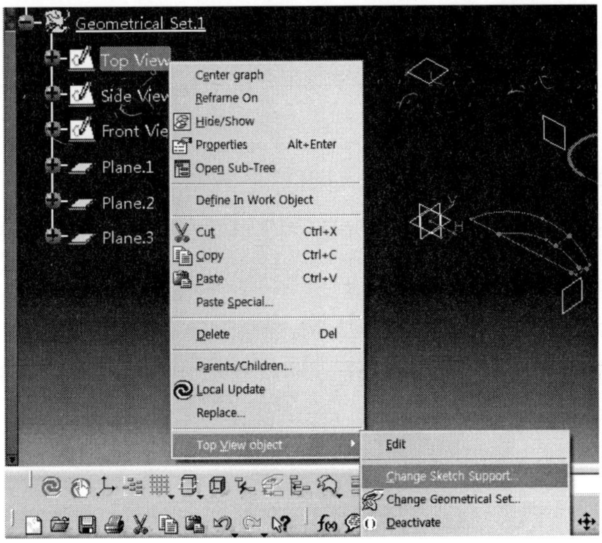

[그림 1.9.5] Top View의 스케치를 Plane.1 에 배치

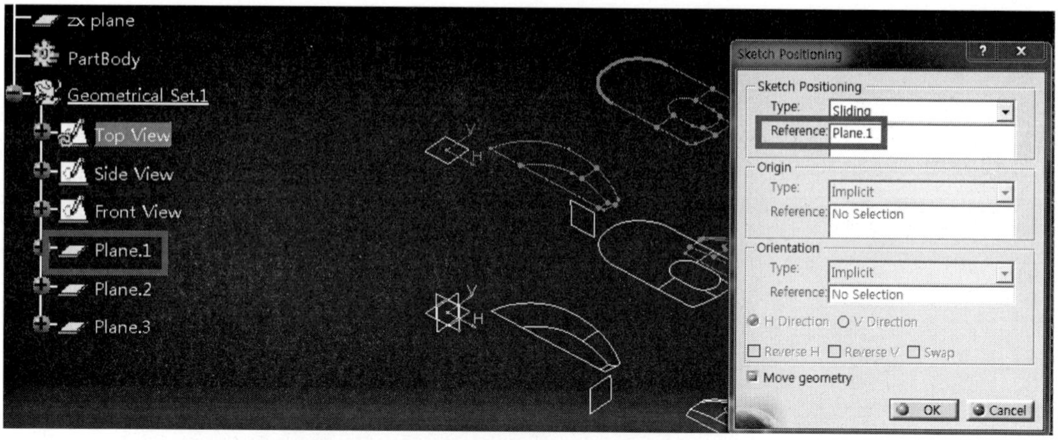

[그림 1.9.6] 대화창에서 Plane.1을 선택

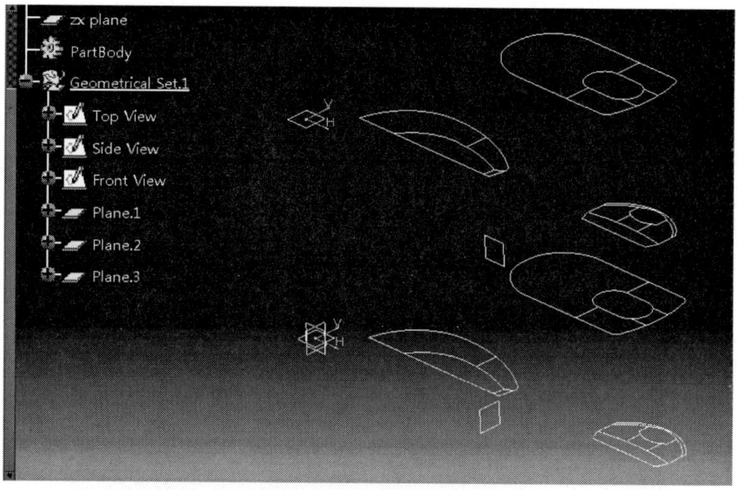

[그림 1.9.7] 겹쳐져 있던 스케치가 Plane.1/2/3 으로 분리된 모습

1.10 정면/측면/평면 스케치를 제외한 나머지 스케치 지우기

분리된 각 스케치에서 필요 없는 스케치를 지운다. 스케치 수정을 위해, Tree 에서 “Top View” 스케치를 더블클릭한다. (스케치 workbench로 진입)

Top View 이므로, 평면도만 남기고 정면도와 측면도는 지운다. 그리고 (그림1.10.1)과 같이 “Exit” 로 스케치에서 나온다. (스케치를 선택하고, Delete 키를 누르면 지워진다)

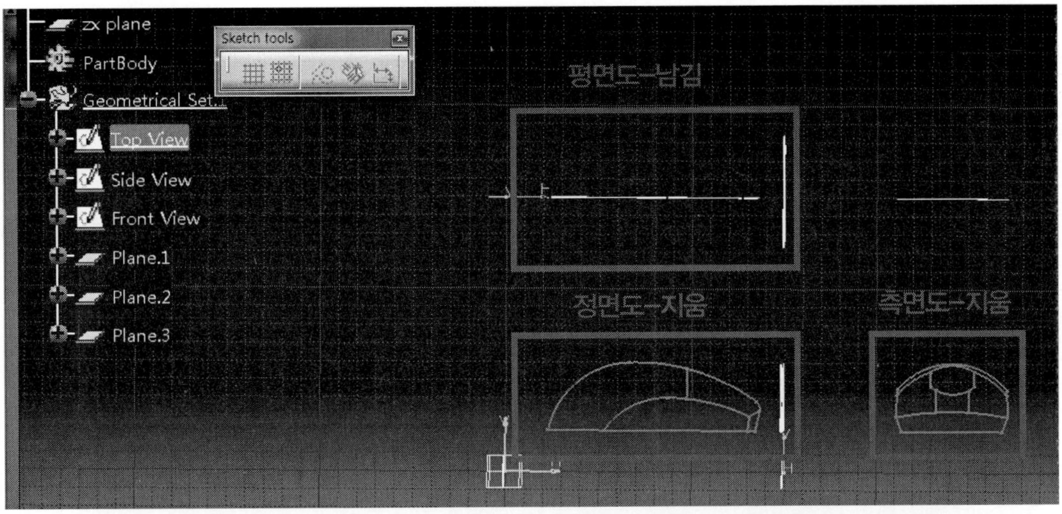

[그림 1.10.1] Top View 수정-평면도만 남기고 정면도 우측면도는 지운다.

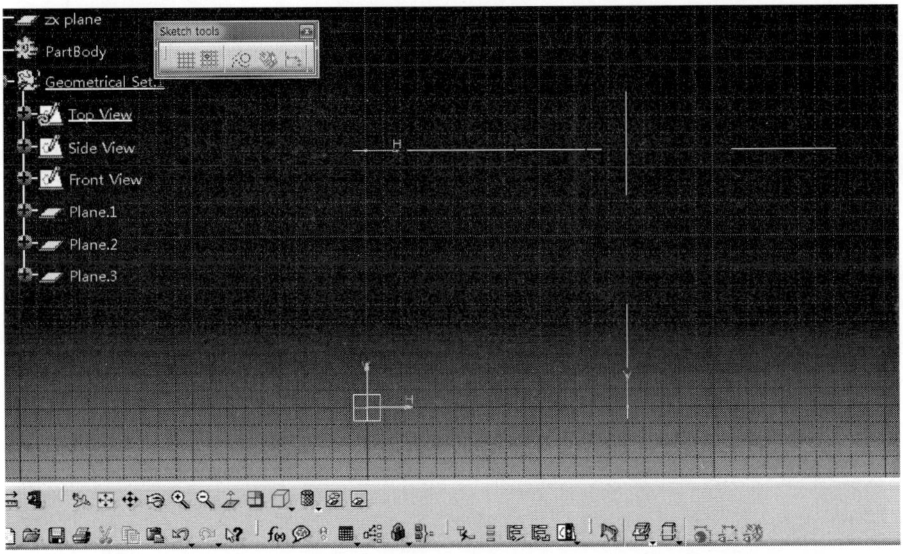

[그림 1.10.2] Top View 수정-평면도만 남기고 나머지는 지워진 모습

이와 같은 방법으로 "Side View"는 측면도만 남기고 모두 지운다. 그리고 "Front View"에서는 정면도만 남기고 모두 지운다. 그리고 작업 중간에 수시로 저장을 한다. 이 작업이 끝나고 나면, 각 View에 하나의 스케치만 남게 된다.

1.11 정면/측면/평면 각 뷰(View)를 원점에 위치 시키기

각 View에 있는 스케치를 원점으로 이동한다. 스케치 이동을 위해, Tree에서 "Top View"를 더블클릭하여 스케치 워크밴치로 이동한다.

1.11.1 평면도의 가장 우측 호(Arc)에 기준점을 하나 찍어준다. "Point" 명령을 실행하여 찍으면 된다.

이 점은 스케치를 원점으로 이동할 기준점으로 사용할 것이다. (그림1.11.1)

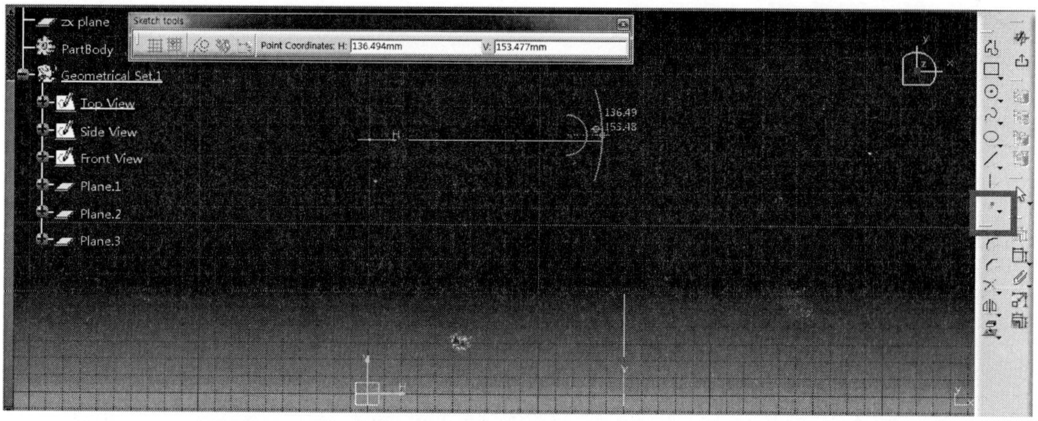

[그림 1.11.1] 스케치의 가장 우측 호에 점(point)를 찍는다.

1.11.2 이동명령(Translate)를 실행하여 평면도를 원점(0, 0)으로 이동한다.

▶ 평면도를 모두 선택 〉 도구모음에서 Translate 실행 〉 Pop-up 창이 나타남 〉 Duplicate Mode 선택 해제 〉 조금 전 생성한 점(Point) 클릭 〉 원점 (0,0) 클릭

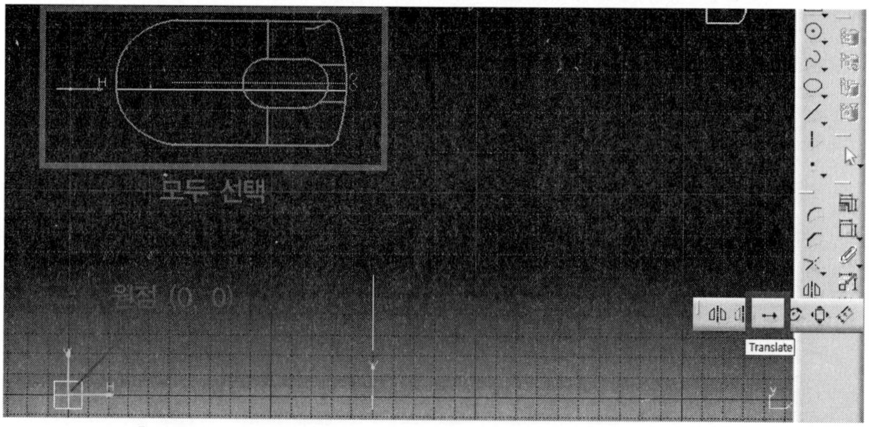

[그림 1.11.2] 평면도 선택 후 Translate 명령어 실행

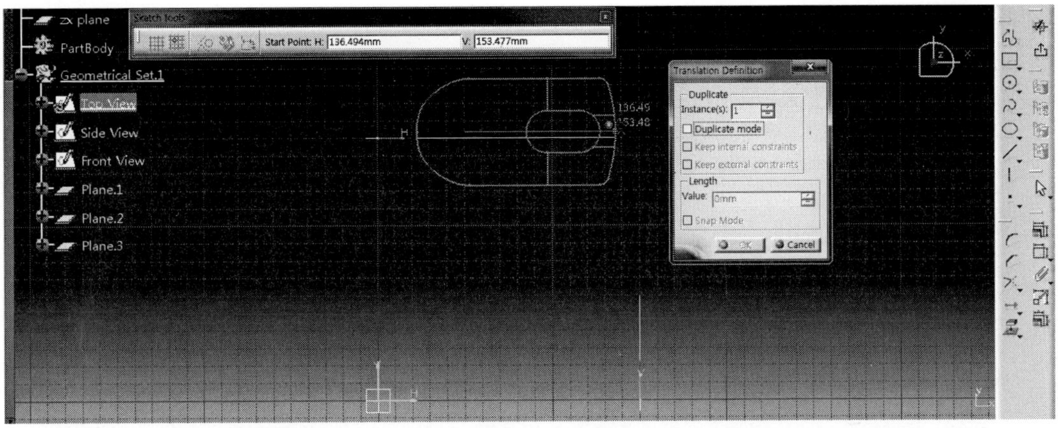

[그림 1.11.3] 대화창에서 “Duplicate mode” 해제 후, 포인트를 찍고 원점(0, 0) 클릭

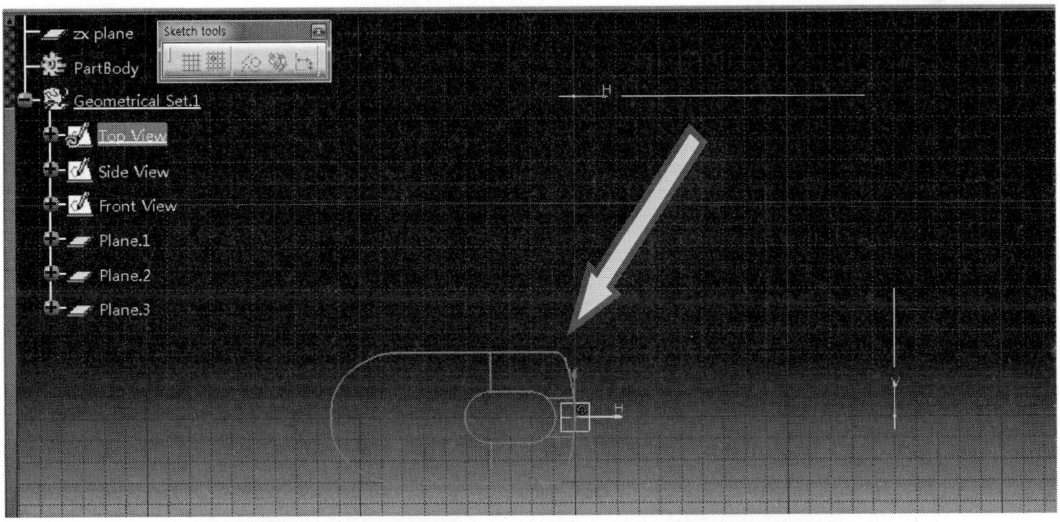

[그림 1.11.4] 평면도가 원점(0, 0)으로 이동된 모습

1.11.3 “Side View”의 측면도를 원점(0, 0)으로 이동한다.

(그림1.11.5)와 같이 조금 전 정위치로 이동한 Top View와 비교해 보면 Side View가 90도 회전되어야 한다는 것을 알 수 있다.

(그림1.11.6), (그림1.11.7)과 같이 Side View를 90도 회전시켜보자.

▶ Tree에서 Side View 선택 〉 Mouse 우측버튼 클릭 〉 Side View Object 〉 Change Sketch Support… 〉 Pop-up 창이 나타남 〉 “Positioned” 선택 〉 90도 회전

[그림 1.11.5] Side View 더블클릭하여 스케치 workbench로 진입한 화면

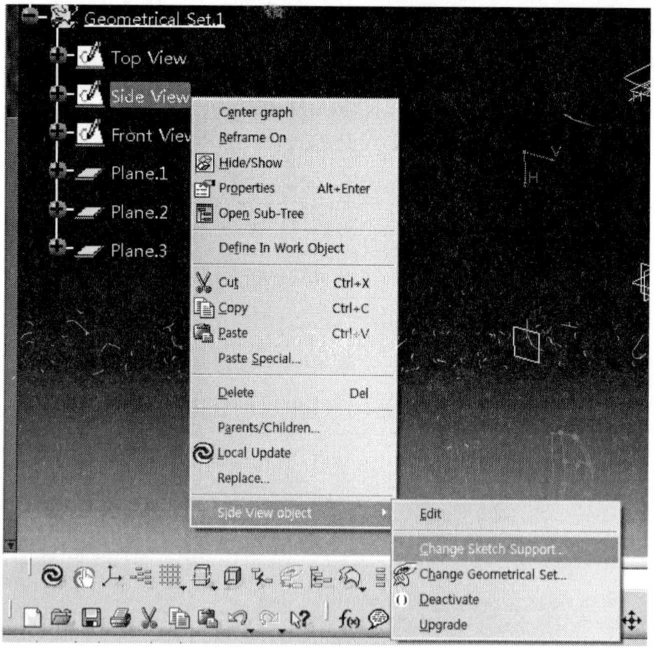

[그림 1.11.6] Side View를 90도 회전시킨다.

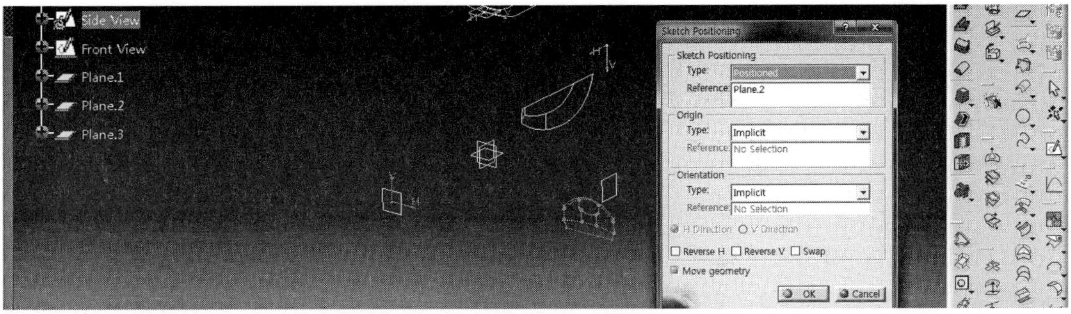

[그림 1.11.7] 대화창에서 "Positioned"를 선택하면 90도 회전한다.

Side View를 90도 회전시킨 후, Tree에서 Side View를 더블클릭하여 스케치 workbench로 이동한다. (그림 1.11.8)과 같이 Point 명령을 이용하여, 측면도 가장 아래 선의 가운데 부분에 point를 찍는다.

[그림 1.11.8] Point 명령으로 점 생성

(그림1.11.9)와 같이 Translate 명령으로 측면도를 원점(0, 0)으로 이동시킨다. Exit로 스케치 워크벤치에서 파트워크밴치로 나온다. 저장한다.

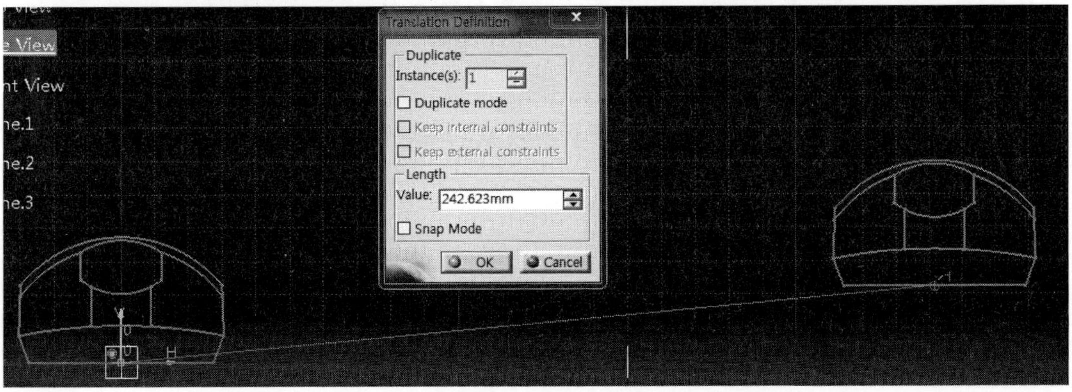

[그림 1.11.9] Translate 명령으로 측면도를 원점으로 이동

1.11.4 "Front View"의 정면도를 원점(0, 0)으로 이동한다.

(그림1.11.10)과 같이 화면에서 다른 두 개의 view와 Front View를 비교해 보면, Front View가 180도 회전되어야 한다는 것을 알 수 있다.

(그림1.11.11)과 같이 Front View를 180도 회전시켜보자.

▶ Tree에서 Front View 선택 〉 Mouse 우측버튼 클릭 〉 Front View Object 〉 Change Sketch Support… 〉 Pop-up 창이 나타남 〉 "Positioned" 선택 〉 하단의 "Reverse H" 체크 선택 〉 방향에 맞게 180도 회전 〉 "OK"

이제 Tree에서 Front View를 더블클릭하여 스케치 workbench로 이동한다. (그림 1.11.12)와 같이 Point 명령을 이용하여, 정면도 우측 가장 아래 모서리 부분에 point를 찍는다. 그리고 (그림 1.11.13)과 같이 정면도 전체를 선택하여 "Translate"로 원점으로 이동한다. 그 후, "Exit"로 스케치 워크밴치를 나오면, (그림 1.11.14)와 같이 각 뷰의 배치가 완료된다.

[그림 1.11.10] Front View가 뒤집어져 있으므로 180도 회전이 필요하다.

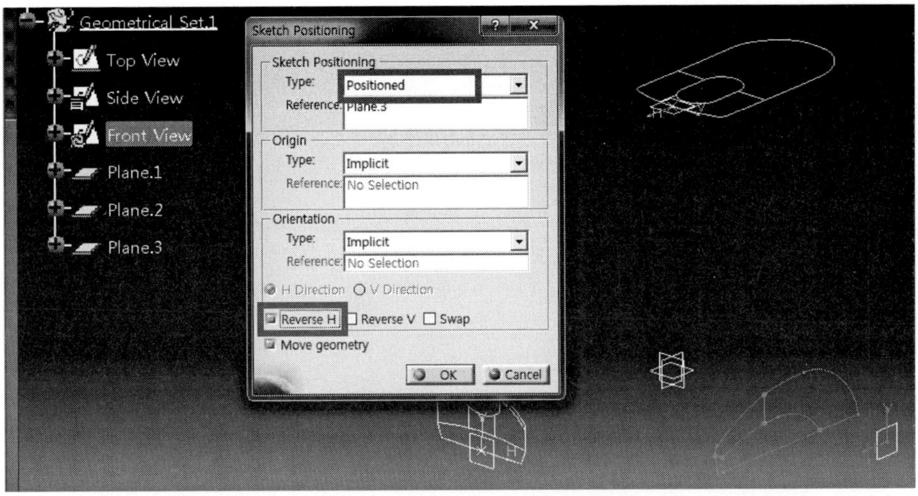

[그림 1.11.11] Front View가 180도 회전하여 바른 방향으로 위치한 모습

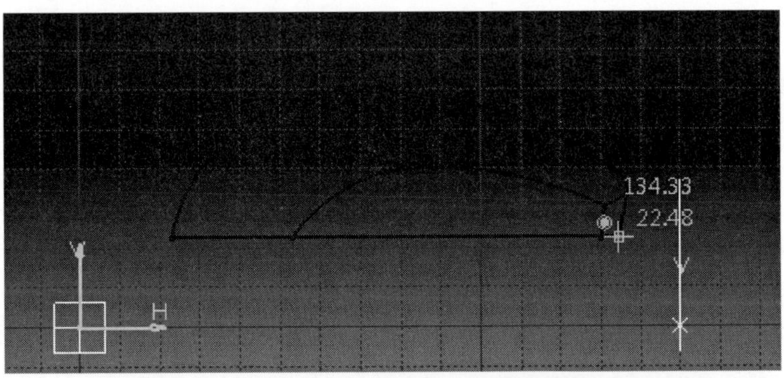

[그림 1.11.12] 우측 아래 모서리에 포인트를 찍는다

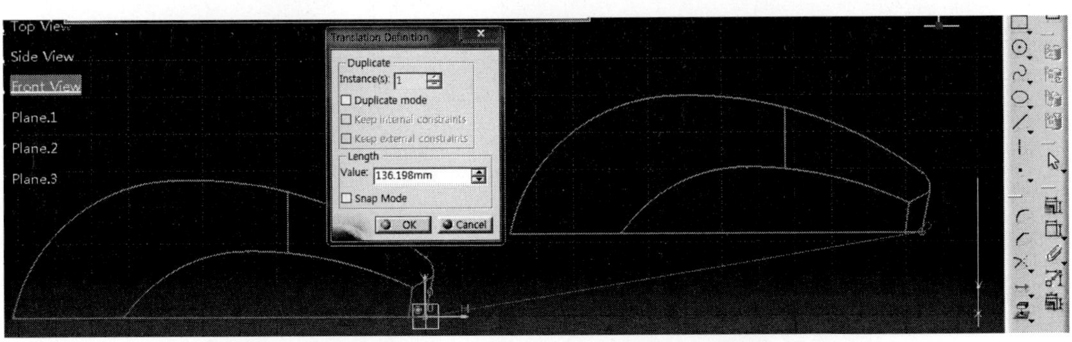

[그림 1.11.13] 정면도를 원점으로 이동

[그림 1.11.14] 세 개의 스케치가 모두 정 위치에 자리한 모습

1.12 정면/측면/평면 각 뷰(View)를 "Background Image"로 전환 (형상 참조로만 사용)

이제까지 작업한 세 개의 뷰 "Top/Side/Front"를 Background Image로 만들어 모델링 시 참조만 할 수 있도록 설정한다.

(그림1.12.1)과 같이 Tree에서 "Geometrical Set 1"을 선택하고, 마우스 오른쪽 버튼을 누른 후, "Properties"를 선택한다. (그림1.12.2)와 같이 Pop-up 창이 나타나면 파일이름을 "Geometrical Set 1-REFERENCE"로 변경하고, "Pickalbe"을 체크해제 한다. 이렇게 설정을 하고, 파트워크밴치에서 "Top/Side/Front View"의 스케치를 마우스로 선택하면 선택되지 않는다. 그리고 수정도 불가하며 오로지 Reference로만 사용가능하다.

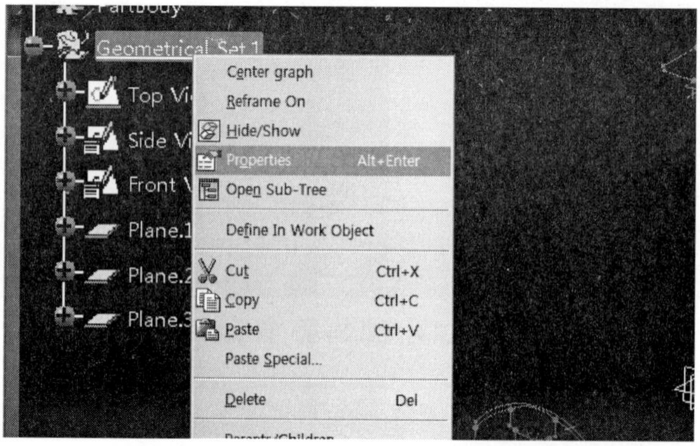

[그림 1.12.1] Geometrical Set.1 을 Reference 스케치로 전환

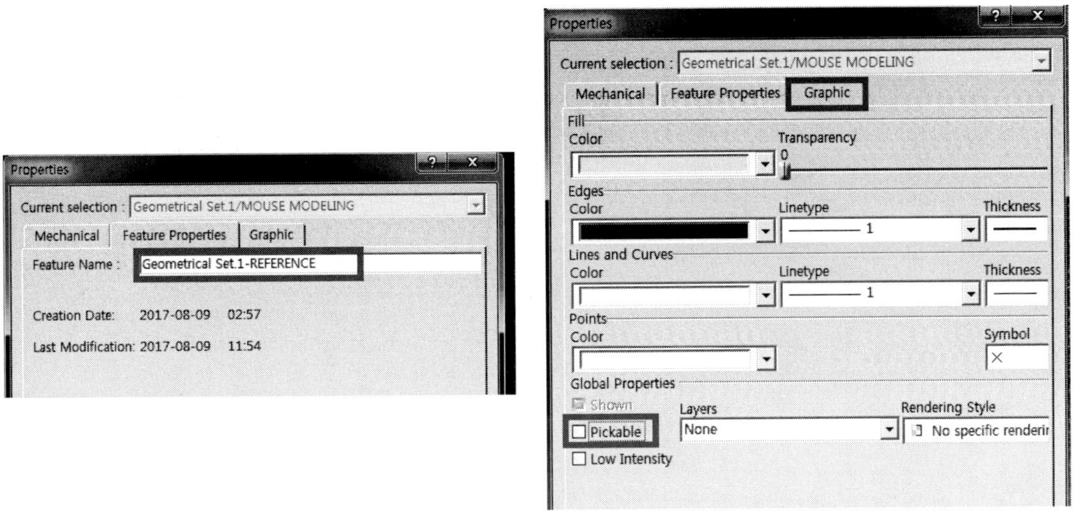

[그림 1.12.2] Properties 대화창에서 파일이름과 Pickable을 체크 해제한다.

2. Wire Frame & Surface 를 이용한 마우스 모델링

이제 세 개의 스케치를 참조로 만들어 두었으므로 마우스 모델링을 할 수 있다. 우선 Surface 모델로 마우스를 만들고, 최종적으로 두께를 주어 Solid 모델로 완성한다. 이번 장에서는 Surface 모델링에 대해 알아본다.

2.1 Geometrical Set 추가

마우스 모델링은 많은 명령어 실행으로 이루어지므로 Tree가 복잡해 질 수 있다. Tree가 복잡해지면 중간에 수정이 어렵게 되고 보기 힘들어 진다. 그러므로 폴더를 만들듯이 "Geometrical Set" 을 한 개 추가하여 Surface 모델 작업만 따로 관리하면 나중에 편리하다.

▶ Insert 〉 Geometrical Set…

Tree에 Geometrical Set.2가 추가 되었고, 이제부터 작업하는 history는 모두 여기에 저장이 된다.

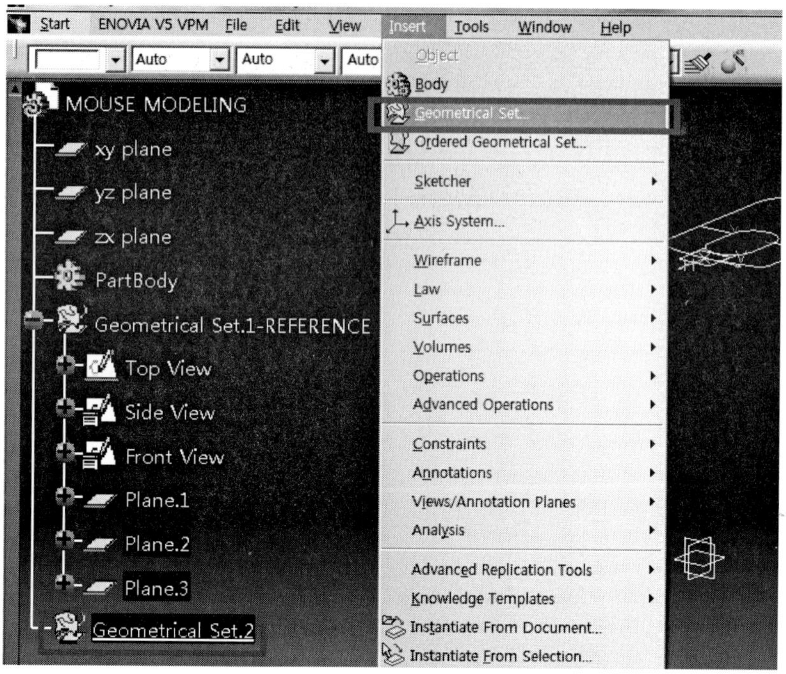

[그림 2.1.1] Geometrical Set 의 추가

2.2 Combine을 이용한 두 평면의 스케치 합성

이제 본격적으로 마우스 모델링에 들어가 보자.

2.2.1 두 개의 평면(Plane)을 만든다.

xy plane을 선택하고, "Plane" 아이콘을 선택한다. (그림2.2.1)과 같이 거리를 +50 mm 입력하여 새로운 plane 4를 만든다. (여기서, +50이란 방향을 의미한다. 즉, compass 좌표의 Z축으로 이동을 의미) 같은 방법으로, yz plane을 선택하고, +50 mm 지점에 Plane 5를 생성한다.

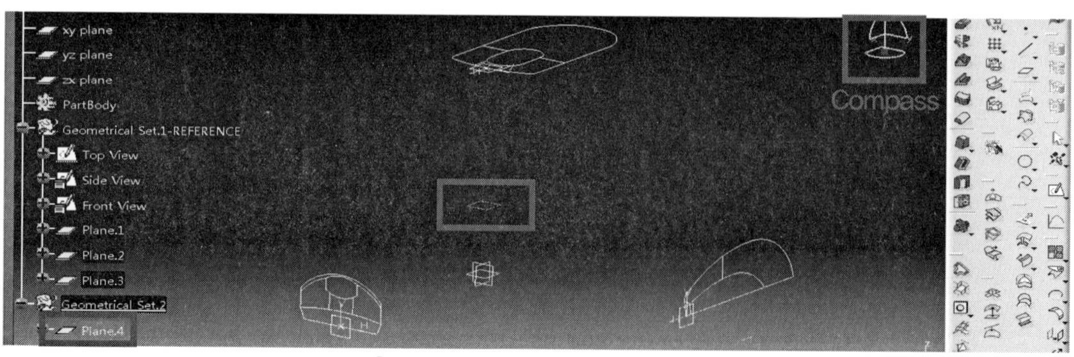

[그림 2.2.1] Plane 4 생성

[그림 2.2.2] Plane 5 생성

2.2.2 Plane 4에 반지름 90인 호를 그린다.

Plane 4 를 선택하고 “Sketch” 아이콘을 선택한다. R90인 호를 한 개 스케치한다. 이 호의 중심은 x축 선상에 있어야 하며, 호는 y축과 접선으로 만나야 한다. 그리고 호는 x축을 기준으로 상하 대칭이며, 길이는 Reference 스케치보다 조금 더 길어야 한다. (그림2.2.3)를 유심히 보며 따라서 스케치한다. 완료되면 “Exit” 한다.

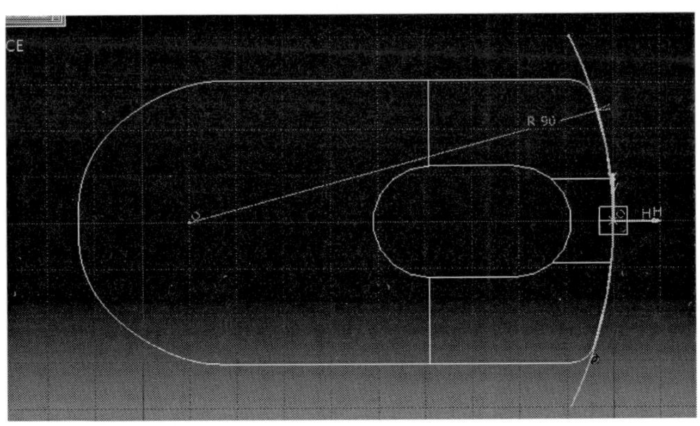

[그림 2.2.3] R90인 호 스케치-구속조건(Constrain)에 유의하여 그린다.

2.2.3 Plane 5에 반지름 150인 호를 그린다.

Plane 5 를 선택하고 “Sketch” 아이콘을 선택한다. R150인 호를 스케치한다. 이 호의 중심은 y축 선상에 있어야 하며, 호의 높이는 x축으로부터 11 mm 떨어져 있다. 그리고 호는 y축을 기준으로 좌우 대칭이며, 길이는 Reference 스케치보다 조금 더 길어야 한다. (그림2.2.4)를 유심히 보며 따라서 스케치한다. 완료되면 “Exit” 한다.

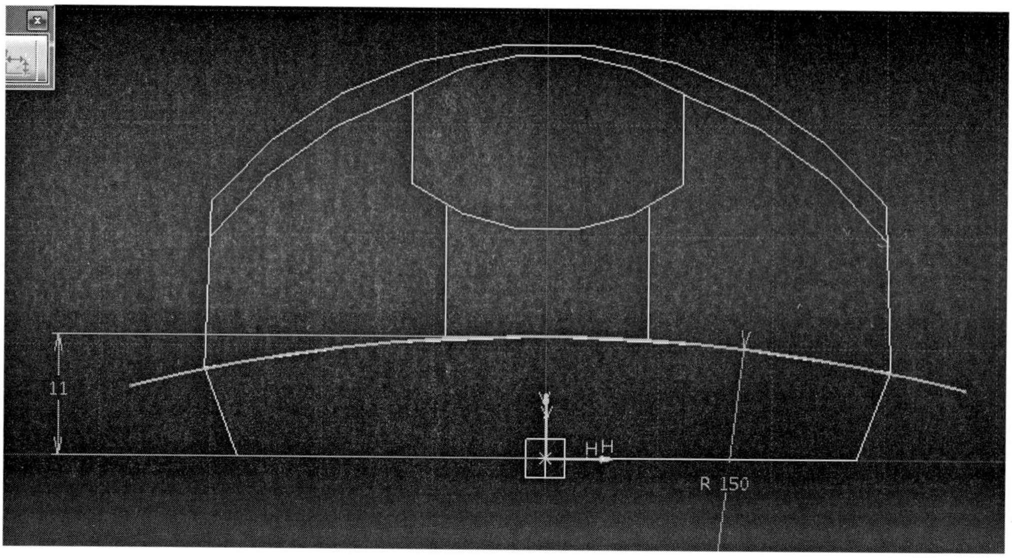

[그림 2.2.4] R150인 호 스케치-구속조건(Constrain)에 유의하여 그린다.

2.2.4 Plane 4, 5에 그린 두 호를 Combine 시켜 한 개의 선을 만든다

(그림2.2.5)와 같이 도구모음에서 Combine 아이콘을 눌러 명령을 실행한다.

[그림 2.2.5] Combine 명령 실행

대화창이 나타나면, 조금 전에 그린 두 개의 선을 선택하고 "OK" 클릭(그림2.2.6), 두 개의 곡선이 일정한 방향을 따라 길게 늘려진다고 가정하면 두 개의 곡선이 만나는 곳의 선이 만들어지는 것이다.

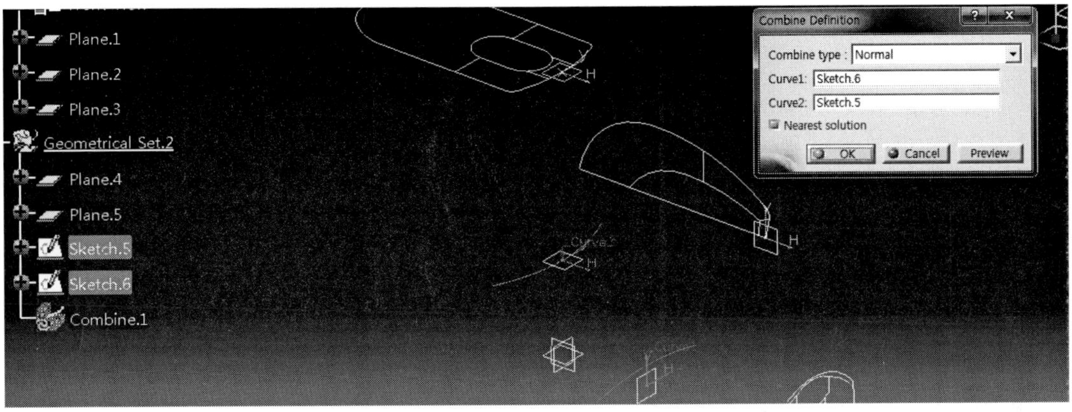

[그림 2.2.6] Combine 명령 실행

Combine 명령을 실행하고 나면, combine된 선만 남기고 Plane 4, 5 그리고 두 스케치를 모두 "Hide" 시킨다.

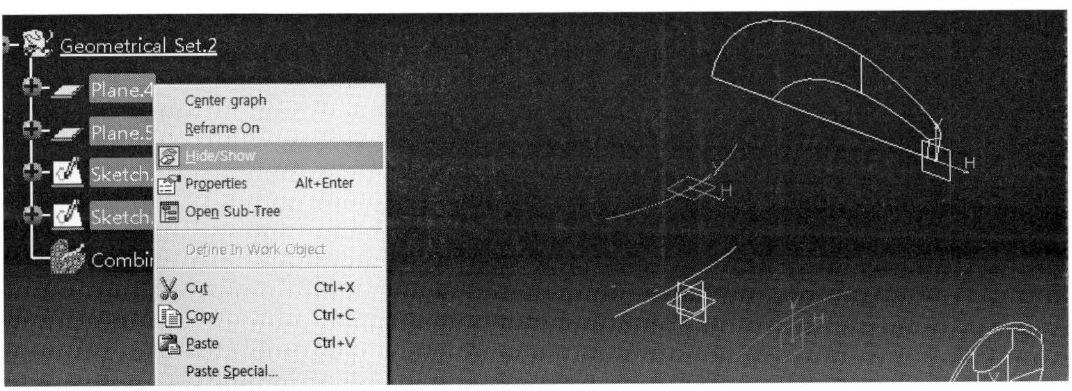

[그림 2.2.7] Combine 선만 남기고 나머지는 Hide시킨다.

2.3 Sweep을 이용한 선의 돌출-면의 생성

조금 전 combine으로 만든 곡선을 돌출시켜 면을 생성한다. (그림2.3.1)과 같이 도구모음에서 "Sweep" 아이콘을 실행한다.

[그림 2.3.1] Sweep 명령 실행

(그림 2.3.2)와 같은 Pop-up 창이 나타나면, 설정을 화면과 같이 하고 “OK” 클릭

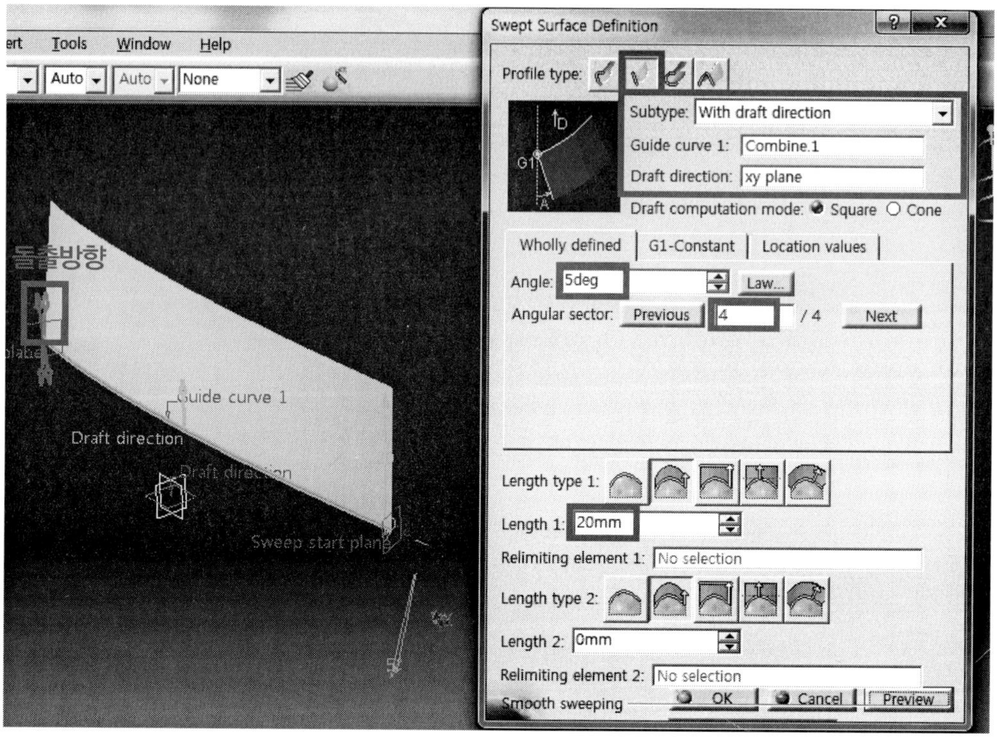

[그림 2.3.2] 대화창에서 각도 5도, 돌출 20 mm 설정

Profile type : 두 번째 선택 (Line)

Subtype : With draft direction 선택

Guide curve 1 : Combine 선 선택

Draft direction : xy plane 선택

Angle : 5도

Angular sector : 돌출방향 설정 (화면에서는 4/4 분면이나, 설정에 따라 다르므로 위쪽 안쪽으로 돌출, (그림2.3.2)의 돌출방향(오렌지색)을 참조하여 방향선택)

Length 1 : 20mm

첫 surface 모델이 완성되었다. 이제 나머지도 차근차근 완성하면 된다.

2.4 “Plane 6” 생성

Plane 명령을 실행하고, zx plane을 선택하여 +30.5 mm 만큼 offset 하여 플랜 6을 생성한다.

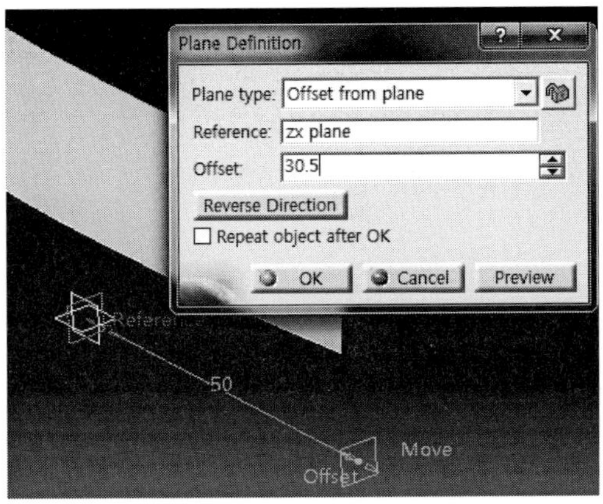

[그림 2.4.1] Plane 6 생성

2.5 Plane 6에 Arc sketch

앞에서 생성한 Plane 6에 호를 스케치 한다. Sketch 아이콘을 클릭하고, Plane 6을 선택하여 스케치 워크밴치로 이동한다. R40과 R105 두 개의 호를 그리고 tangency로 접속시킨다.

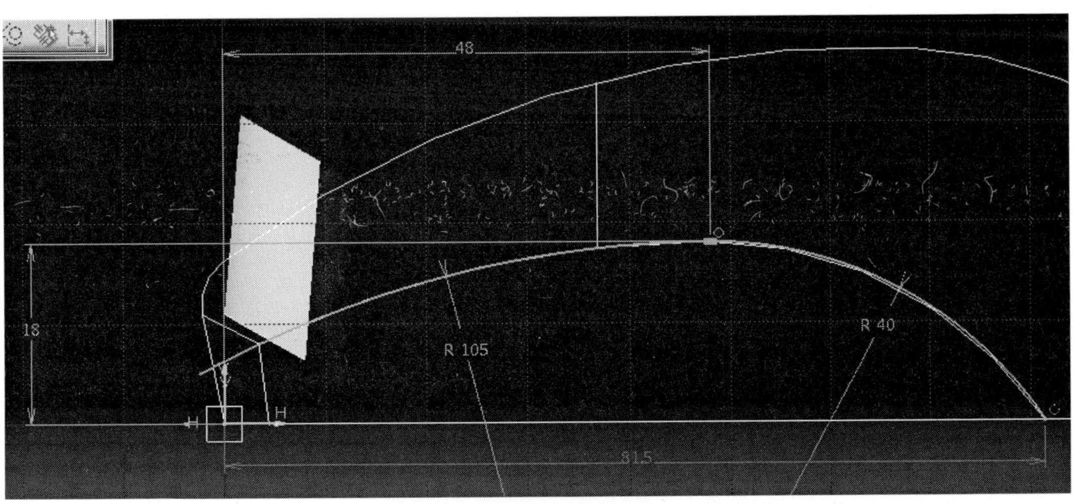

[그림 2.5.1] Tangency로 접속되는 두 호 스케치

우측 호의 끝은 x축과 만나고, 중심점에서의 거리가 81.5 mm이다. 두 호가 접선으로 만나는 곳의 수평거리는 48 mm, 수직거리는 원점으로부터 18 mm이다. 좌측 호의 끝은 y축을 조금

지나 스케치보다 조금 더 튀어나오도록 그린다. 완성하면 "Exit" 클릭하여 파트워크밴치로 나온다. 스케치가 어려우므로, (그림2.5.1) 잘 보고 여러 번 시행착오를 통해 완성한다.

2.6 Sweep을 이용한 측면 생성

도구모음에서 "Sweep" 아이콘을 실행한다. Pop-up 창이 나타나면, 설정을 화면과 같이 하고 "OK" 클릭

Profile type : 두 번째 선택 (Line)

Subtype : With draft direction 선택

Guide curve 1 : Combine 선 선택

Draft direction : xy plane 선택

Angle : 5도

Angular sector : 돌출방향 설정 (화면에서는 4/4 분면이나, 설정에 따라 다르므로 위쪽 안쪽으로 돌출, (그림2.6.1)의 돌출방향 (오렌지색)을 참조하여 방향선택)

Length 1 : 20mm

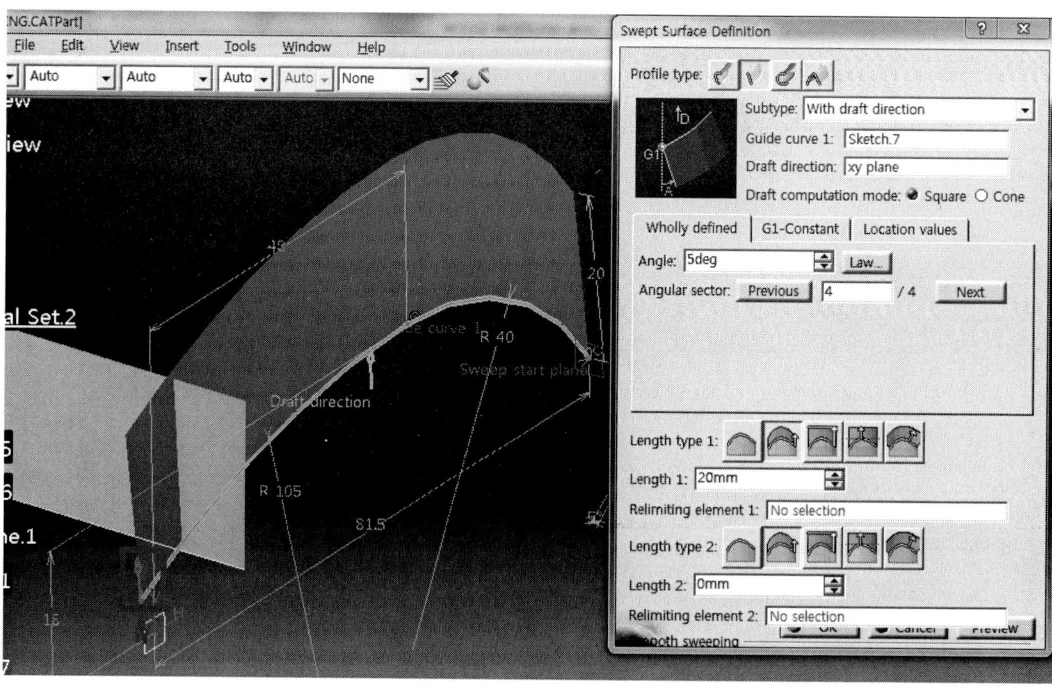

[그림 2.6.1] Sweep 을 이용한 호의 돌출

2.7 Symmetry(대칭)을 이용한 반대측 측면 생성

Ch. 2.6 에서 마우스 측면을 생성하였다. 이제 반대편 측면을 생성해 보자. 반대편 측면은 Symmetry를 이용하여 간단히 mirror하여 생성한다.

▶ 도구모음에서 Symmetry 명령선택 〉 Pop-up 상자 〉 측면 surface 모델선택 〉 zx plane 선택 〉 "OK"

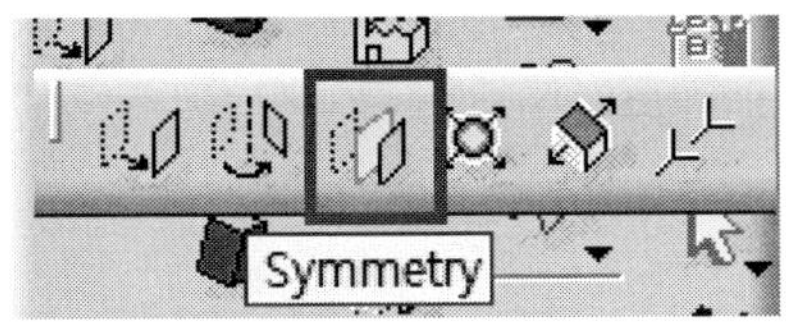

[그림 2.7.1] Symmetry 명령 실행

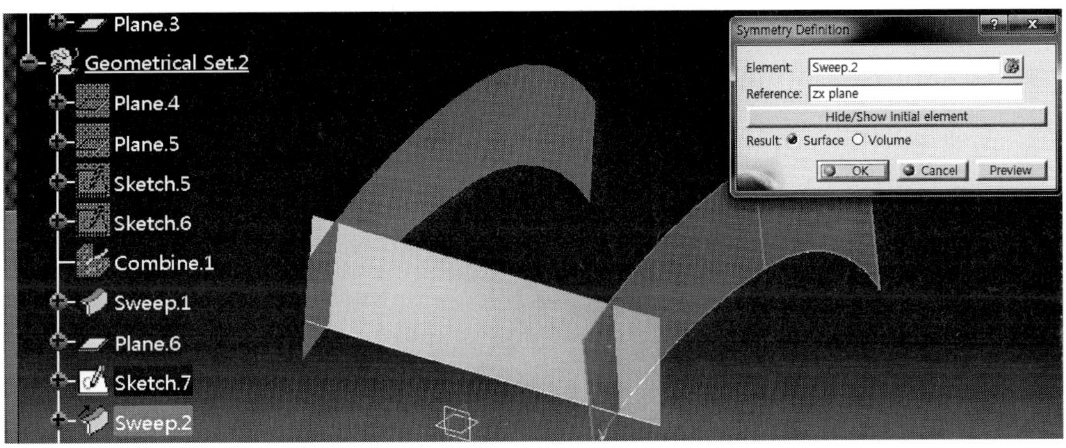

[그림 2.7.2] Symmetry 명령 상세 설정

2.8 Shape Fillet을 이용한 모서리 라운드 처리

도구모음에서 "Shape Fillet"을 실행한다.

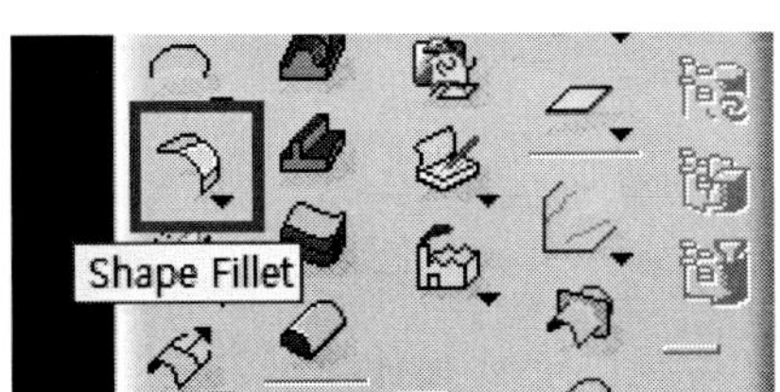

[그림 2.8.1] Symmetry 명령 상세 설정

Pop-up 대화창이 나타나면, (그림 2.8.2)와 같이 두 면을 선택한다. Radius 값에 5 mm를 적용하고 "OK" (이때, 그림2.8.2와 같이 빨간색 화살표가 안쪽을 향하고 있어야 한다. 만약, 반대로 향하고 있으면 화살표를 한 번 클릭 해주면 방향이 바뀐다.)

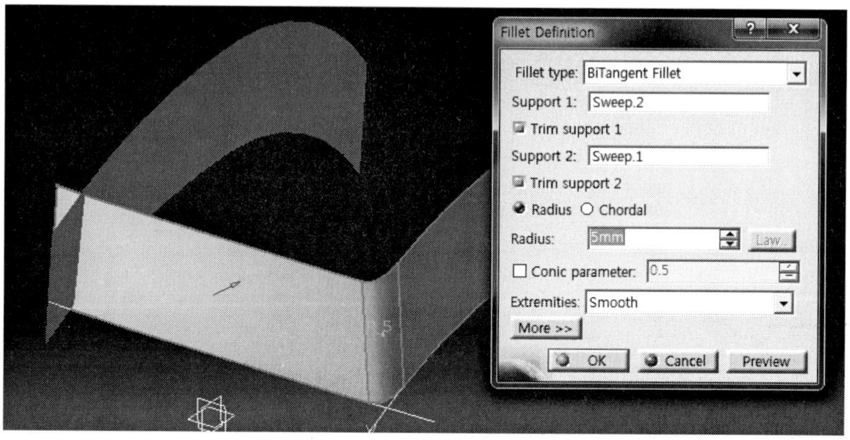

[그림 2.8.2] 두 면(Surface)를 선택하여 라운드 처리-Shape Fillet 사용

반대편도 같은 방법으로 라운드 처리한다.

[그림 2.8.3] 라운드 처리가 끝난 모습

2.9 Translate를 이용한 Combine 선 복사

도구모음에서 Translate 명령어를 실행한다.

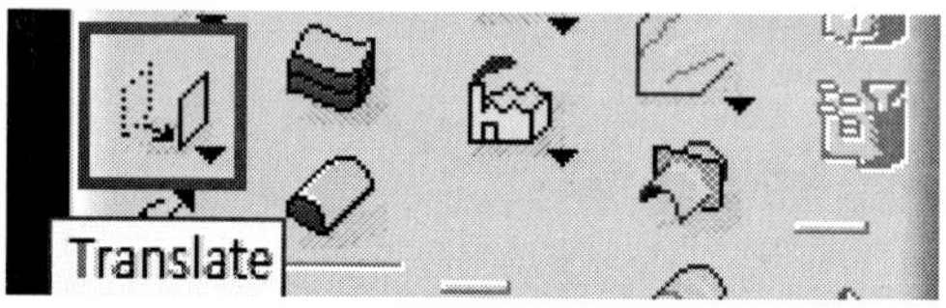

[그림 2.9.1] Translate 명령 실행

Pop-up 대화창에서 Combine.1 선을 선택하고, xy plane 선택, Distance에 3.5 mm 입력하고 "OK"

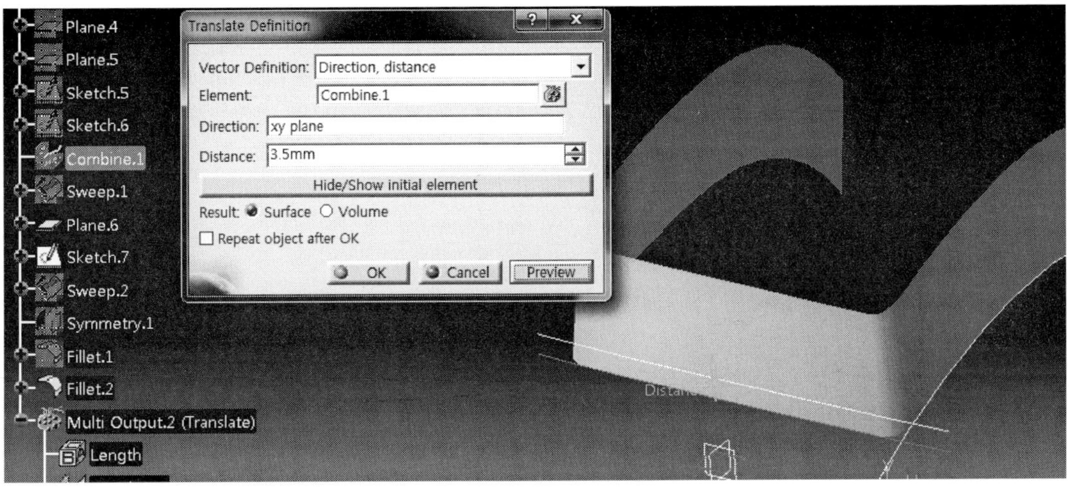

[그림 2.9.2] Translate 명령 실행

Translate를 실행하고 나면 화면이 복잡해지는 것을 방지하기 위해, 지금 당장 필요 없는 요소들은 "Hide" 로 숨긴다. Hide/Show를 이용하여 Combine.1, Plane 6, Sketch 7, Fillet.2를 모두 선택하고 "Hide" 시킨다.

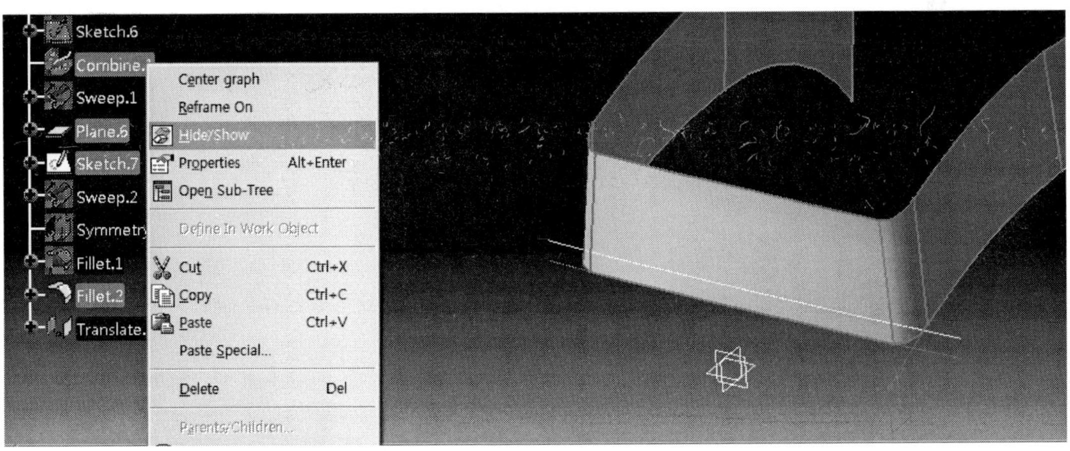

[그림 2.9.3] 현재 불필요한 요소 "Hide"

2.10 zx plane에 호 스케치

2.10.1 Zx plane을 선택하고, Sketch 아이콘 클릭

마우스 윗부분의 곡선을 따라 R105, R45 두 개의 호를 스케치 한다. 두 호의 접점은 tangency로 접촉되고, 접점의 위치는 가로 69 mm, 세로 37.5 mm 이다. 우측 호의 끝은 원점과 거리가 111 mm 이고, x축 상에 있어야 한다. 왼쪽 호의 끝은 y축에 근접하고, y축과 만나지는 않는다.

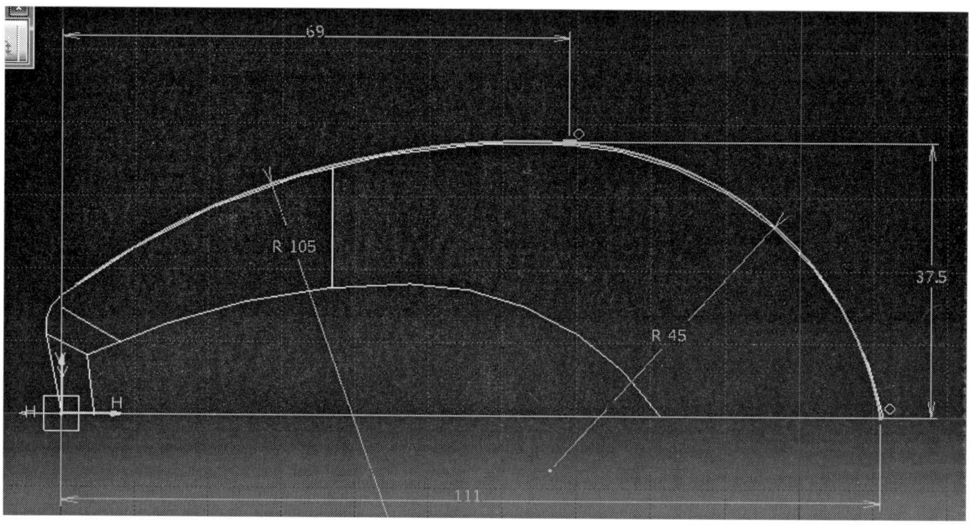

[그림 2.10.1] 마우스 윗면의 곡선을 따라 두 개의 호를 스케치

2.10.2 Intersect 3D Element를 이용한 현재의 평면에 교차점 찍기

이번에 하고자 하는 작업은 왼쪽 호의 제일끝점과 앞에서 Translate로 복사된 선의 한 점, 즉 두 점을 만나게 하고자 한다. 이 작업은 마우스의 윗면을 만들기 위한 매우 중요한 작업이다.

Surface를 생성하는 방법 중에서 면을 생성할 곡선과 가이드 라인을 선택하여 Surface를 만들 수 있는데, 이때 반드시 두 선은 교차하고 있어야 한다. 글로 설명하는데 한계가 있으므로 우선 따라 하면서 그 기능을 익혀보자.

앞서 생성한 Translate.1 선을 (그림2.10.2)와 같이 선택한다. (그림2.10.3)과 같이 도구모음에서 Intersect 3D Elements 아이콘을 클릭한다.

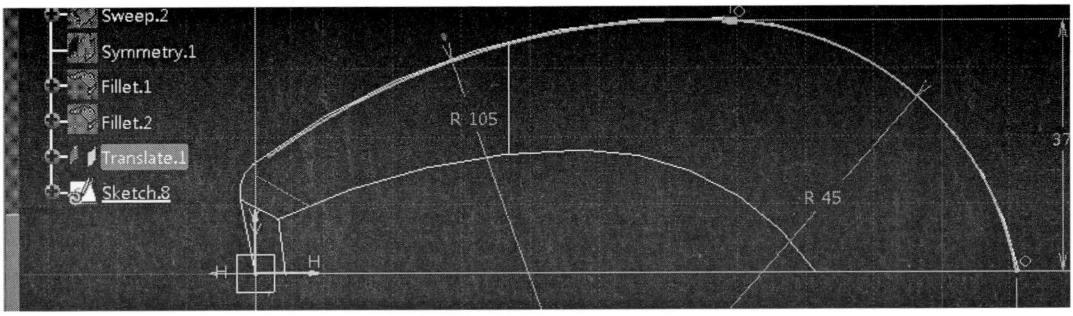

[그림 2.10.2] Translate.1 선을 선택

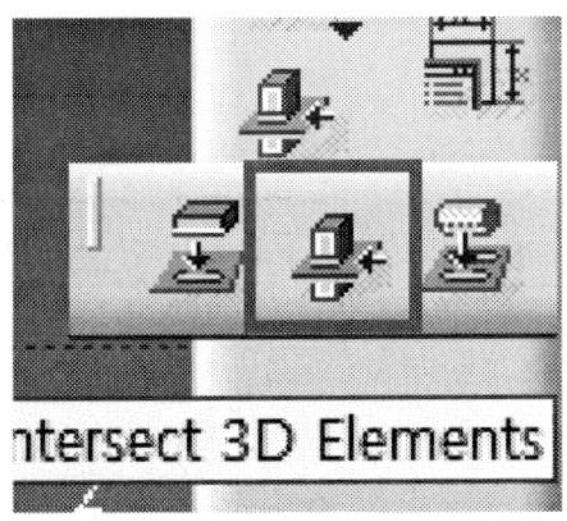

[그림 2.10.3] Intersect 3D Elements 실행

이렇게 하면, (그림2.10.4)와 같이 현재의 평면과 Translate.1이 교차하는 지점에 점(point)가 한 개 생성된다.(점 모양은 +모양이다)

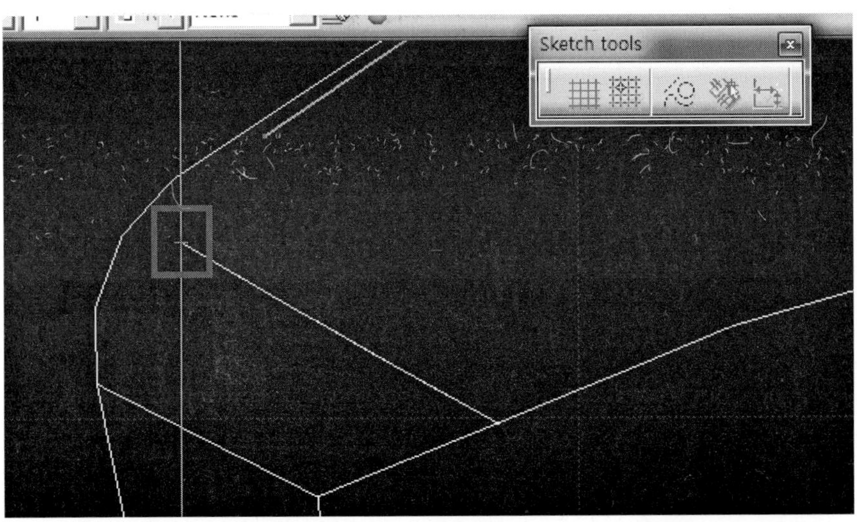

[그림 2.10.4] Intersect 3D Elements 실행으로 생성된 교차점

2.10.3 Construction / Structure Element 설정

생성된 point는 참조로만 사용 되어야 하며, 모델링에 관여하는 스케치가 되지 않아야 한다. (스케치 Reference로만 사용되어야 한다.)

+모양의 point를 모델생성 스케치에 관여하지 않고 참조 기능만 하는 스케치로 전환한다. +모양의 Point를 선택한다. 그리고 Sketch tools에서 (그림2.10.5)와 같이 "Construction/ Structure Element"를 클릭한다. 실행을 하고 나면 +모양의 포인트가 일반 점 모양으로 변한다. 그런 다음 빈 공간을 아무 곳이나 한 번 클릭 한 후, 명령의 해제를 위해서 "Construction/ Structure Element" 한 번 더 눌러주어 비활성화 한다.

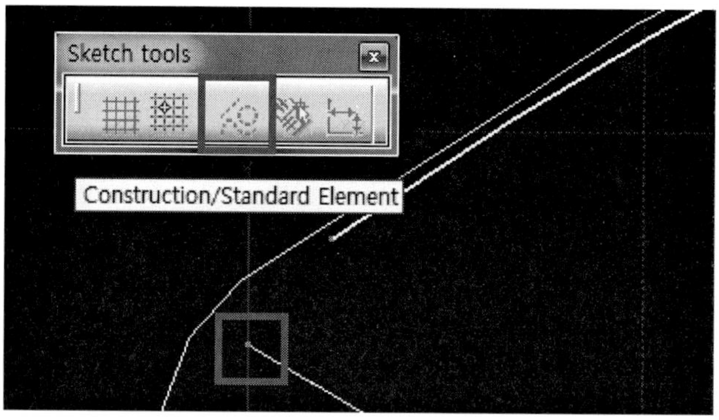

[그림 2.10.5] Construction/Structure Element

2.10.4 Coincidence Constrain을 이용한 두 점의 교점

Reference로 변경한 점과 호 좌측의 끝점과 서로 만나도록 (그림2.10.6)과 같이 Coincidence 구속조건을 준다.(서로 상충되기 때문에 Coincidence 실행 전에 치수 69를 삭제한다.)

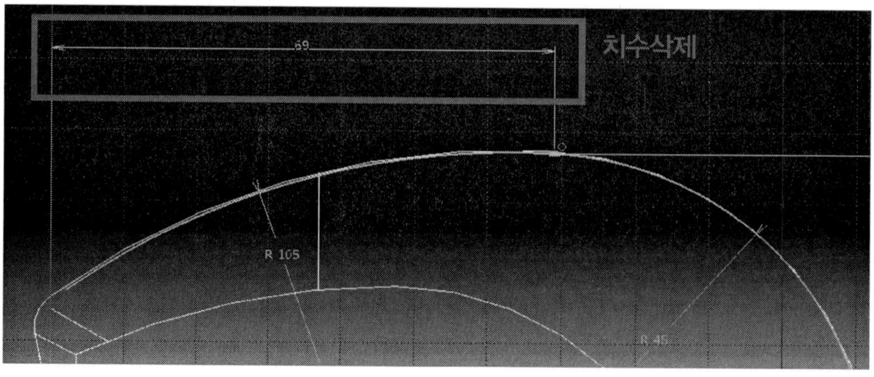

[그림 2.10.6] 69 치수를 삭제

(그림2.10.7)과 같이 두 점을 선택한다.(Ctrl키 이용)

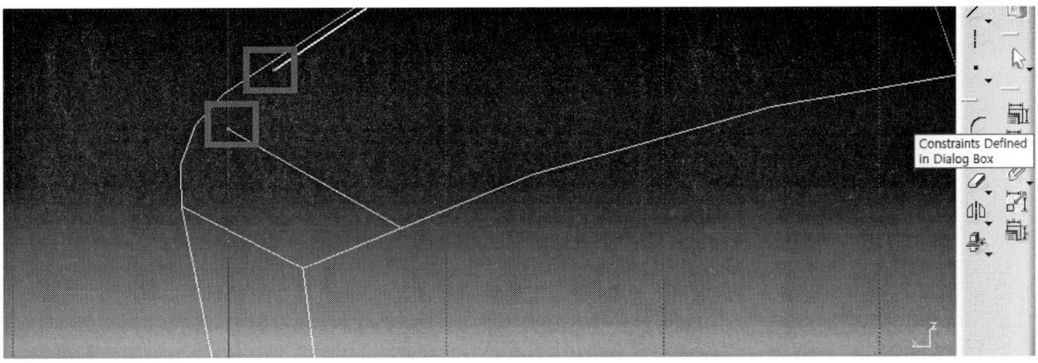

[그림 2.10.7] Coincidence 시킬 두 점을 선택

도구상자에서 “Constraints Defined in Dialog Box” 를 실행한다.

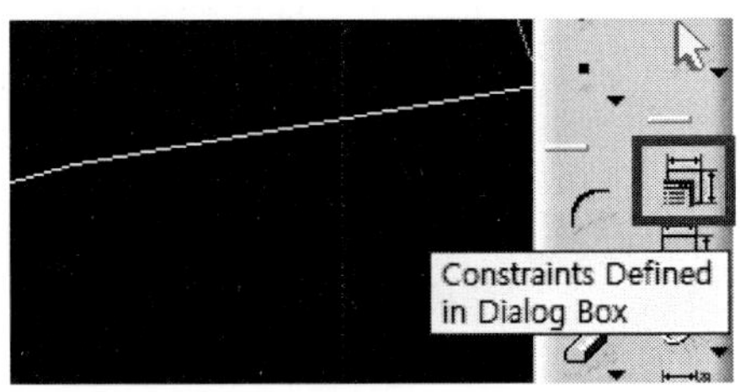

[그림 2.10.8] “Constraints Defined in Dialog Box” 명령 실행

(그림2.10.9)와 같이 Pop-up 창이 나타나면 “Coincidence” 를 선택한다. “Exit” 로 스케치 워크밴치를 나간다.

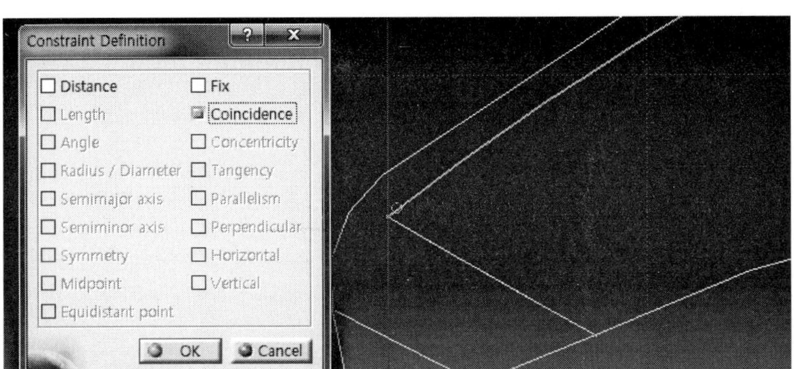

[그림 2.10.9] Coincidence를 선택하여 선택한 두 점이 한 점에서 만난다.

2.11 Extremum을 이용한 최고점 찍기

Ch. 2.10 에서 스케치한 호의 최고 높은 지점에 포인트를 하나 찍는다. 호를 선택하고, 도구모음에서 Extremum 아이콘을 클릭한다.

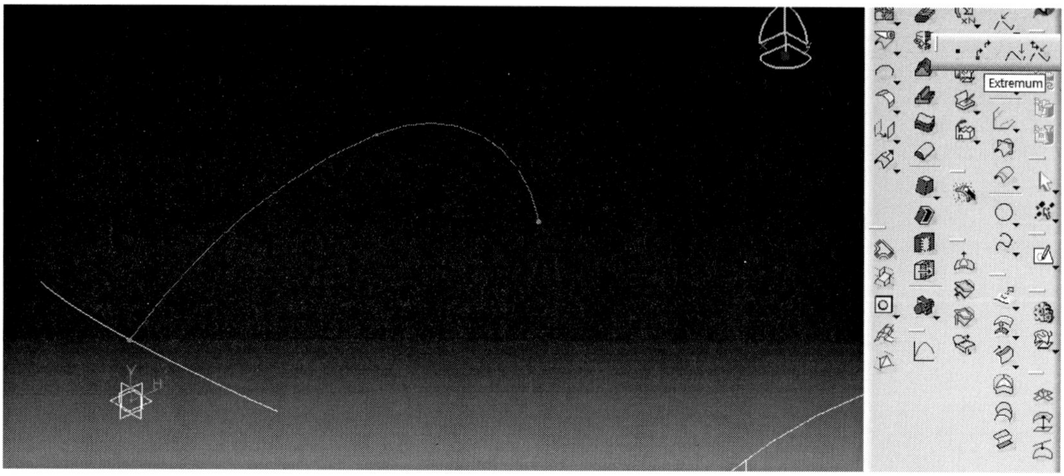

[그림 2.11.1] Ch.2.10에서 스케치한 호를 선택하고 Extremum 명령 실행

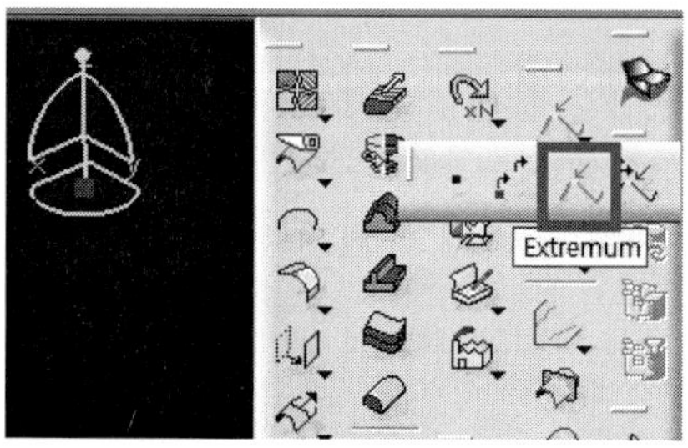

[그림 2.11.2] Extremum 아이콘

(그림2.11.3)과 같은 Pop-up 창이 나타나는데, 여기서 xy plane을 선택하고 "OK" 클릭 호의 최고점에 포인트가 생성된다.

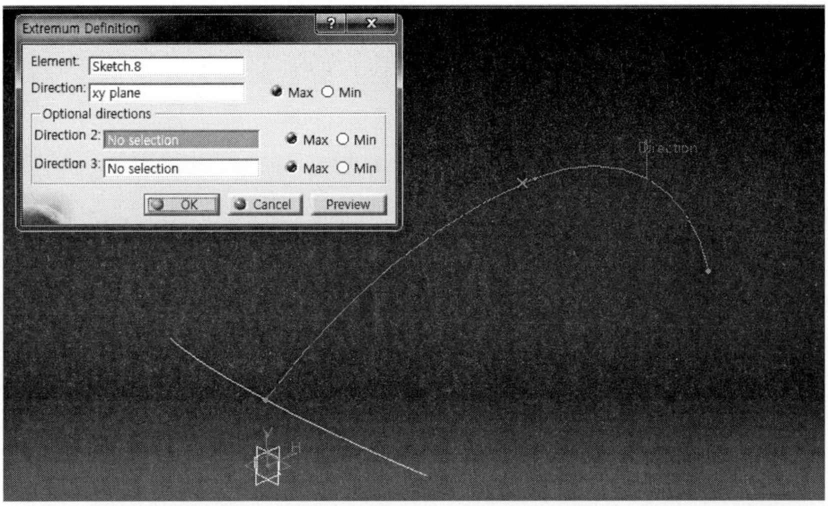

[그림 2.11.3] Extremum 명령의 대화창 설정과 정점에 포인트가 생성된 모습

2.12 Point에 Plane 생성하기

조금 전 Ch.2.11에서 생성한 포인트에 plane을 생성한다. (Plane.7을 생성)

▶ 도구모음에서 "Plane" 명령선택 〉 Pop-up 상자 〉 yz plane 선택 〉 Point 선택 〉 "OK"

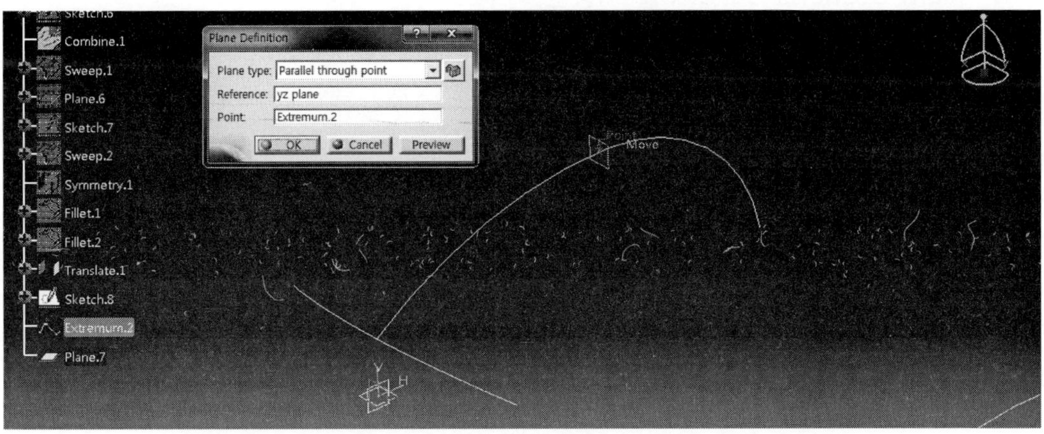

[그림 2.12.1] Extremum point에 새로운 Plane.7이 생성된 모습

2.13 Plane.7에 Arc (호) 스케치

▶ 도구모음에서 "Sketch" 명령선택 〉 Plane.7선택 〉 Sketch workbench 진입

마우스 윗부분(등)의 형상을 스케치한다. R38인 호를 스케치한다. 호의 중심점은 y축 상에 있어야 한다. 호의 양끝은 Reference 스케치보다 조금 더 크게 그린다. 호의 양 끝점은 대칭으로

맞춘다. 마지막으로 (그림2.13.1)과 같이 호와 정점(최고점)을 동시에 선택하고 "Coincidence" 로 구속조건을 준다. "Exit" 로 빠져 나온다.

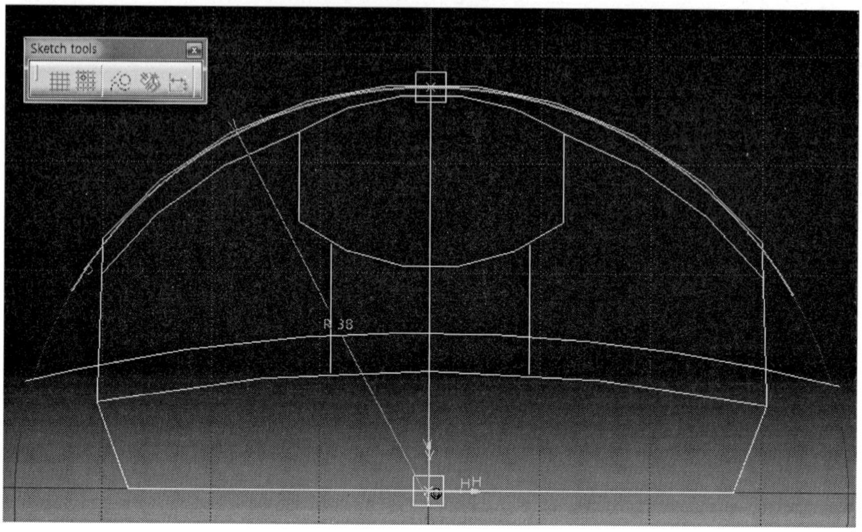

[그림 2.13.1] 마우스 측면도의 윗면을 따라 호를 스케치한 모습

2.14 Multi-Sections Surface를 이용한 마우스 윗면 생성

도구모음에서 "Multi-Sections Surface" 아이콘을 눌러 실행한다. Pop-up 창이 나타난다. (그림2.14.3)에 따라 Section과 Guide선을 선택하고 "OK" 클릭

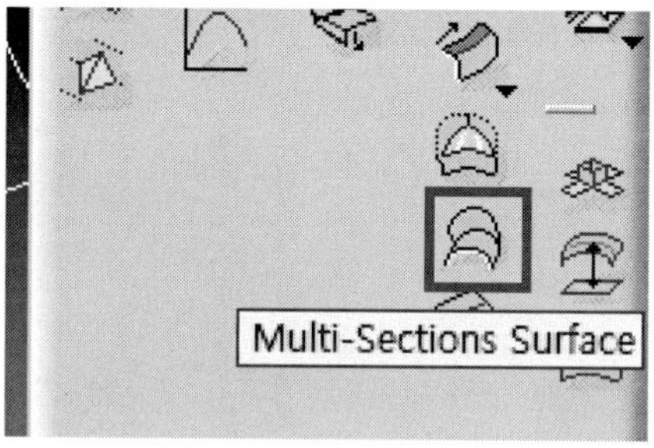

[그림 2.14.1] Multi-Sections Surface 아이콘 모습

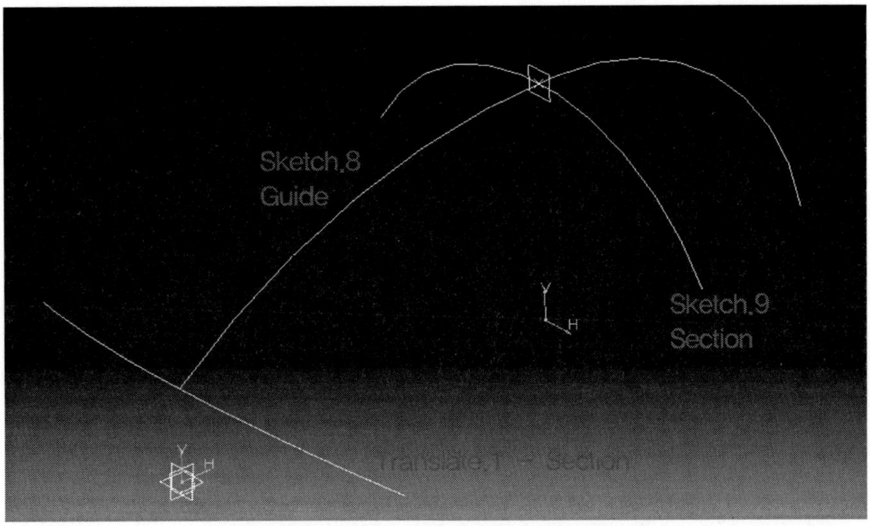

[그림 2.14.2] 선택해야 할 선들의 설명

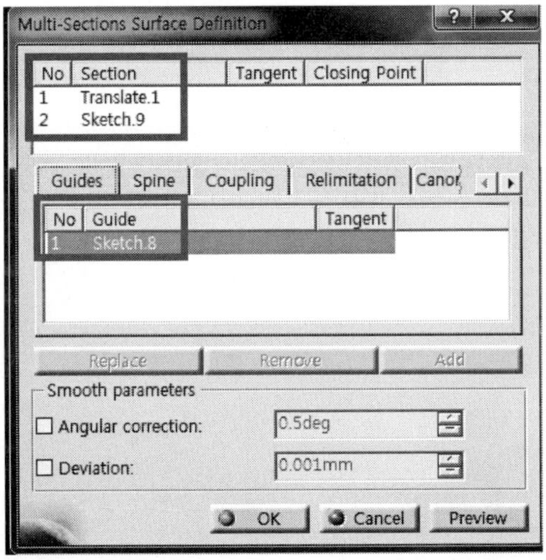

[그림 2.14.3] Multi-Sections Surface 실행 시 나타나는 Pop-up 창

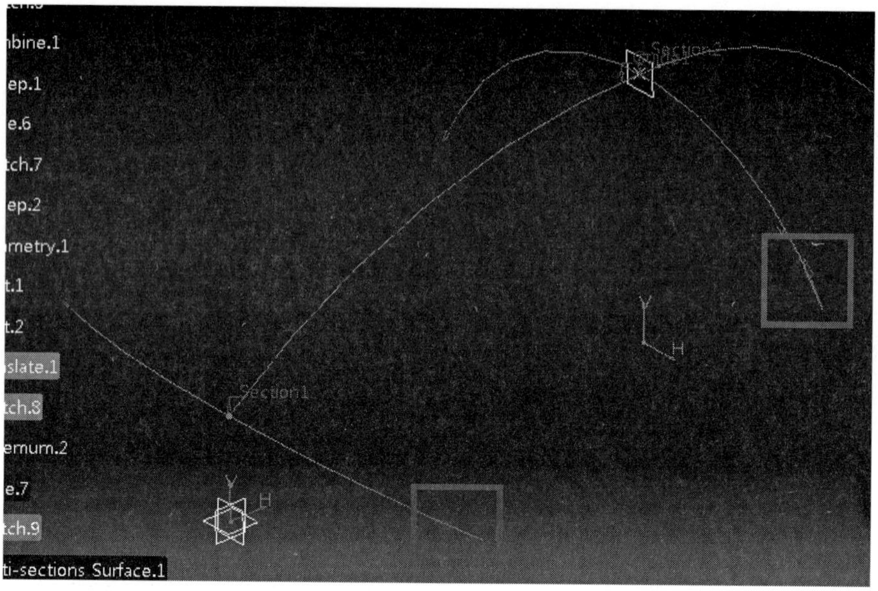

[그림 2.14.4] Multi-Sections Surface 실행 시 화살표방향에 유의
(같은 방향일 것-반대방향이면 화살표를 클릭할 것)

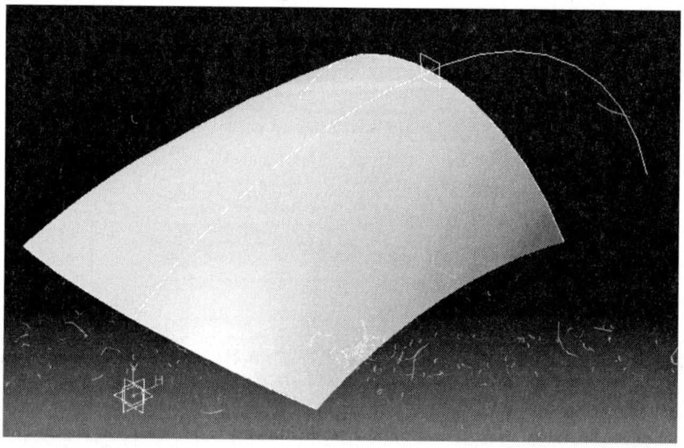

[그림 2.14.5] Multi-Sections Surface가 생성된 모습

2.15 Trim 명령을 이용한 Surface 잘라내기

두 Surface 사이에 불필요한 부분을 Trim으로 잘라낸다. 우선, Hide 시켜두었던 Fillet.2를 Show 상태로 전환한다. Tree에서 Fillet.2를 찾아서, 선택한 다음 마우스 우측 버튼을 클릭하여 "Hide/Show" 를 눌러주면 된다.

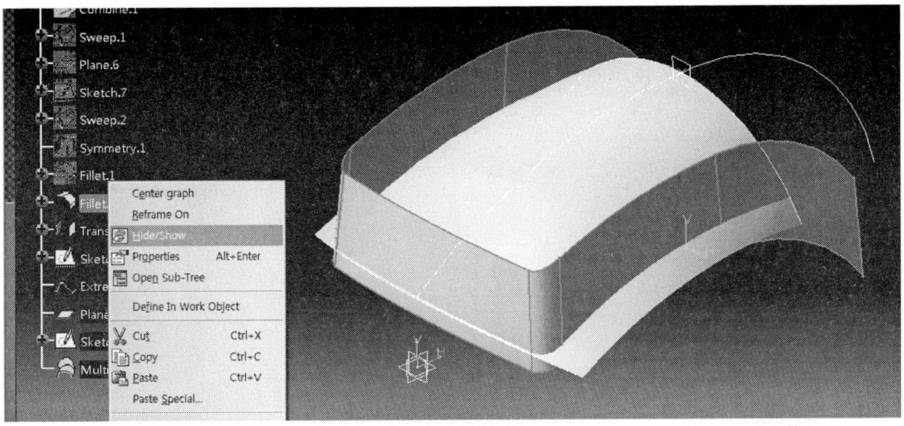

[그림 2.15.1] Fillet.2를 Hide에서 Show로 전환

Trim 명령을 실행한다.(톱모양) Pop-up창이 나타나면 두 면을 선택해 준다. 그리고 "OK" 이때, Trim되는 면을 선택할 수 있다. "Other side/next element" 를 눌러줄 때마다 trim 면이 바뀐다.

[그림 2.15.2] Trim 명령 아이콘

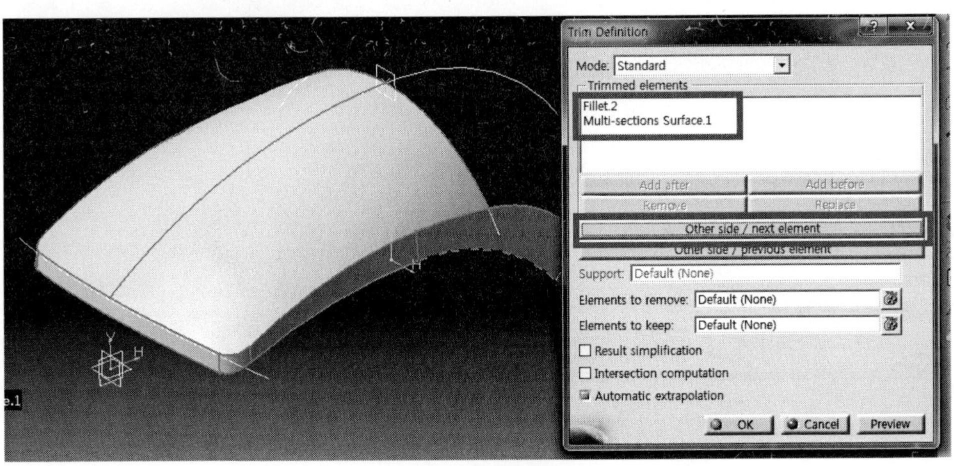

[그림 2.15.3] Trim 실행 후, 두 면을 선택

2.16 Split 명령을 이용한 Surface 잘라내기

마우스 모델 뒷부분의 불필요한 면을 잘라낸다.

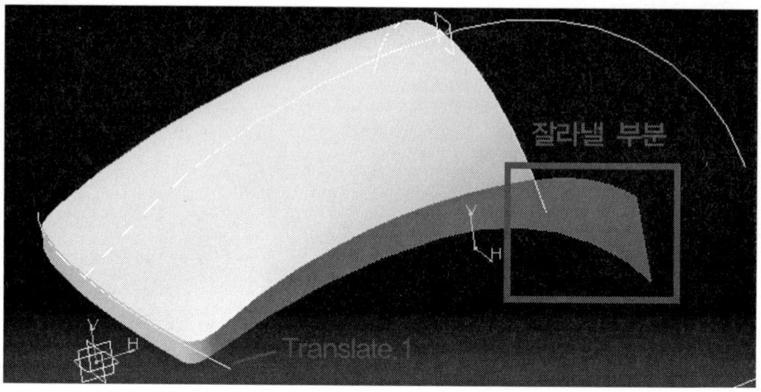

[그림 2.16.1] Split 명령으로 불필요한 부분 잘라냄

도구모음에서 Split 명령 실행 (톱처럼 생겨서, Trim 명령과 같은 곳에 있다.) Pop-up 창에서, Element to cut에 마우스 모델을 선택하고 Cutting elements에 Plane.7을 선택하면 된다.

[그림 2.16.2] Split 명령 아이콘

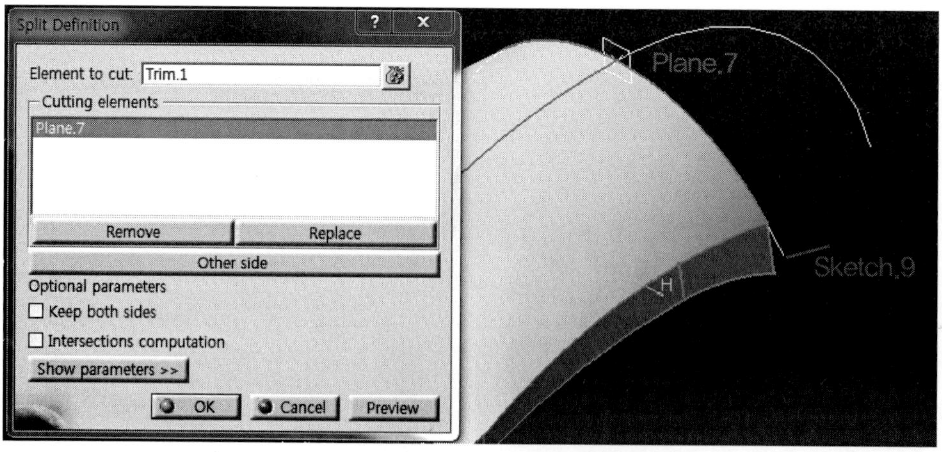

[그림 2.16.3] Split 명령 아이콘

(그림 2.16.1), (그림 2.16.3)과 같이 Split가 완료되면, Translate.1과 Sketch.9는 Hide시킨다.

2.17 Variable Fillet을 이용한 모서리 라운딩

Variable Fillet은 라운드 R값을 여러 개로 지정하여 모서리를 라운딩할 수 있다.

지금 마우스 모델 윗면의 모서리부분을 라운딩 처리하려고 한다. 그런데 앞쪽과 뒤쪽의 굴곡이 다르므로 라운드 값을 다르게 하여 라운드 하여야 한다. 이때, 일반 Fillet 명령을 써서 라운드 값을 다르게 2번 Fillet을 실행하면 곡면이 부드럽게 연결이 되지 않는다. 그러므로 한 방에 라운드 값을 다르게 하여 모서리를 처리할 필요가 있다. 이때 Variable Fillet을 사용한다.

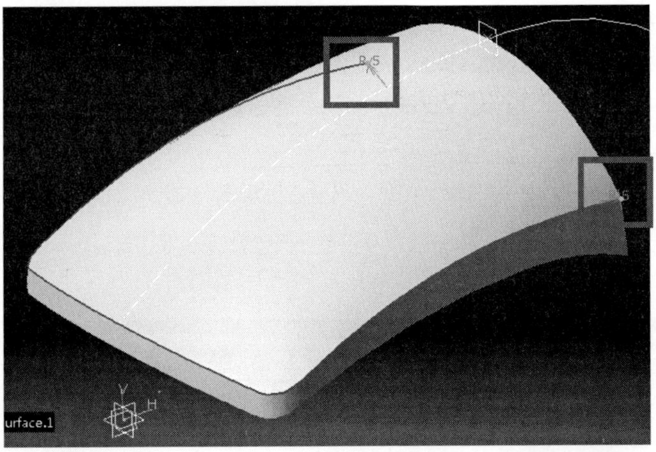

[그림 2.17.1] 마우스 윗면의 모서리를 라운딩 처리한다. (빨간색 부분)

Variable Fillet 명령을 실행한다. Pop-up 창이 나타난다. 마우스 윗면 모서리를 선택한다. 그러면 자동으로 2개의 point가 생성되는데, point를 두 개 더 추가한다. 대화창의 Points 옆 2 element를 클릭한다. 그리고 마우스 앞쪽 두 points를 선택한다.

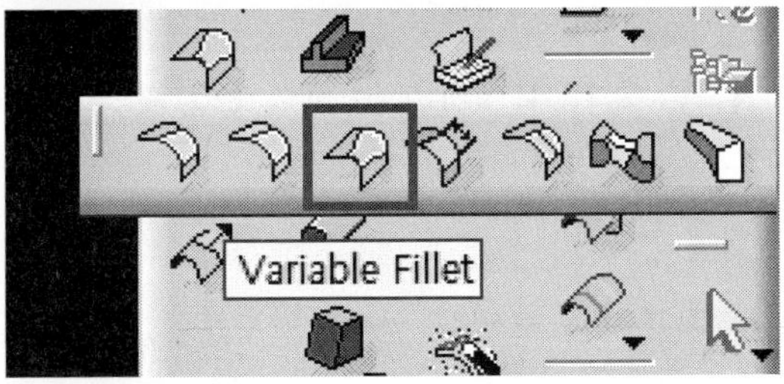

[그림 2.17.2] Variable fillet 아이콘

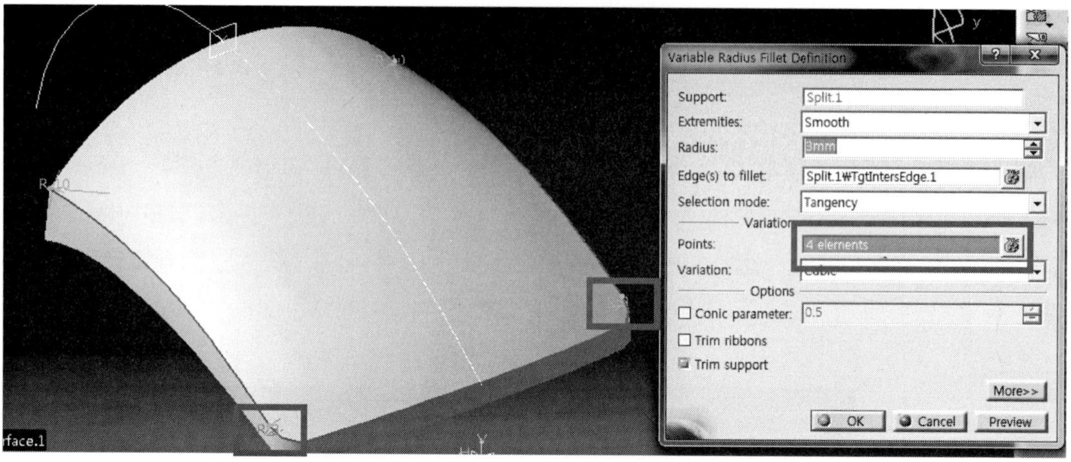

[그림 2.17.3] Variable fillet 명령실행에서 세부 설정

그리고 라운드 값을 지정한다. 앞쪽 R값은 3 mm, 뒤쪽 R값은 10 mm로 설정한다. R값 설정 방법은 화면에서 수정할 R값을 더블클릭 하면 수정할 수 있다.

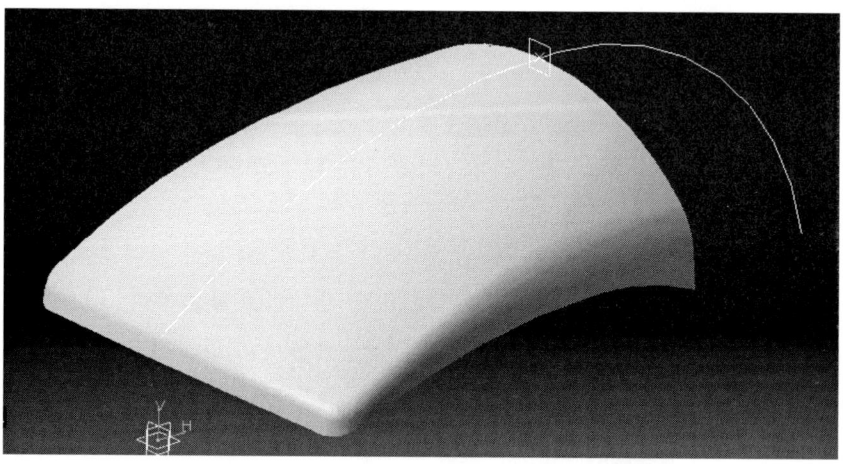

[그림 2.17.4] Variable fillet 완성된 모습

2.18 3차원 공간에서 Line 그리기

이제 마우스 윗면 중에서 뒷부분을 모델링 한다. 뒷부분을 Surface로 만들기 위해서는 wire frame이 좀 더 필요하다. 2D 스케치로 이동하지 않고 3차원 공간에서 바로 선을 그을 수 있다. 우선 Sketch.7을 Hide에서 Show로 변환한다.

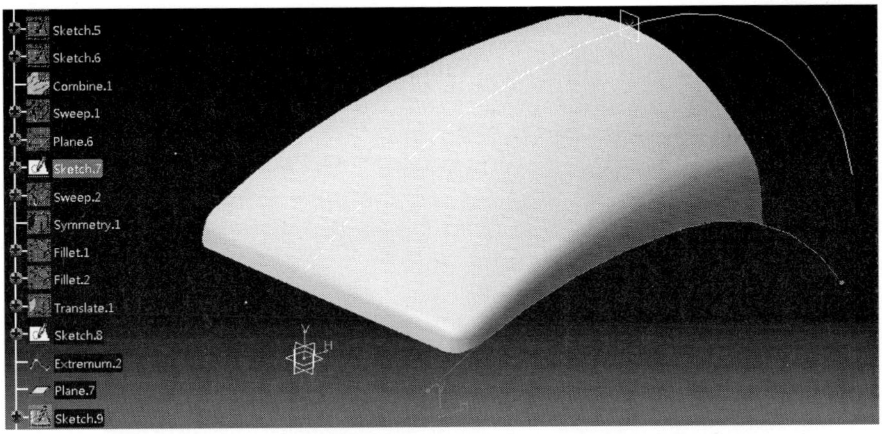

[그림 2.18.1] Sketch.7을 Show로 나타낸 모습 (주황색)

도구모음에서 Line 명령 아이콘을 클릭 한다.

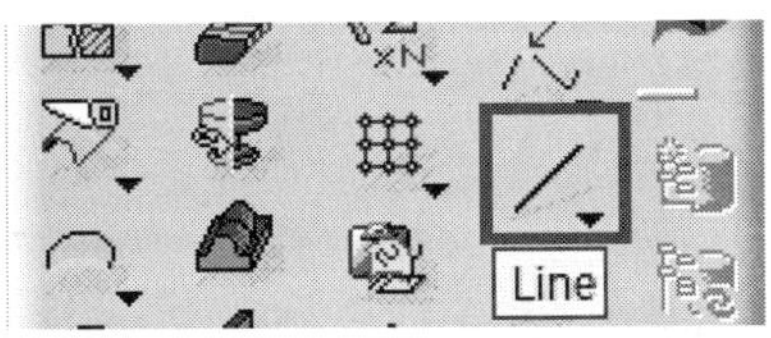

[그림 2.18.2] Line 명령 아이콘

Pop-up 창이 나타난다. Sketch.7의 우측 끝 포인트를 클릭한다. yz plane을 선택한다. 20 mm 입력 후, “OK”

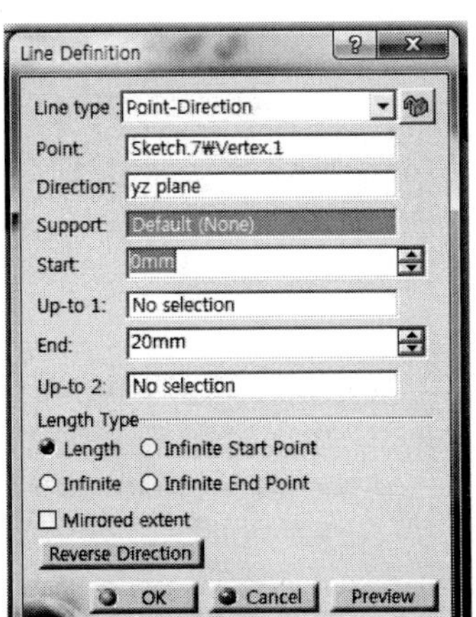

[그림 2.18.3] Line 명령 Pop-up 창의 설정

Line 한 개를 더 그리기 위해, 다시 Line 실행한다. Sketch.8의 끝단 꼭지점을 클릭, zx plane을 선택하고 20 mm 입력 후 "OK" (Reverse Direction 버튼을 눌러 선의 돌출방향을 마음대로 바꿀 수 있다.)

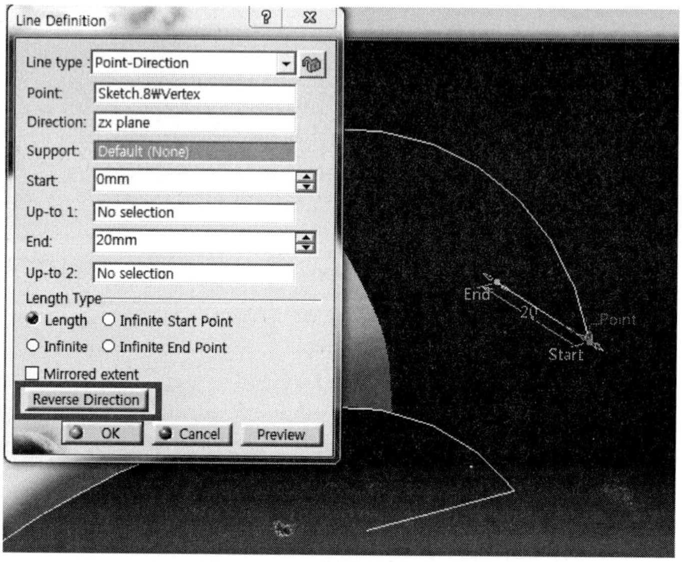

[그림 2.18.4] Line 명령 Pop-up 창의 설정

2.19 Connect Curve 명령을 이용한 두 선의 연결

Ch.2.18 에서 생성한 두 선 사이에 접선(Tangency)으로 이어주는 호를 스케치한다. 도구모음에서 Connect Curve 명령을 실행한다. Pop-up 창이 나타나면 (그림2.19.2)과 같이 설정을 한다. Point.1, Curve.1 & Point.2, Curve.2 를 잘 보고 설정해 준다. 그런 다음 Tension 값을 설정해 주기 위해 (그림2.19.3)과 같이 Top View 보기를 선택한다. 그리고 Tension 값을 1과 1.5로 설정을 하고 "OK"

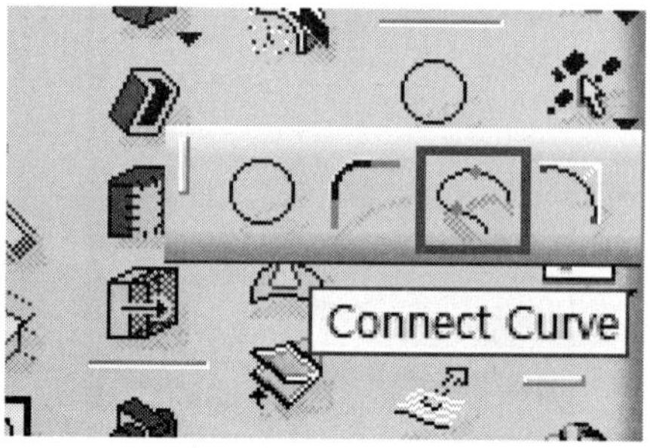

[그림 2.19.1] Connect Curve 명령 아이콘

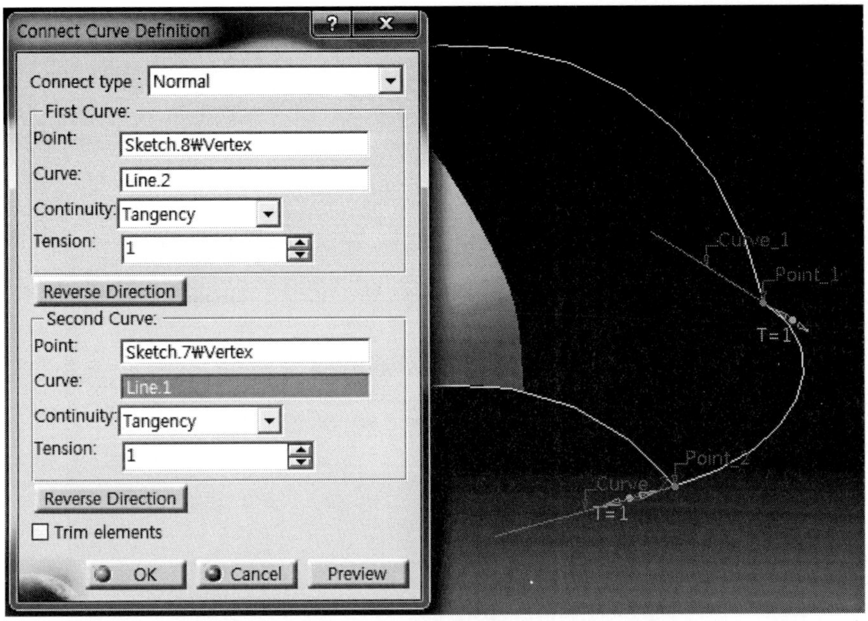

[그림 2.19.2] Connect Curve 명령의 상세설정

(그림2.19.3)의 Top View를 보면 reference 스케치와 connect curve가 정확히 일치하지 않는 것을 확인할 수 있다. 이것은 작업 중에 발생한 몇 가지 설정상의 문제이며, 실제로는 정확히 일치시키는 것이 좋다.

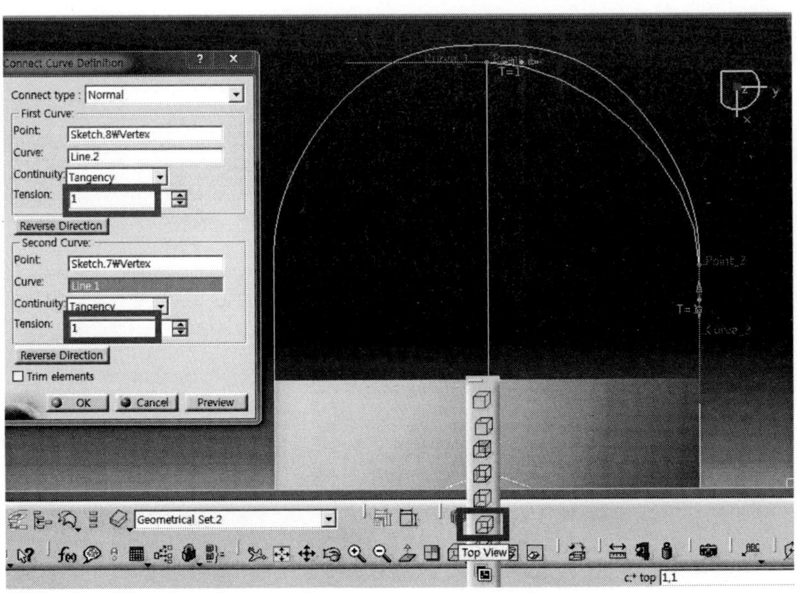

[그림 2.19.3] Top View 보기로 전환

2.20 Symmetry 명령으로 Connect Curve 대칭복사

Ch.2.19에서 Connect Curve를 한 쪽만 연결하였으므로 맞은편은 Symmetry로 대칭복사 한다. Connect Curve를 선택하고, Symmetry 명령 실행 후, 대칭기준점을 zx plane으로 설정하고 "OK"

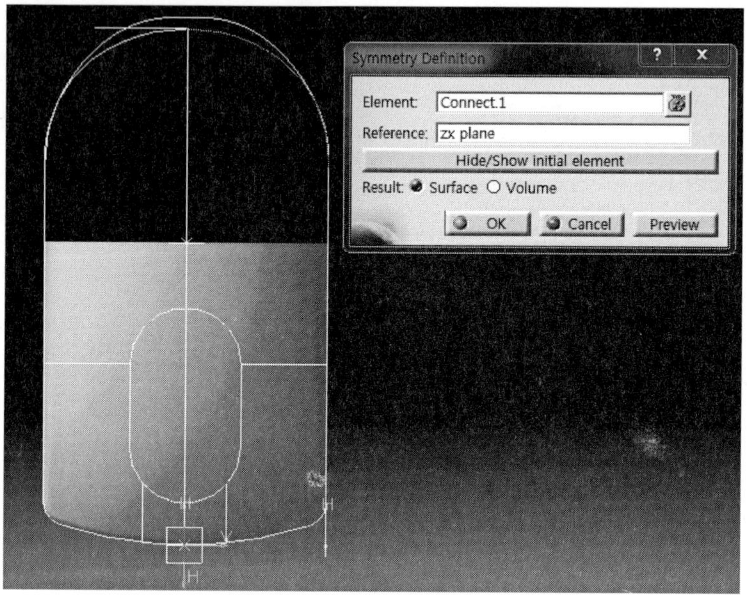

[그림 2.20.1] Symmetry 명령으로 Connect Curve 대칭복사

같은 방법으로 Sketch.7도 zx plane을 기준으로 대칭복사 한다.(그림2.20.2)

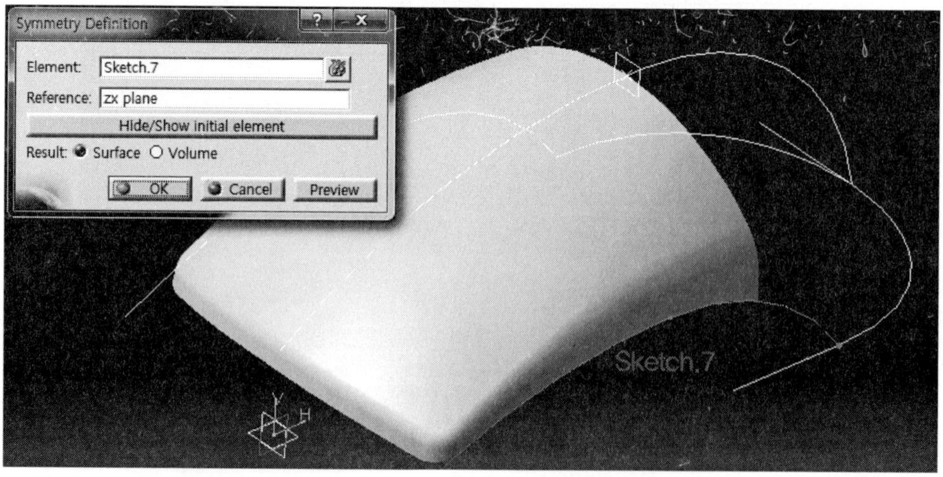

[그림 2.20.2] Symmetry 명령으로 Sketch.7 대칭복사

2.21 Boundary 명령으로 Edge 선 추출하기

Boundary 명령을 실행한다. (그림2.21.2)와 같이 surface 모델 Edge 선을 선택한다. 이때, Propagation type을 Tangent Continuity로 설정한다. "OK" 클릭

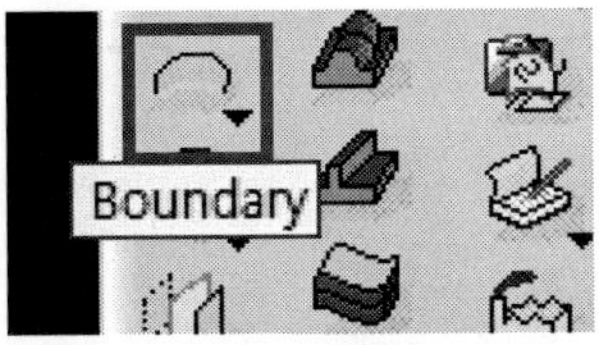

[그림 2.21.1] Boundary 명령 실행

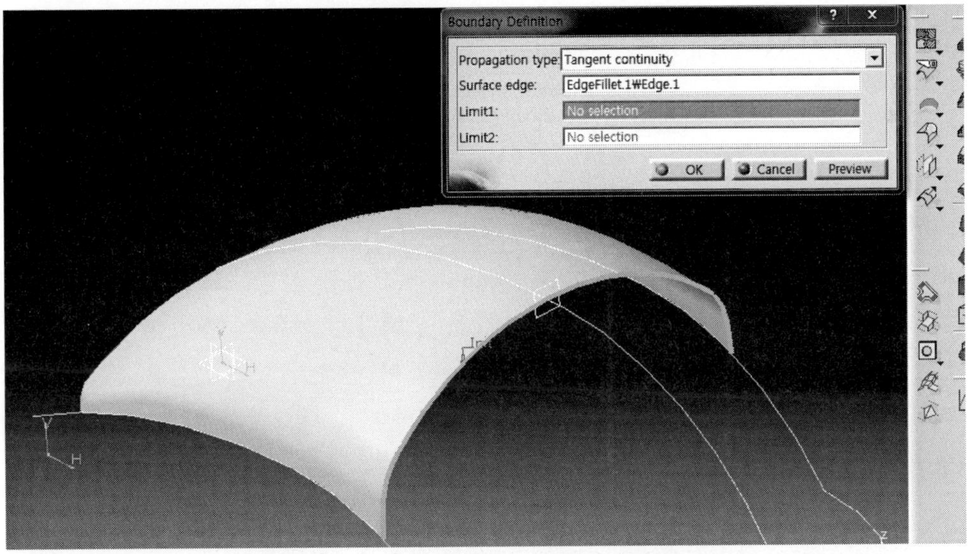

[그림 2.21.2] Boundary 명령 상세설정 창

2.22 Join 명령으로 두 선을 하나로 합친다

Join 명령을 실행, Pop-up 창이 나타나면 두 선을 선택한다. (Connect.1과 Symmetry.2) "OK" 클릭

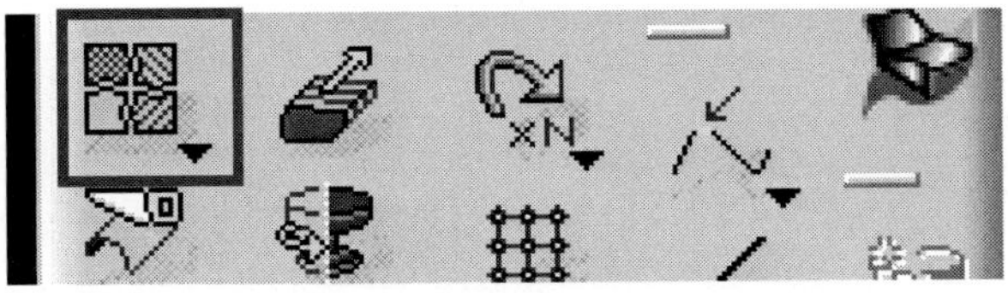

[그림 2.22.1] Join 명령 아이콘

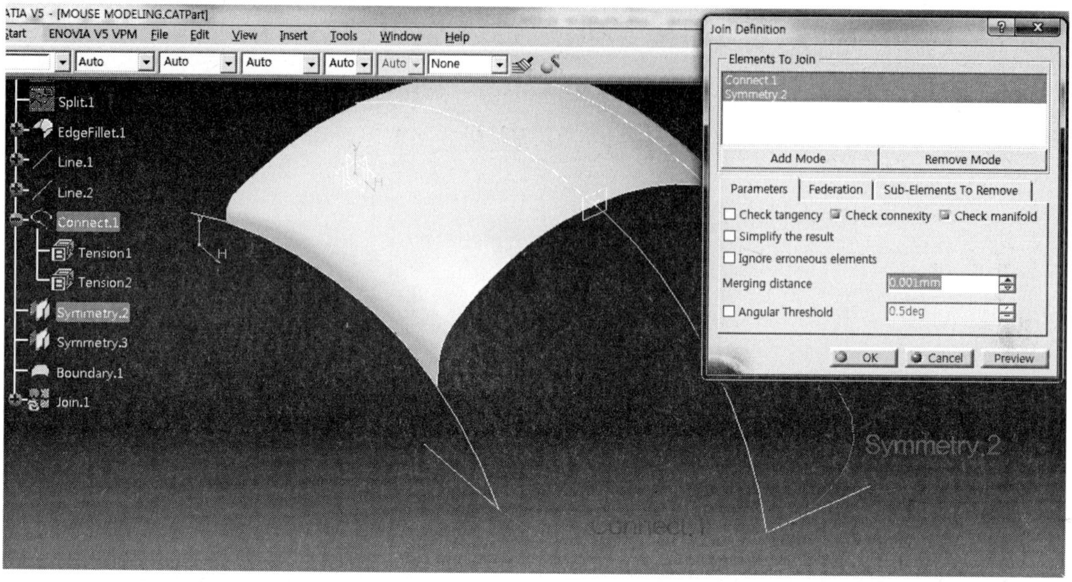

[그림 2.22.2] Join 할 두 선을 선택

2.23 Multi-Sections Surface 명령으로 마우스 뒷부분 생성

Multi-Sections Surface 명령을 실행한다. Boundary.1 선을 선택하고, (그림2.23.1)과 같이 바로 마우스 모델 Surface를 선택한다. (Surface를 선택하는 이유는 면이 생성될 때, 선택한 surface와 생성될 surface 간에 부드러운 곡선이 만들어 진다.) Join.1 선을 클릭한다. 그런 다음 대화창의 Guide 부분 아래의 "…" 부분을 클릭한다. (그림2.23.2)와 같이 Guide 라인으로 사용할 양쪽 라인을 선택한다. "OK" 클릭

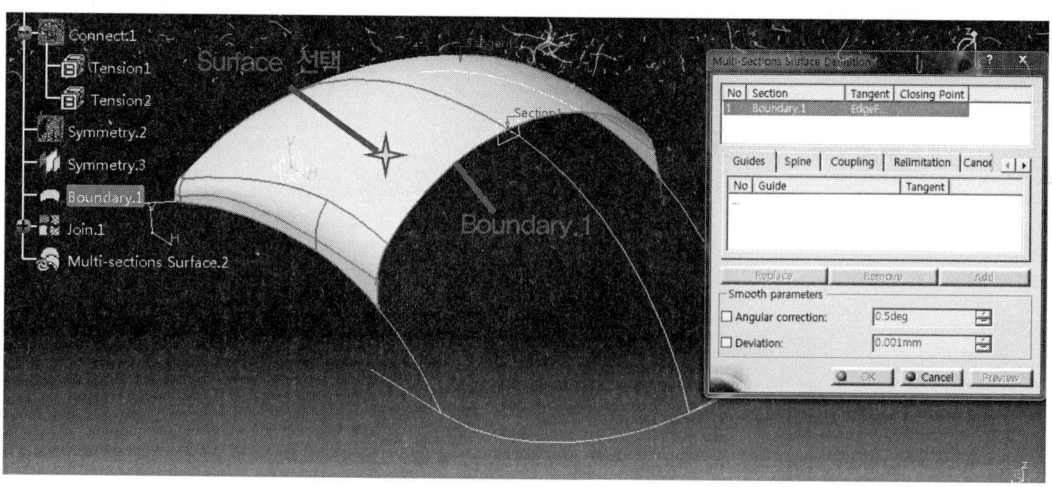

[그림 2.23.1] Boundary.1을 선택한 다음 Surface를 선택

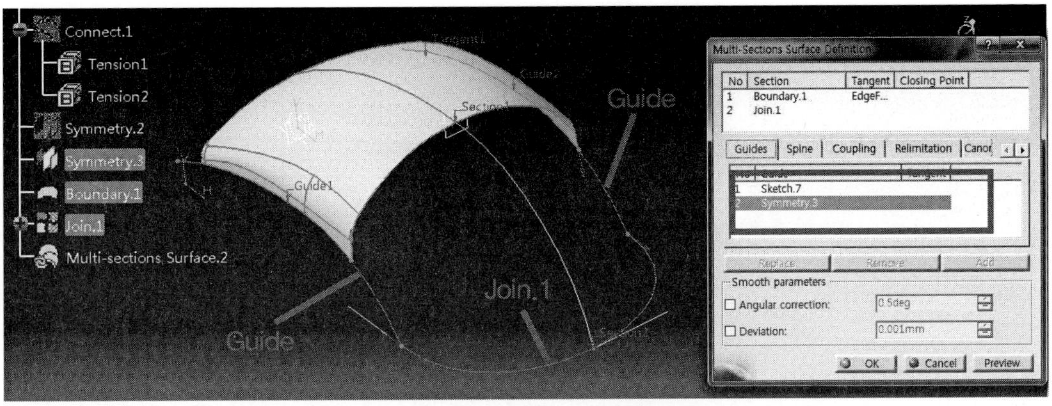

[그림 2.23.2] Join.1 선택 후, 2개의 Guide 라인 선택

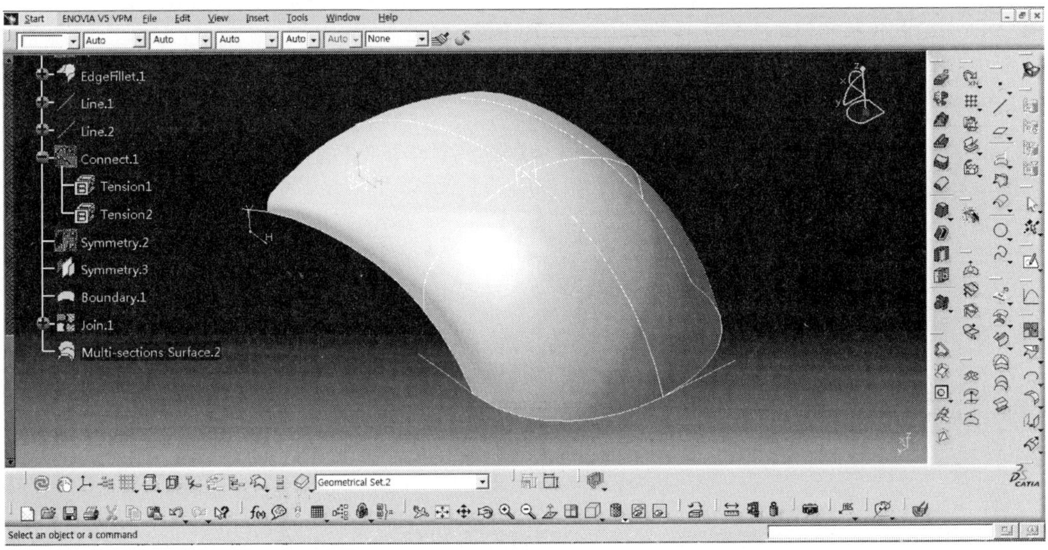

[그림 2.23.3] 마우스 뒤쪽 Surface가 만들어진 모습

2.24 Join 명령으로 두 개의 Surface를 한 개의 Surface로 통합

도구모음에서 Join 명령을 실행, 현재 만들어져 있는 두 개의 Surface를 차례로 선택한다. “OK” 클릭(두 Surface가 한 개의 Surface로 통합되었다.)

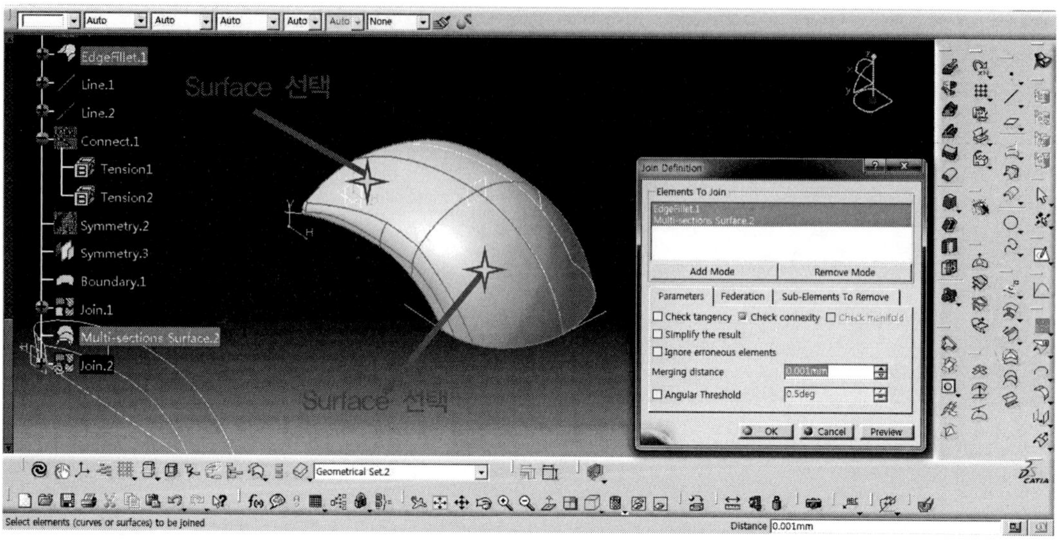

[그림 2.24.1] Join을 선택하고, 두 Surface를 선택한 모습

현재까지의 작업을 저장한다. 여기까지가 마우스 윗부분 모델링 이었고, 이제부터 마우스 휠 부분과 아래쪽 모델링을 진행한다.

Chapter 08

Mouse Modeling-휠 부분

이번 장에서는 마우스의 휠 부분을 모델링 한다.

1. 휠 부분 스케치

우선, 스케치를 위해서 Plane.4를 Hide에서 Show시키고 (그림1.1)과 같이 Geometrical Set.1을 Hide시킨다.

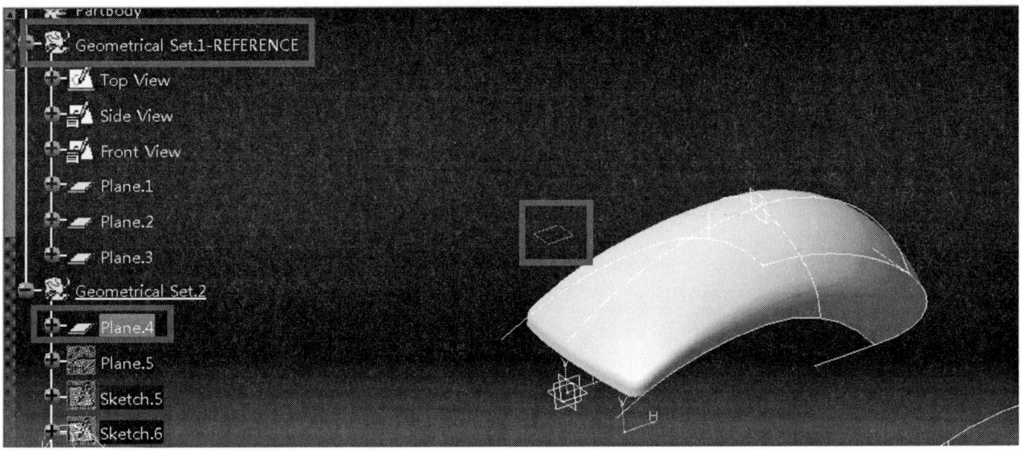

[그림 1.1] Plane.4 Show, Geometrical Set.1 Hide

Plane.4를 선택하고 "Sketch" 아이콘을 클릭하여 스케치 워크밴치로 이동한다. (그림1.2)와 같이 반지름 12 mm, 길이 18 mm, y축에서의 거리 21 mm인 slot 형상을 스케치하고 완성되면 "Exit" 로 빠져 나온다.

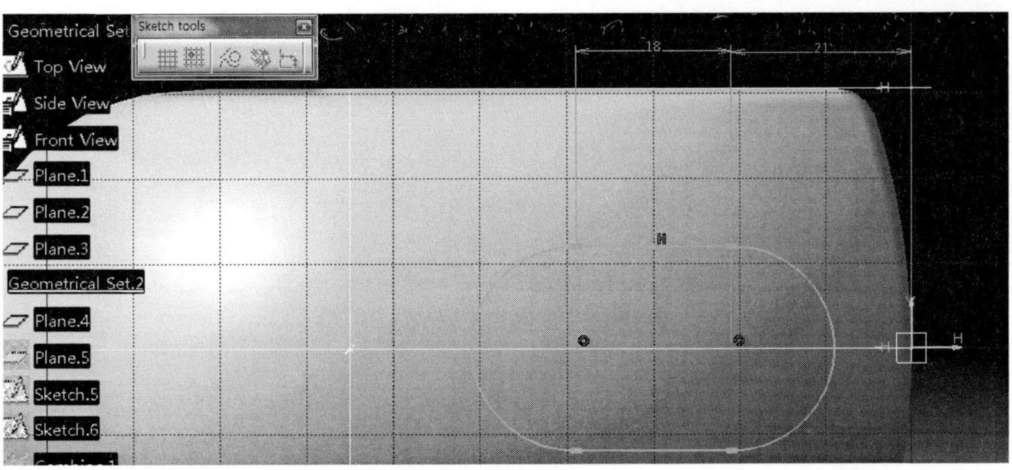

[그림 1.2] Slot 스케치

2. Projection 명령을 사용하여 스케치를 면에 투영

조금 전 스케치한 slot 모양을 surface 위에 투영시켜보자. "Projection" 명령을 실행한다.

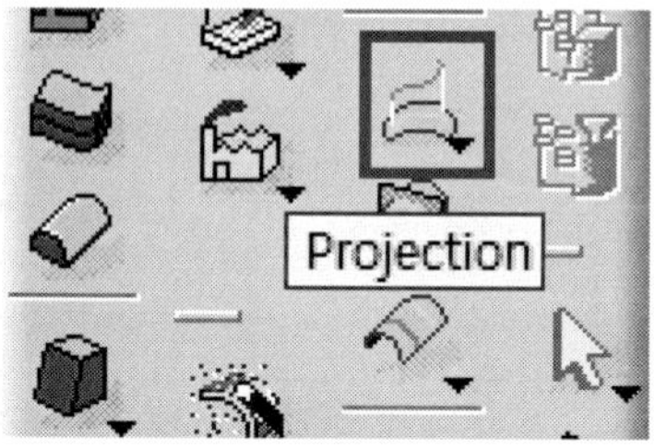

[그림 2.1] Projection 아이콘 모양

Pop-up 창이 나타나면, (그림2.2)를 참조하여 입력하고, "OK" 클릭

Projection type : Along a direction
Projected : Sketch.10 선택 (조금 전 스케치한 slot 모양)
Support : Surface 모델 선택
Direction : xy plane 선택

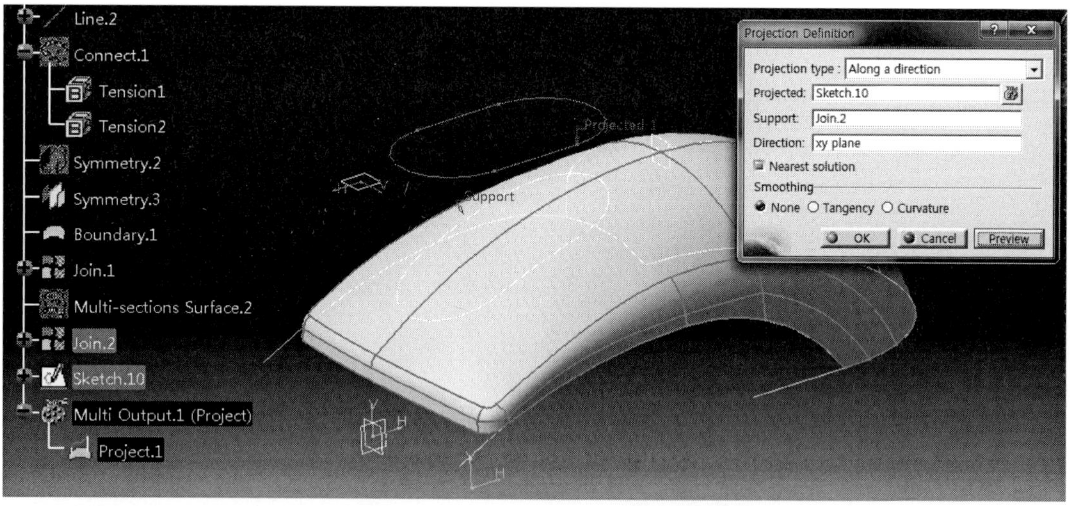

[그림 2.2] Projection 상세설정 창

3. Split 명령으로 잘라내기

Split(톱처럼 생긴 아이콘) 명령을 실행한다. Pop-up 창이 나타난다. Element to cut에 Surface 모델을 선택한다. (그림3.1)와 같이 Cutting elements에 조금 전 Projection으로 면에 투영한 Projection.1을 선택한다.

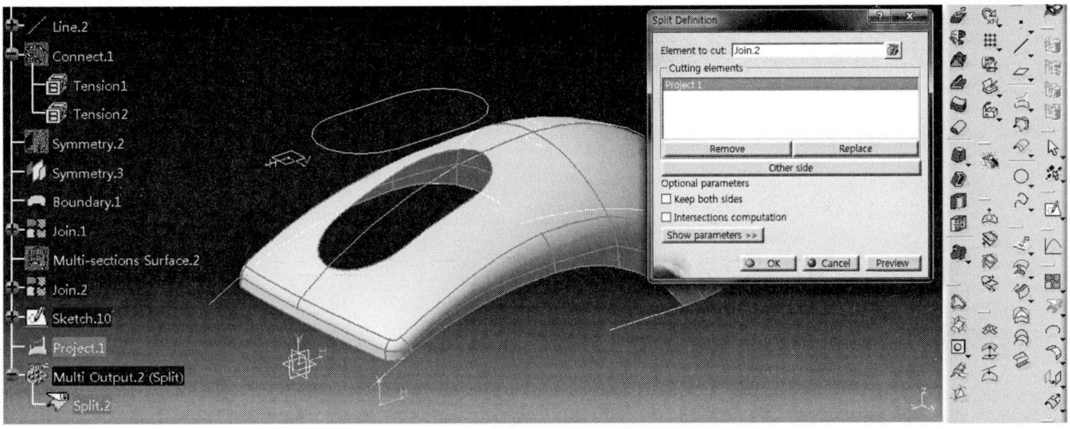

[그림 3.1] Split 명령으로 면을 잘라낸 모습

Hide 명령으로 Sketch.10과 Project.1을 숨긴다.(중요)

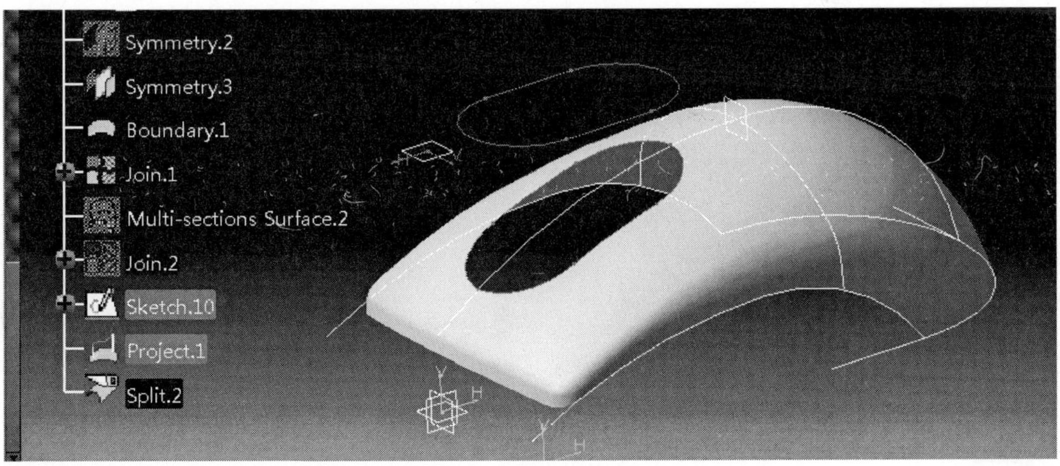

[그림 3.2] Sketch.10과 Project.1 Hide 시킴

4. Sweep 명령을 이용하여 곡면 생성

Sweep 명령을 실행한다.

[그림 4.1] Sweep 아이콘 모양

Pop-up 창이 나타나면 다음과 같이 설정 한다.

Profile type : Circle

Subtype : Two guides and radius

화면에서 Guide curve 1, 2 선택한 후,

Radiu s: 80mm

Preview 선택 (미리 보기 실행됨)

이때, Solution의 "Next" 버튼을 눌러서 1/4 분면을 지정하고,(작업 history에 따라 분면이 다르므로 "Next" 를 클릭하여 곡선이 마우스 안으로 오목하게 들어가도록 선택한다.) "OK" 클릭

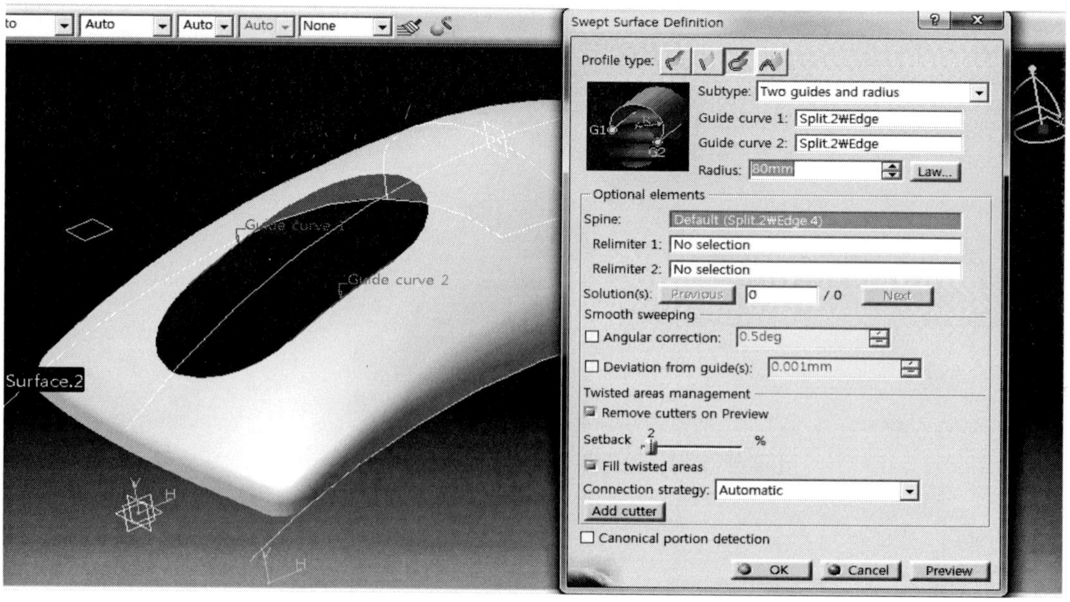

[그림 4.2] Sweep 명령의 상세설정

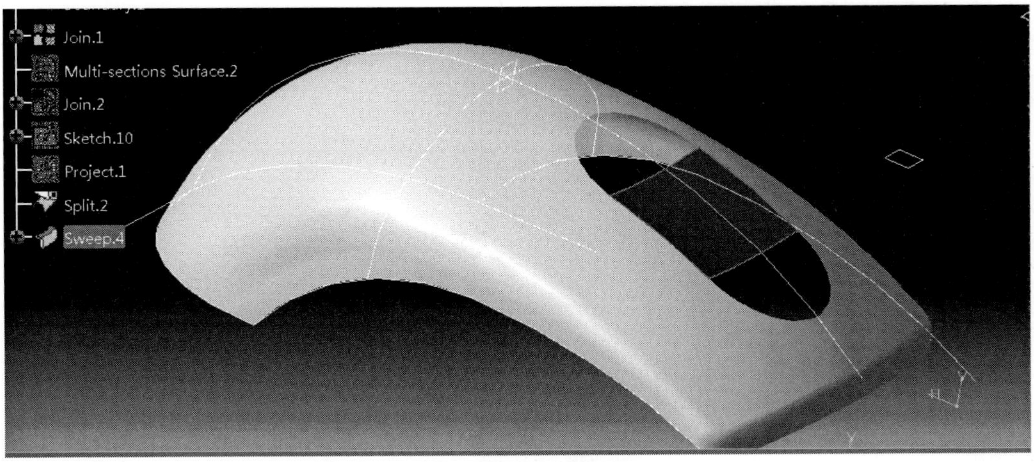

[그림 4.3] Sweep으로 곡면을 생성한 모습

5. Blend 명령을 이용하여 곡면 생성

Blend 명령을 실행한다.

[그림 5.1] Blend 명령 아이콘

Pop-up 창에서 다음과 같이 설정한 후 "OK" 클릭

First curve : Sweep.4로 생성한 면의 edge 선 선택 (그림 5.2)
First support : Sweep.4 선택
Second curve : 구멍난 부분의 라운드 edge 선택 (그림 5.2)
Second curve : 선택하지 않는다 (Defalut)

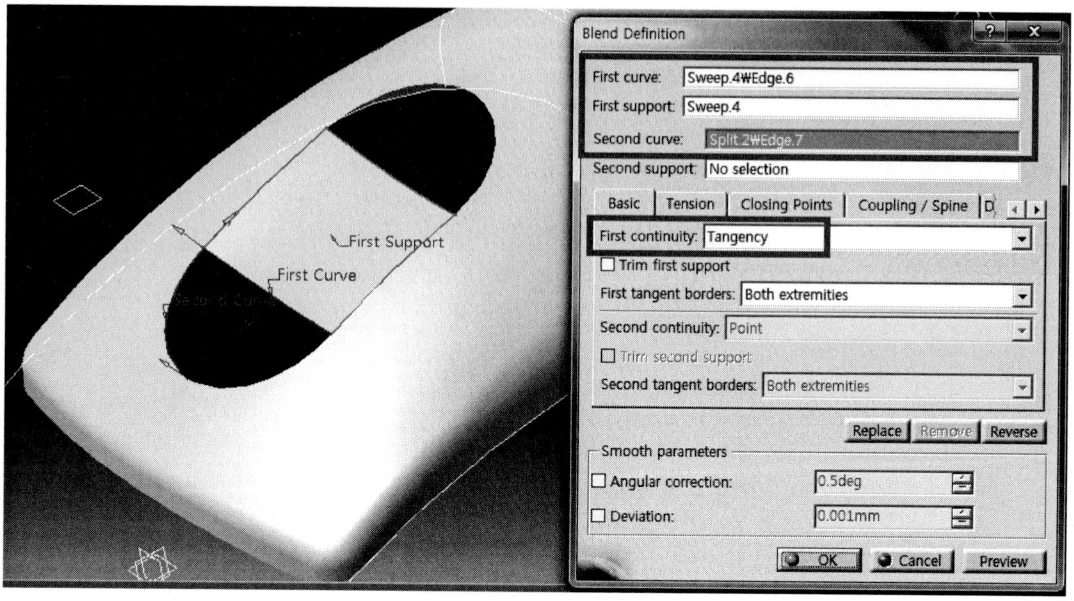

[그림 5.2] Blend 명령 상세설정

[그림 5.3] Blend 명령으로 면을 생성한 모습

반대편도 Blend 명령으로 면을 생성한다.

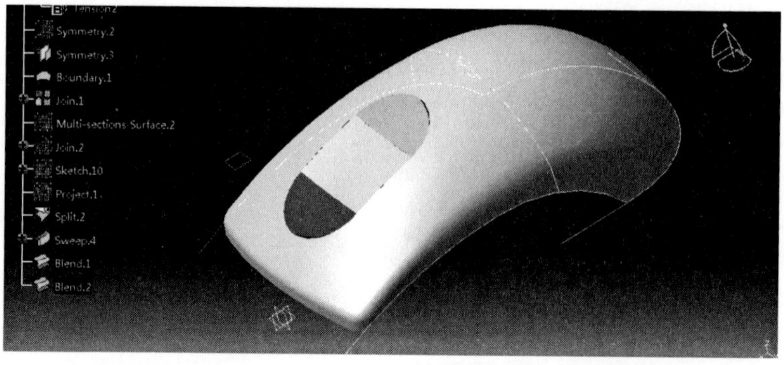

[그림 5.4] Blend 명령으로 반대쪽 면을 생성한 모습

6. Join 명령으로 모든 면을 합친다.

Join 명령을 실행한다.

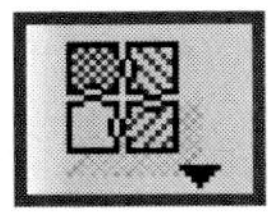

[그림 6.1] Join 명령 아이콘

현재 생성된 모든 면을 선택한 후(네 개의 면 선택) “OK” 클릭

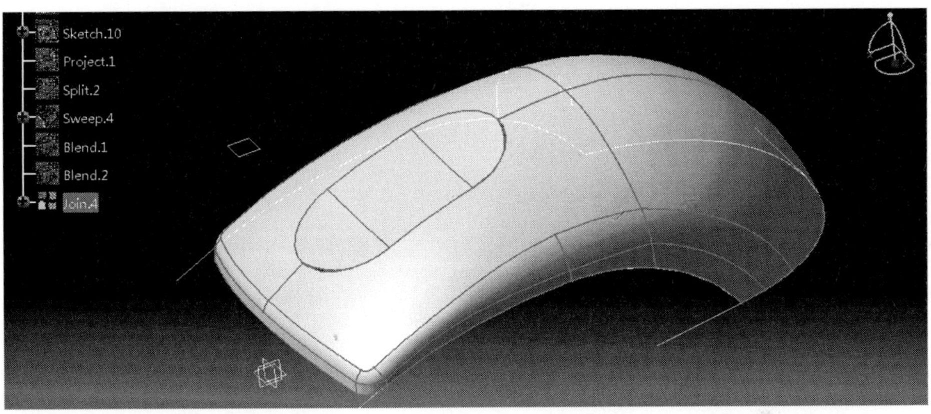

[그림 6.2] Join 명령으로 모든 면을 한 개의 Surface로 통합하였다.

(그림.6.3)과 같이 화면 정리를 위해 Combine.1과 Sketch.7만 남기고, 모두 Hide시킨다.

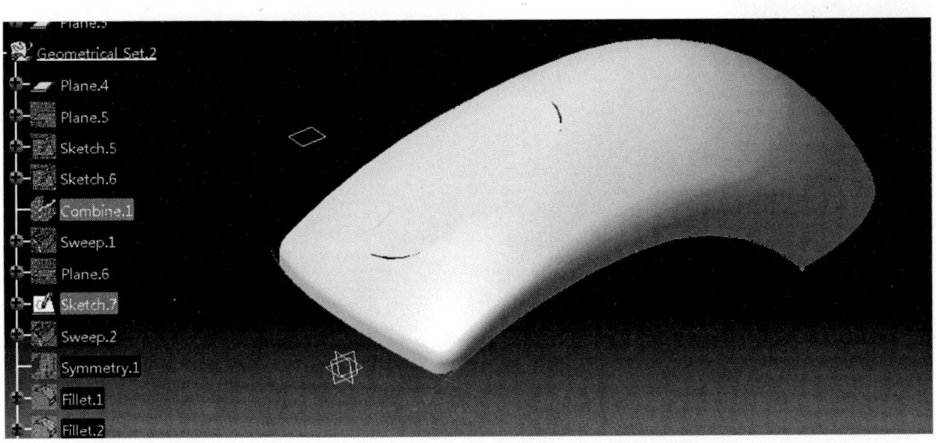

[그림 6.3] 모든 스케치는 Hide시키고, Combine.1과 Sketch.7만 Show시킨다.

Chapter 09 Mouse Modeling-하부 모델링

마우스 하부 모델링을 시작한다.

1. Sweep 명령으로 면 생성

Sweep 명령으로 Combine.1 선을 아래로 돌출시켜 면을 생성한다. Sweep 명령을 실행한다. Pop-up 창이 나타나면 다음과 같이 설정한다.

Profile type : Line

Subtype : With draft direction

Guide curve 1 : Combine.1 선택

Draft direction : xy plane 선택

Angle : 10 deg

Preview 선택 (미리 보기 실행됨)

Angular sector의 "Next" 버튼을 눌러서 1/4 분면을 지정한 후, (작업한 history에 따라 분면이 다르므로 "Next"를 클릭하여 아래쪽, 안쪽의 화살표가 주황색이 되도록 선택) "OK" 클릭

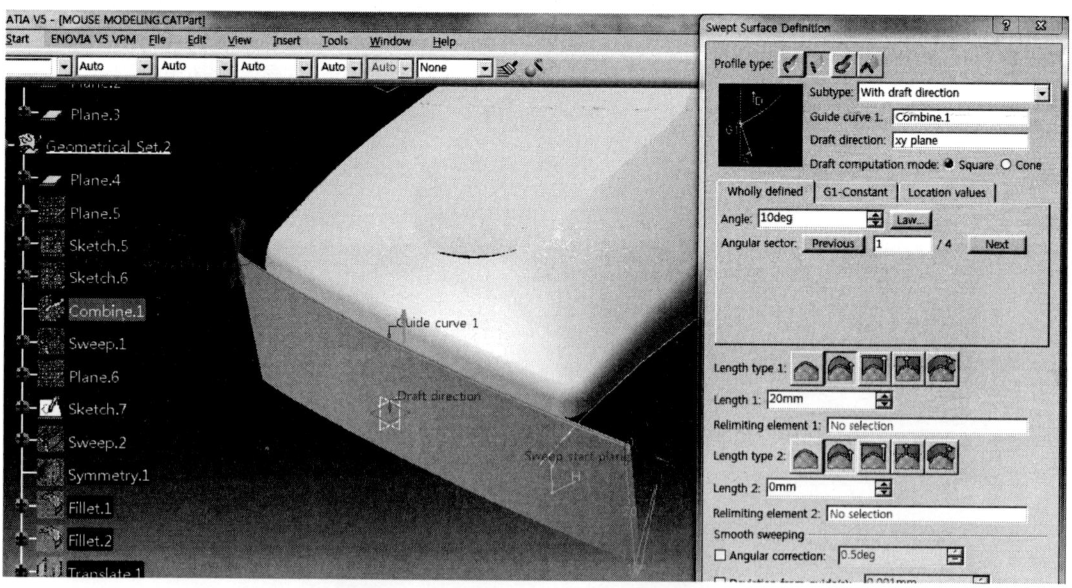

[그림 1.1] Sweep으로 면을 생성

2. Sweep 명령으로 면 생성-돌출 각도를 다르게 설정

Sweep 명령을 실행한다. Pop-up 창이 나타나면 다음과 같이 설정한다.

Profile type : Line

Subtype : With draft direction

Guide curve 1 : Sketch.7 선택

Location values 탭을 선택 : Location에서 Sketch.7의 양 끝점을 선택한다.(앞쪽 포인트에는 각도를 10도 입력, 뒤쪽 포인트에는 각도 2도 입력)

Draft direction : xy plane 선택 (제일 마지막에 선택)

Length 1 : 20 mm

Preview 선택 (미리 보기 실행됨)

Angular sector의 "Next" 버튼을 눌러서 1/4 분면을 지정한 후, (작업한 history에 따라 분면이 다르므로 "Next"를 클릭하여 아래쪽, 안쪽의 화살표가 주황색이 되도록 선택) "OK" 클릭

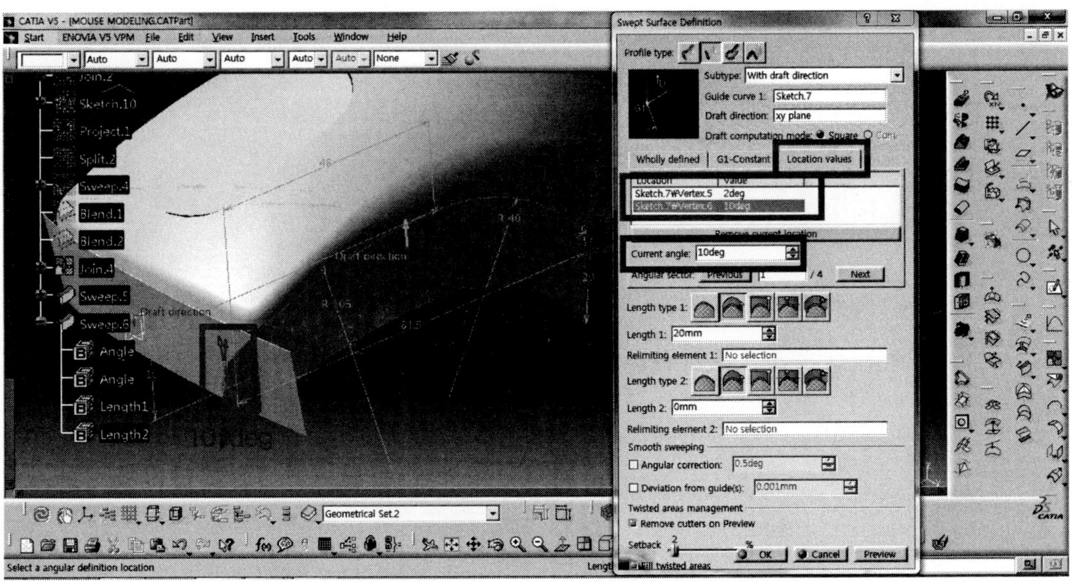

[그림 2.1] Sweep으로 면을 생성-각도를 다르게 설정

3. Symmetry 명령으로 면을 대칭복사

Ch.2에서 생성한 Sweep.6을 zx plane을 기준으로 대칭복사한다. Sweep.6을 선택하고, Symmetry 명령 실행, 기준축으로 zx plane 선택한다. 그리고 "OK" 클릭

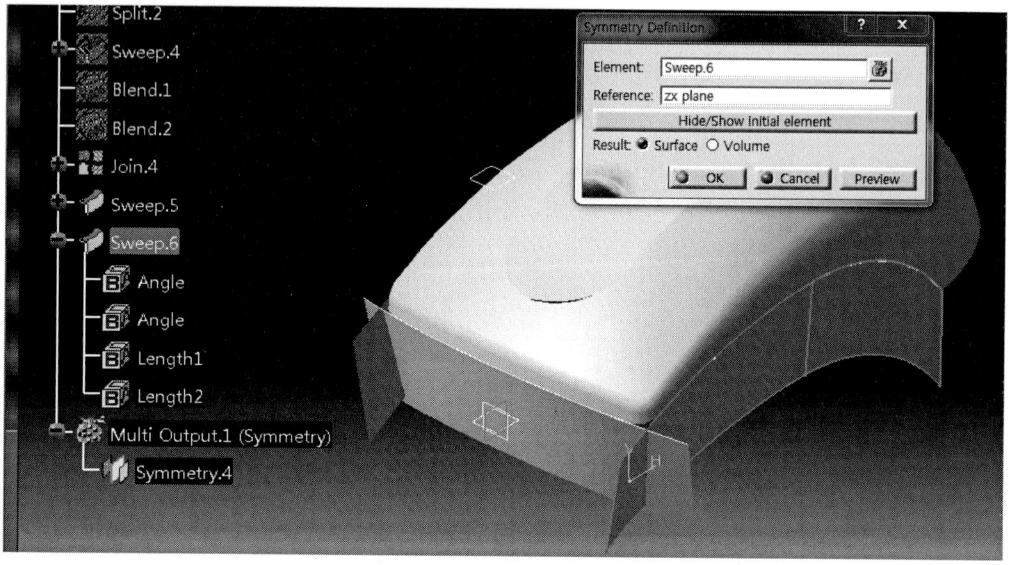

[그림 3.1] Symmetry 명령으로 면을 대칭복사

4. Shape Fillet 명령으로 두 면을 라운드 처리

Shape Fillet 명령을 실행한다.

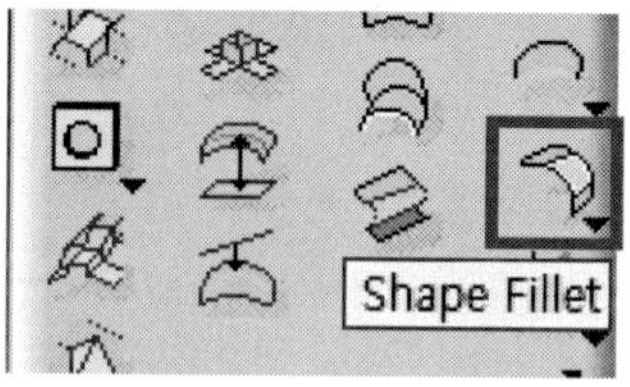

[그림 4.1] Shape Fillet 명령 아이콘

튀어 나온 두 면을 순서대로 클릭하여 라운드 처리한다. R4.5 입력(이때, 화면상의 화살표는 반드시 둘 다 마우스 안쪽을 가리키고 있어야 한다. 만약 반대쪽을 가리키고 있을시 화살표를 클릭해주면 방향이 바뀐다.)

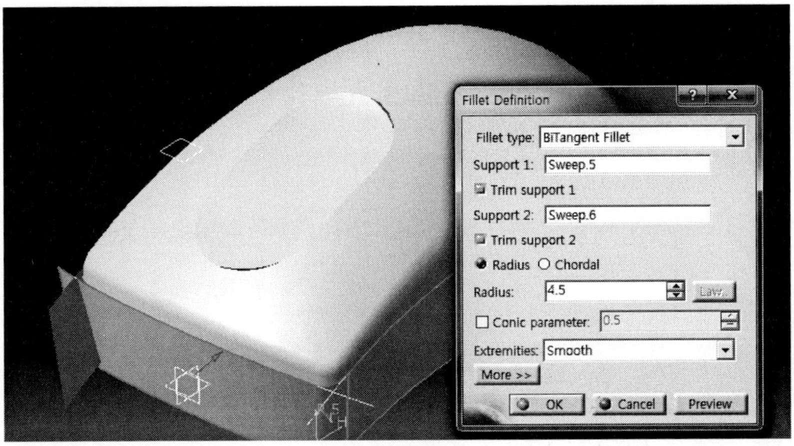

[그림 4.2] Shape Fillet으로 튀어나온 부분 라운드 처리

반대편도 라운드 처리한다.

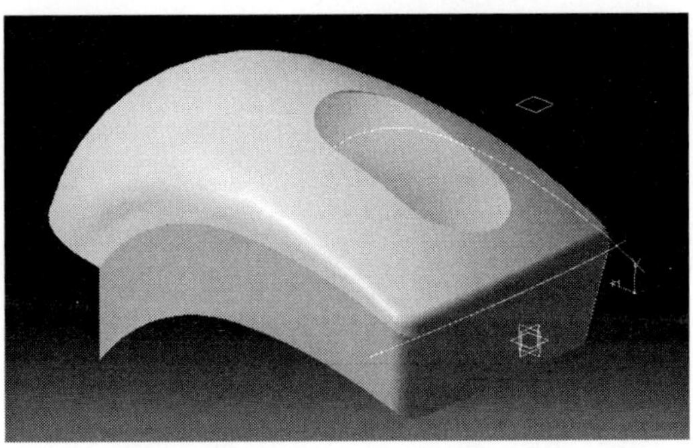

[그림 4.3] Shape Fillet으로 튀어나온 부분 라운드 처리

사용된 스케치는 Hide하여 화면을 정리한다.

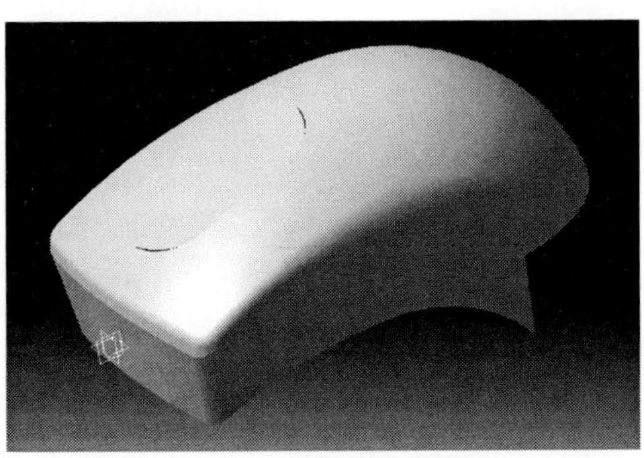

[그림 4.4] Hide로 화면을 정리한 모습

5. Join 명령으로 두 면을 한 개의 면으로 합친다.

현재, 마우스 상부와 측면부 두 개의 Surface 모델이 존재한다. Join 명령으로 이것을 한 개의 Surface 모델로 합쳐준다.

▶ Join 실행 > Pop-up 대화상자 > 합칠 두 면을 선택 > Merging distance에 0.1 입력

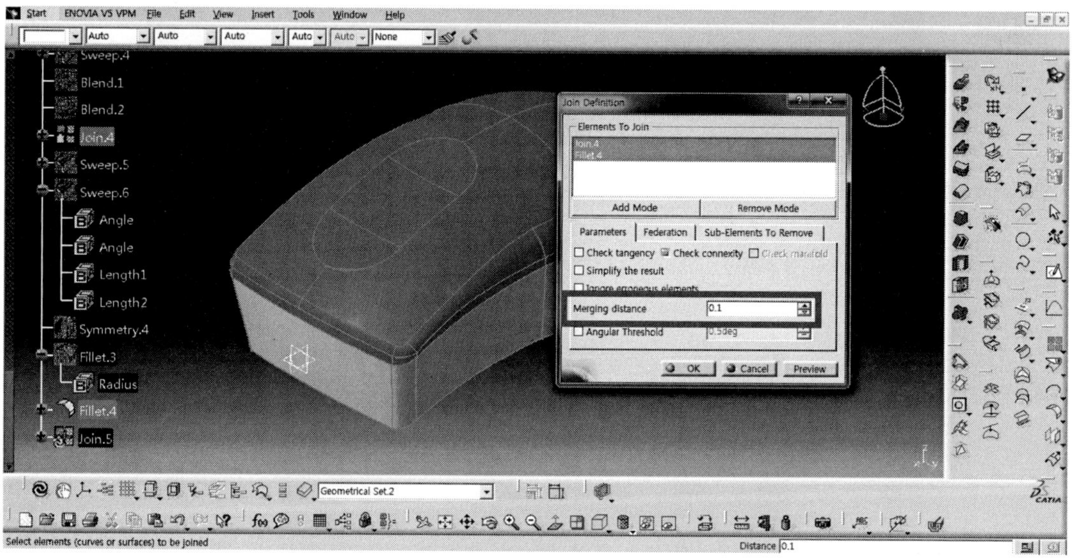

[그림 5.1] Join 명령으로 두 면을 합친다.

Merging distance는 두 면이 합쳐질 때 gap(공간)에 대한 보정을 해주는 수치이다.

6. yz plane에 스케치 추가

yz plane을 선택하고, Sketch 아이콘을 클릭하여 스케치 워크밴치로 이동한 후, X축 상에 선을 긋는다. 선의 길이는 모델보다 조금 길어야 한다. "Exit" 로 빠져 나온다.

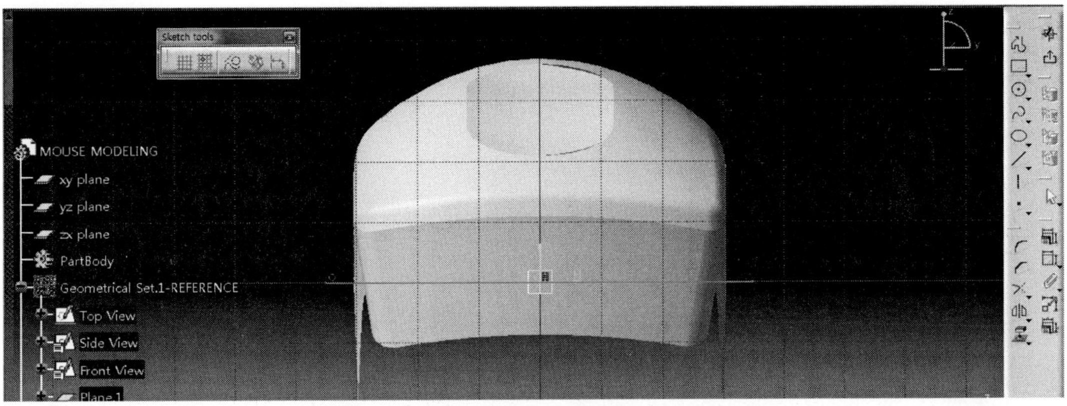

[그림 6.1] xy plane에 선을 스케치 한다

7. Extrude-선을 돌출시켜 Surface 생성

▶ Extrude 실행 〉 Pop-up 대화상자 〉 수직선 선택 〉 Dimension 120mm 입력 〉 "OK" 클릭 (만약 돌출 방향이 반대이면 "Reverse Direction" 버튼을 활용하라)

[그림 7.1] Extrude 명령 아이콘

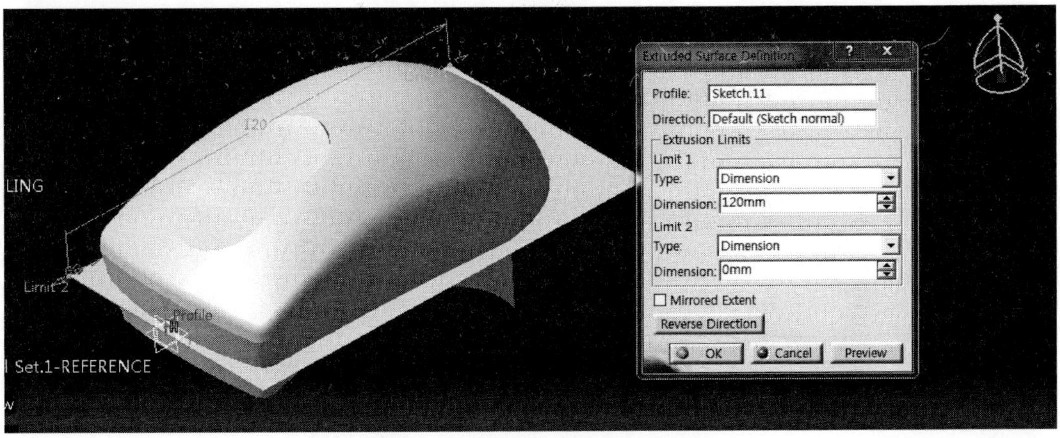

[그림 7.2] Extrude 명령 아이콘

8. Trim 명령으로 불필요하게 돌출된 면 제거

▶ Trim명령실행(세워진 톱 모양) 〉 두 면을 선택 〉 Other side 클릭하여 화면 같도록 〉 "OK" 클릭

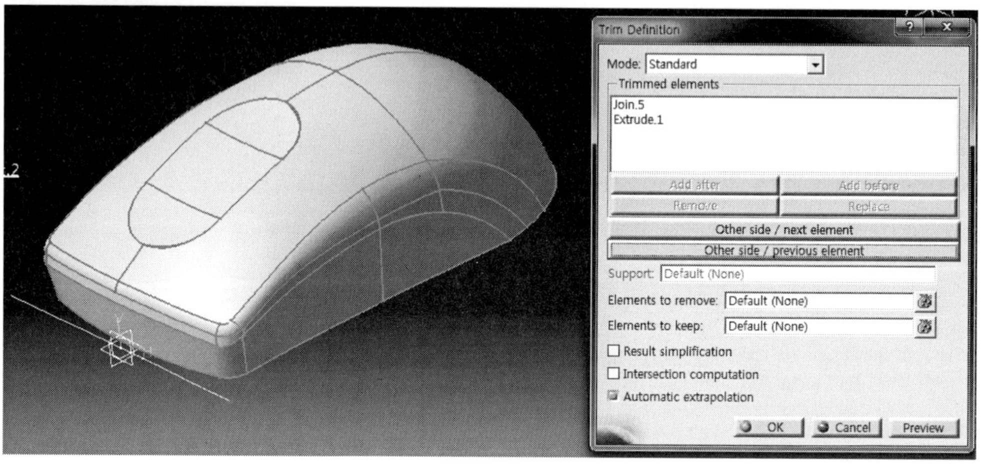

[그림 8.1] Trim 으로 Surface model 주변 정리

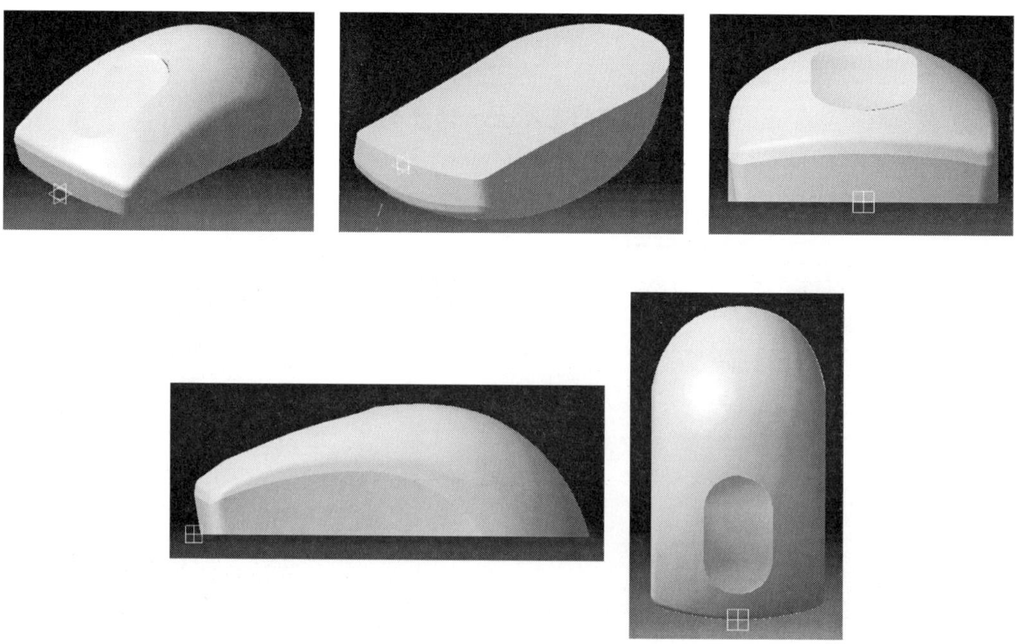

[그림 8.2] 마우스 Surface 외형 완성

Chapter 10

Mouse Modeling-파트별로 나누기

현재 Surface model은 한 개(통)로 합쳐진 모델이다. 이것을 각 부품으로 나누는 작업을 한다.

1. Geometrical Set 추가

새로운 Geometrical Set을 추가하여 이제부터 하는 작업을 여기에 저장한다.

▶ Insert 〉 Geometrical Set… 〉 Pop-up 대화상자 〉 File name: Parting Surfaces 입력 〉 "OK" 클릭

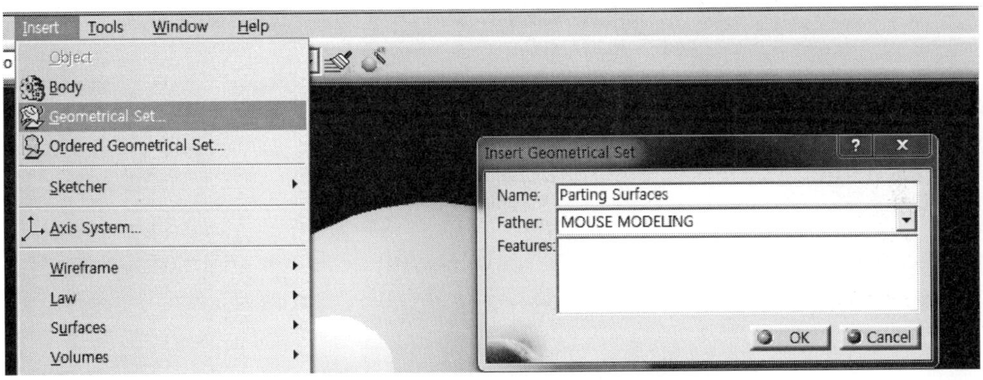

[그림 1.1] 새로운 Geometrical Set 추가

2. Sweep 명령으로 면 생성

우선, 현재 Hide 되어있는 Combine.1과 Sketch.7을 Show시킨다.

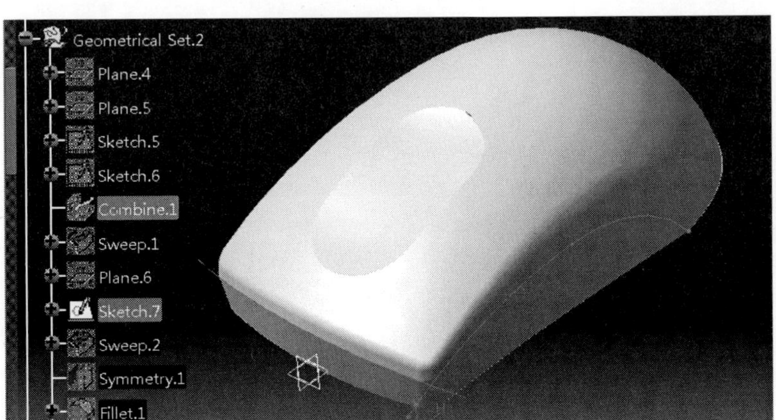

[그림 2.1] Combine.1과 Sketch.7을 Show시킨다

Sweep 명령을 실행하고, 다음과 같이 설정한 후, “OK” 클릭

Profile type : Explicit

Subtype : With reference surface

Profile : Combine.1 선택

Guide curve : Sketch.7 선택

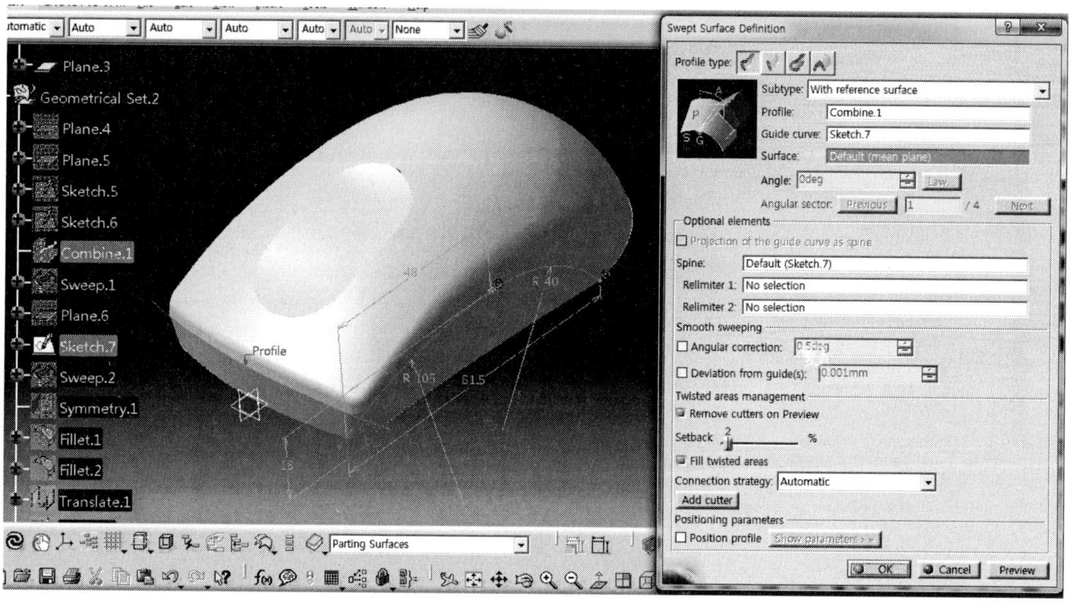

[그림 2.2] Combine.1 과 Sketch.7을 이용하여 새로운 면 생성-Sweep 사용

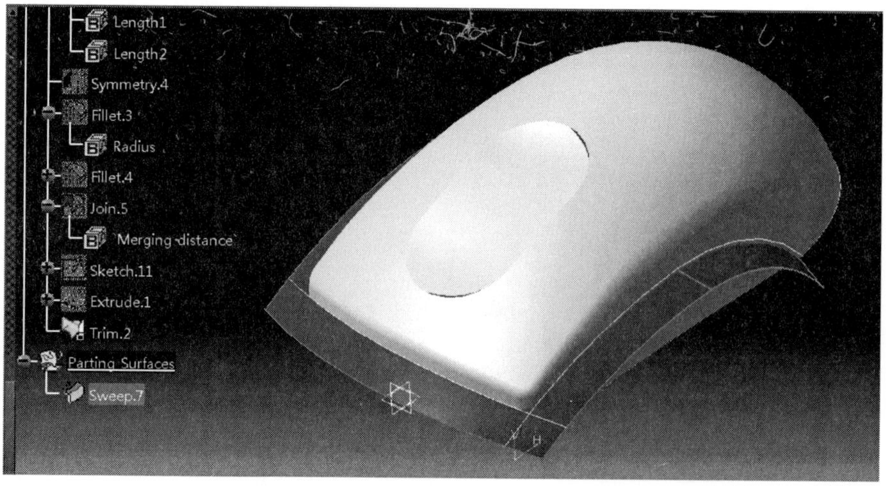

[그림 2.3] Combine.1과 Sketch.7을 이용하여 생성된 면

3. Extract-면에서 line을 추출

Extract 명령을 실행한다. 마우스 가장 뒤 부분을 선택한다. Propagation type에 Tangent continuity 선택한 후, "OK" 클릭

[그림 3.1] Extract 아이콘 모양

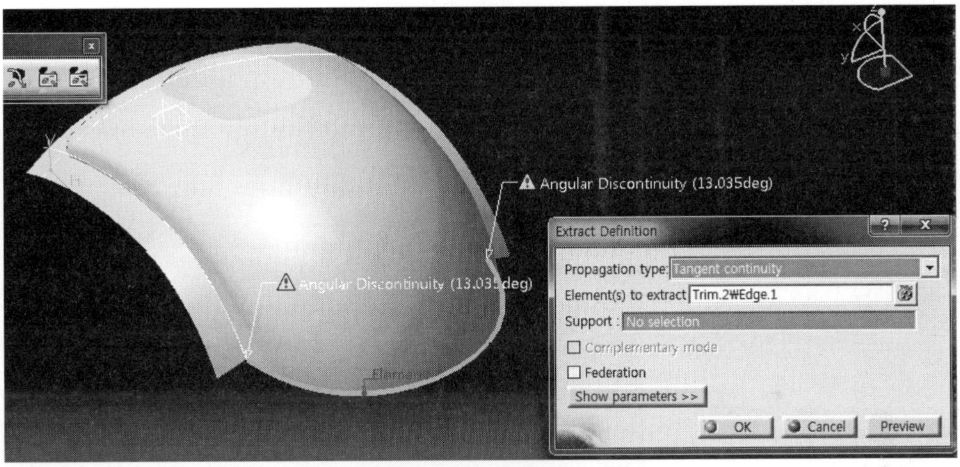

[그림 3.2] Extract 명령 상세설정

4. Extrude - 선을 돌출하여 면 생성

▶ Extrude 실행 〉 Pop-up 대화상자 〉 Extract.1 선택 〉 Direction : xy plane 선택 〉 Direction1 : 3 mm, Direction2 : 10 mm 〉 "OK" 클릭

[그림 4.1] Extrude 명령 아이콘

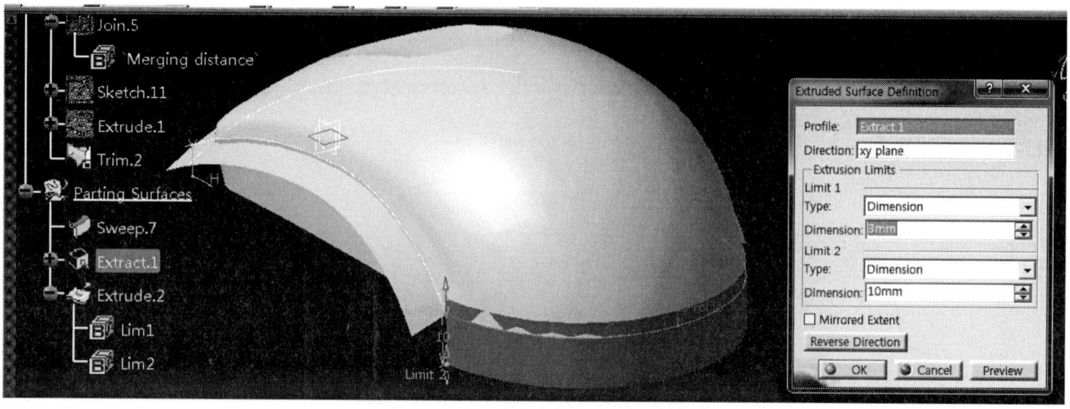

[그림 4.2] Extrude 명령 상세 설정

Extrude를 완료하고, “Geometrical Set.2” 를 Hide시킨다.

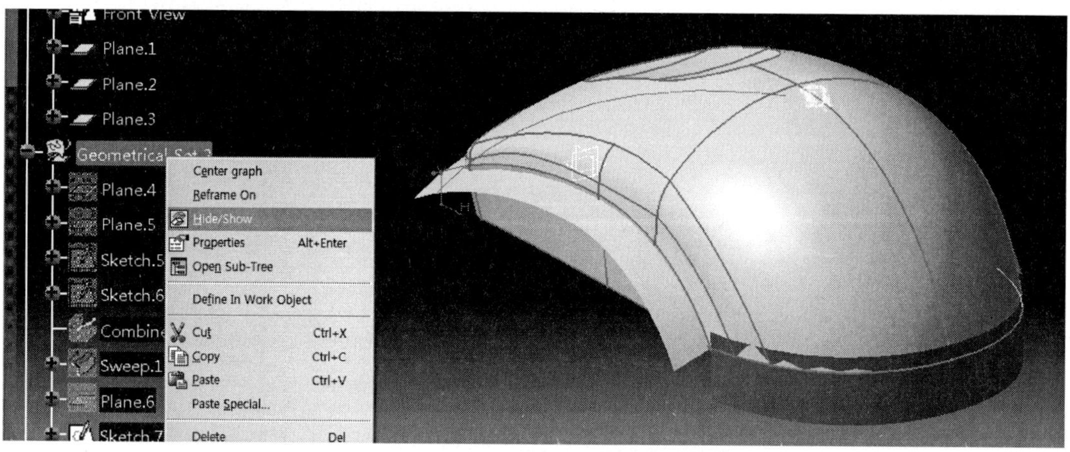

[그림 4.3] Hide Geometrical Set.2

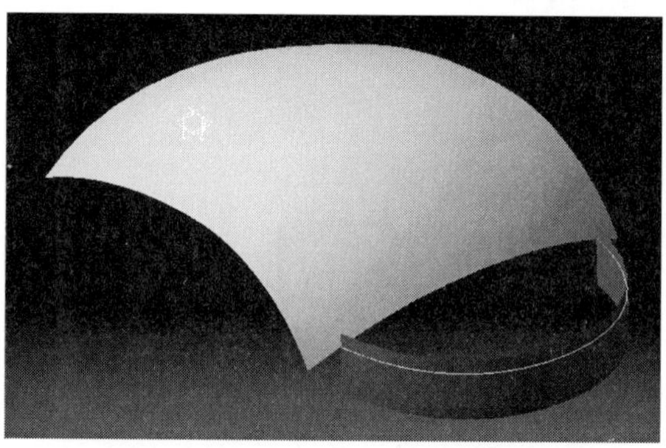

[그림 4.4] Hide 실행 후, 남은 모델

5. Offset-면일 일정간격 띄워서 생성

▶ Offset 실행 > Pop-up 대화상자 > Extract.2 선택 > Offset : 2.5 mm > "OK" 클릭 (안쪽으로 offset 시킨다.)

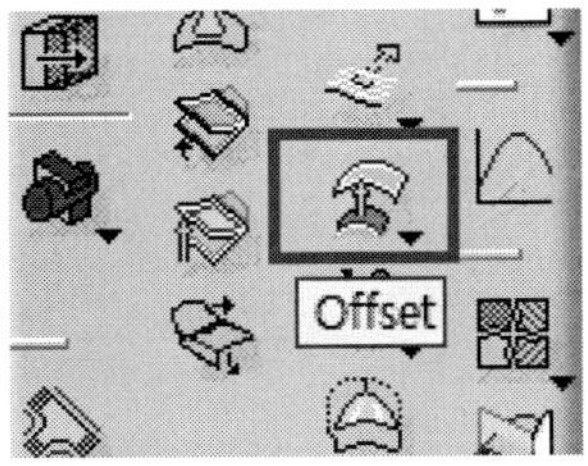

[그림 5.1] Offset 아이콘 모양

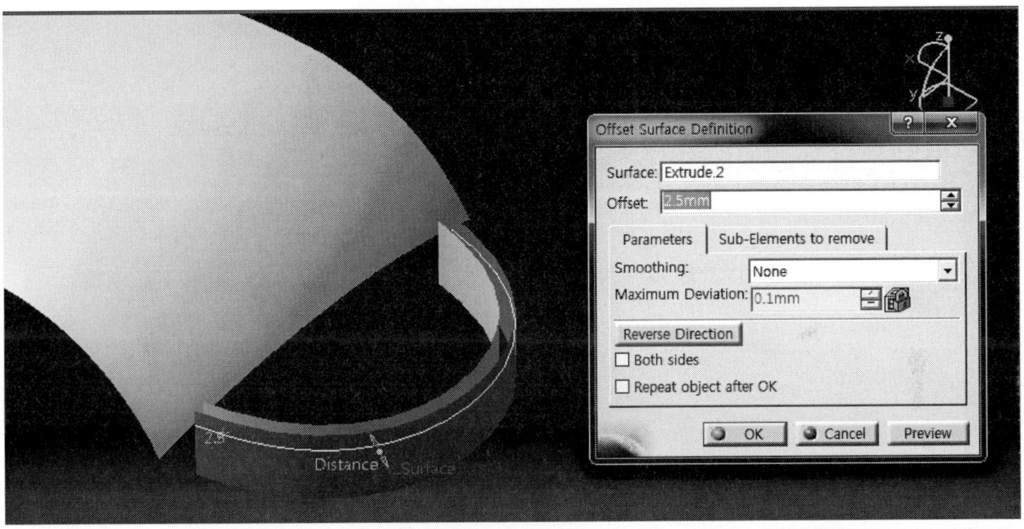

[그림 5.2] Offset 명령으로 안쪽으로 2.5 mm 떨어진 면 생성

Hide로 Extrude.2와 선을 숨긴다.

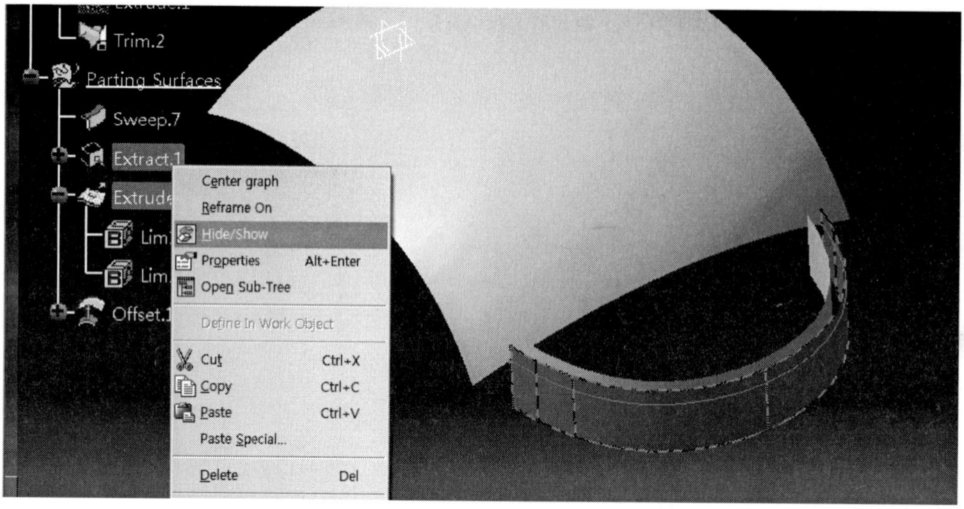

[그림 5.3] Hide 명령으로 Extrude.2와 선을 숨김

6. Extrapolate-기존의 면을 잡아당겨 면 생성 (외삽)

Extrapolate 명령으로 기존의 면을 20mm 늘려서 생성한다.

▶ Extrapolate 실행 〉 Pop-up 대화상자 〉 Sweep.7 edge 선택 〉 Sweep.7 면 선택 〉 Length : 20 mm 〉 Assemble result 체크 〉 "OK" 클릭

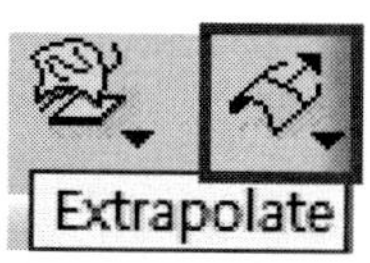

[그림 6.1] Extrapolate 아이콘 모습

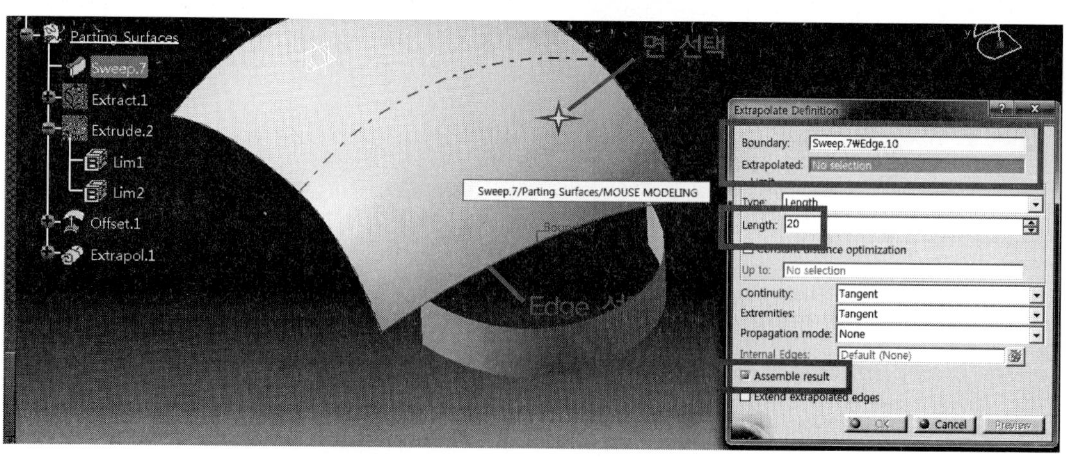

[그림 6.2] Extrapolate 명령 상세 설정

[그림 6.3] Extrapolate 명령 실행 전

같은 방법으로 Offset.1 면의 양 끝을 10 mm씩 늘려준다.

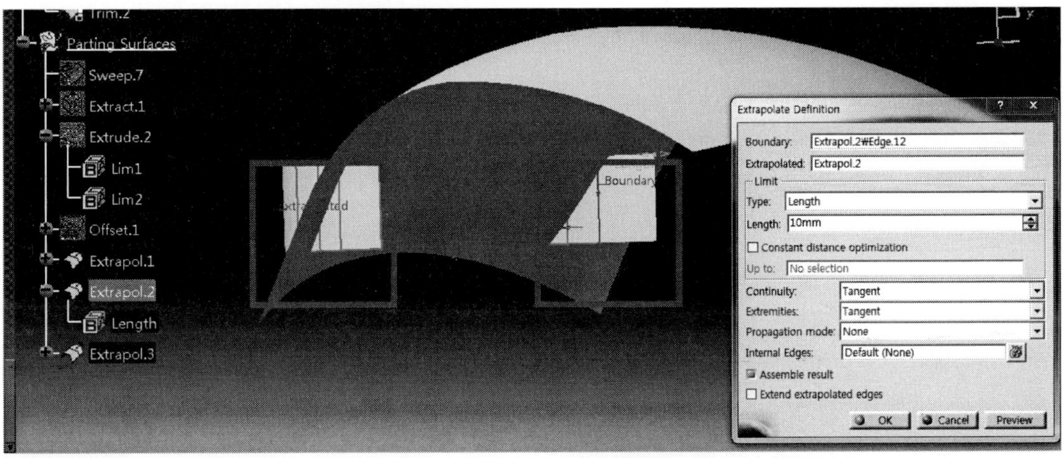

[그림 6.4] Extrapolate 명령으로 양 끝을 10 mm 늘린 상태

7. Line-3D 공간에서 두 점을 이어주는 선 생성

Line 명령 실행, 두 점을 이어준다.

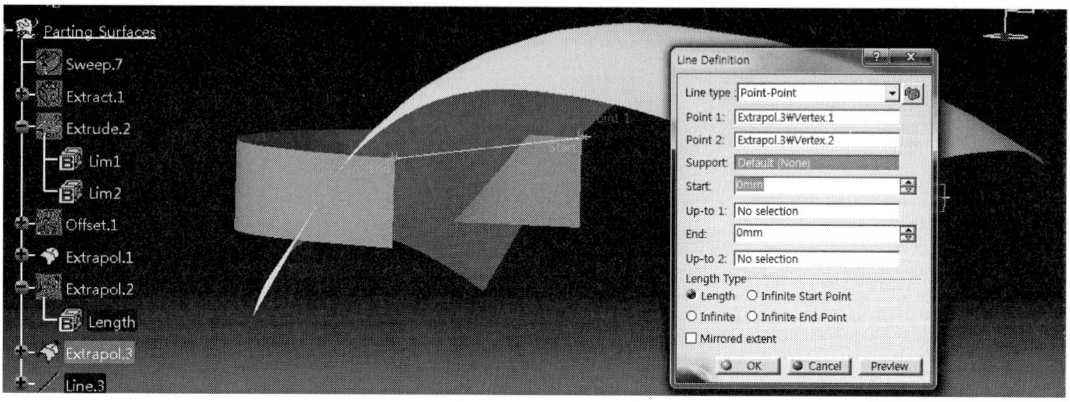

[그림 7.1] Line 명령의 실행

8. Extrude-선을 돌출시켜 면 생성

조금 전 생성한 line을 50 mm만큼 돌출시켜 면을 생성한다.

▶ Extrude 명령실행 〉 Pop-up 창 〉 Line.3 선택 〉 Direction : xy plane 〉 Dimension1 : 50 mm 〉 "OK" 클릭

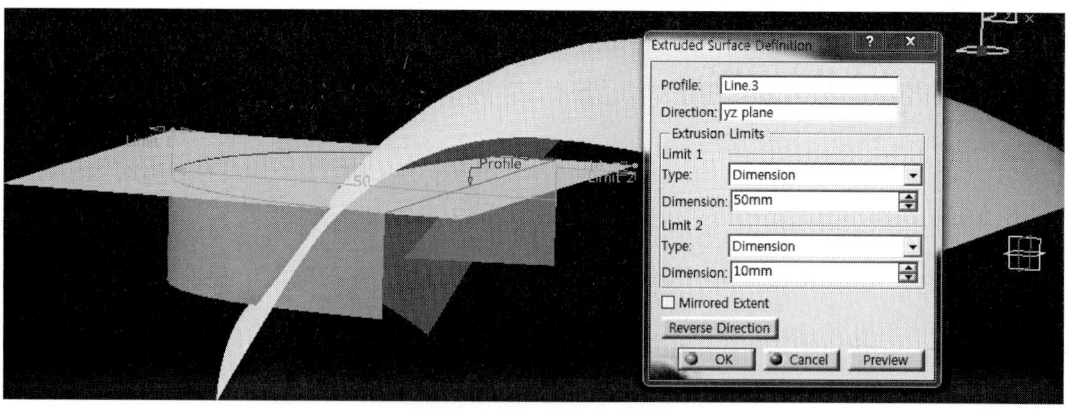

[그림 8.1] Extrude로 면 생성

9. Trim-불필요한 면을 잘라낸다.

Trim 명령을 실행하여 불필요한 면을 잘라낸다.

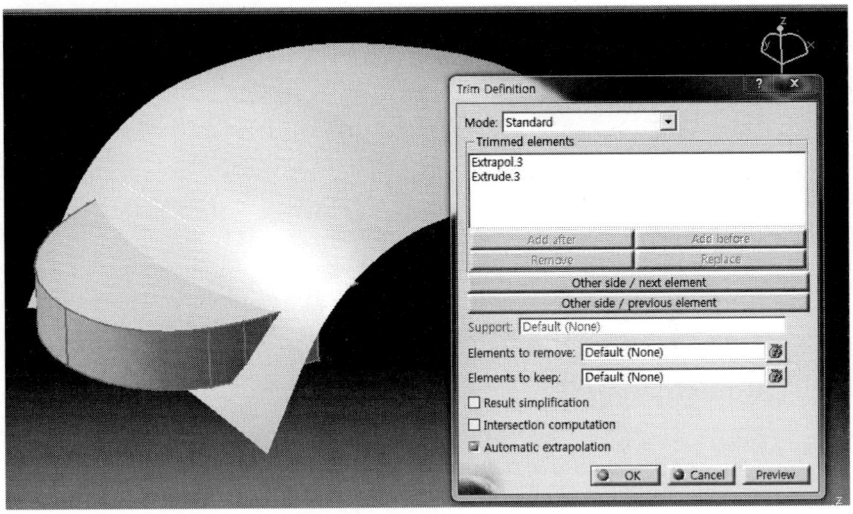

[그림 9.1] Trim 1회 실행

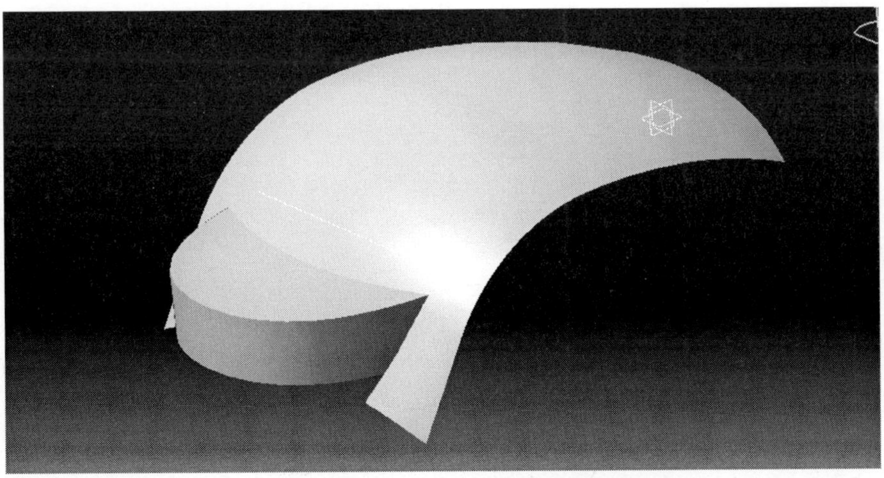

[그림 9.2] Trim 2회 실행

10. Hide/Show-Geometrical Set.2를 Show시킨다.

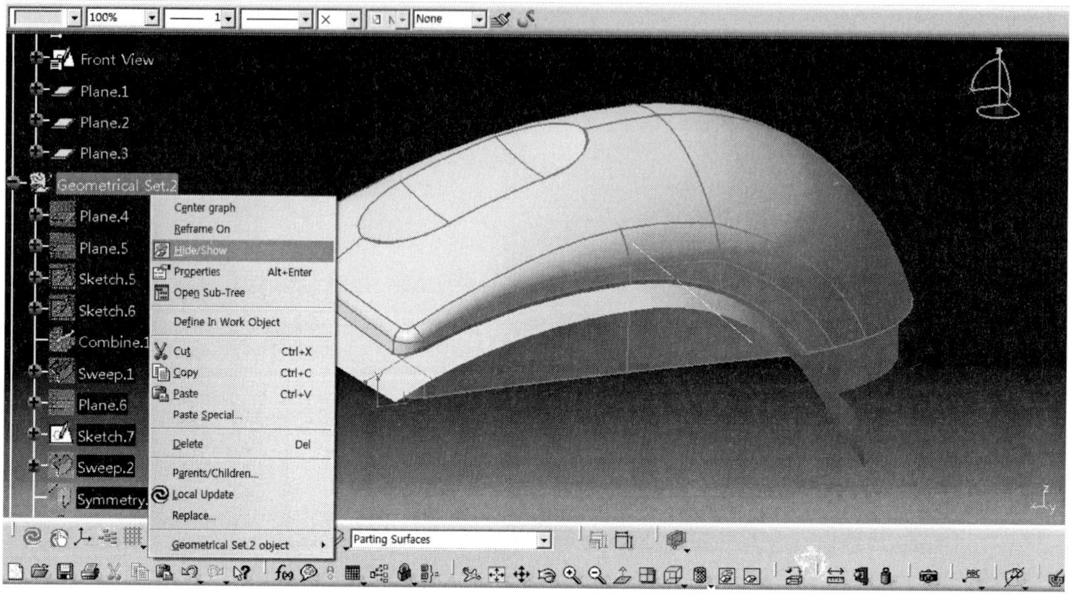

[그림 10.1] Geometrical Set.2를 Show시킨다.

그리고, Sketch.10과 Plane.4를 Tree에서 찾아 Show시킨다.

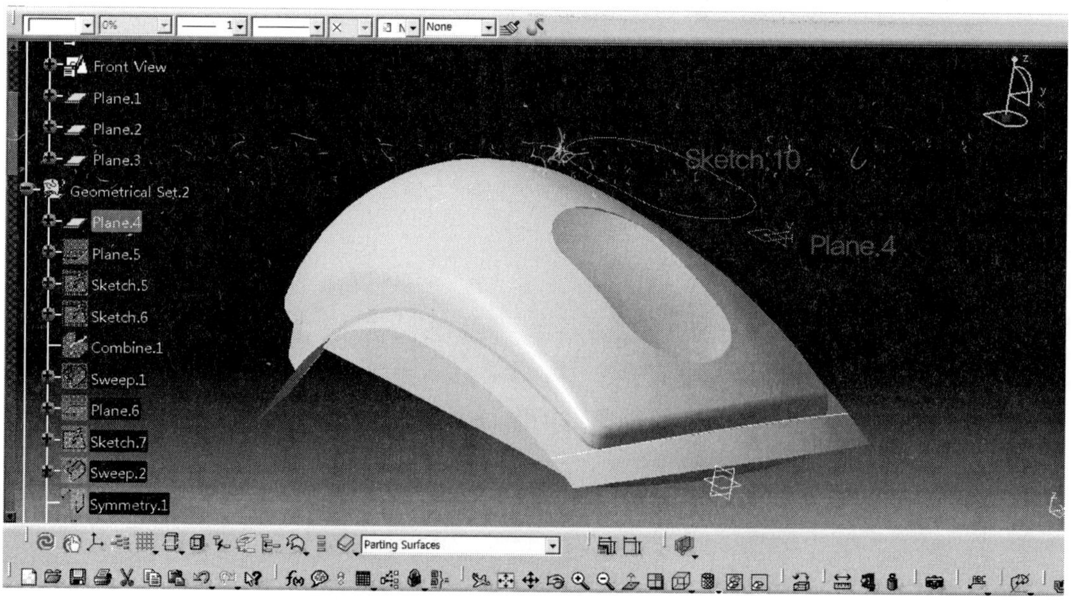

[그림 10.2] Sketch.10 & Plane.4를 Show시킨다.

11. xy plane에 스케치 작성

Xy plane을 선택하고, Sketch 아이콘을 클릭하여 스케치 워크밴치로 전환한다. 세 개의 선을 선택하고, Project 3D Elements 아이콘을 클릭한다. 투영된 스케치 양쪽으로 선을 긋는다. (그림 11.4)와 같이 선의 길이는 모델보다 조금 더 돌출되게 한다.

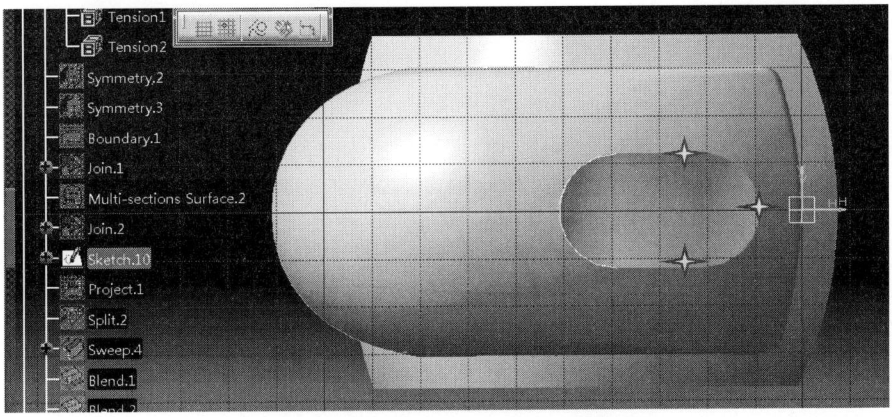

[그림 11.1] 세 개의 선을 선택한다

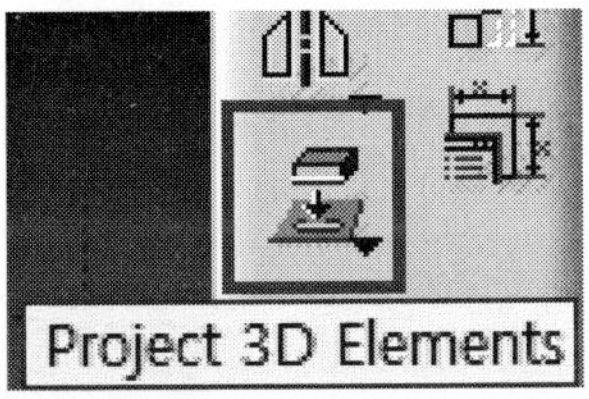

[그림 11.2] Project 3D Elements 아이콘

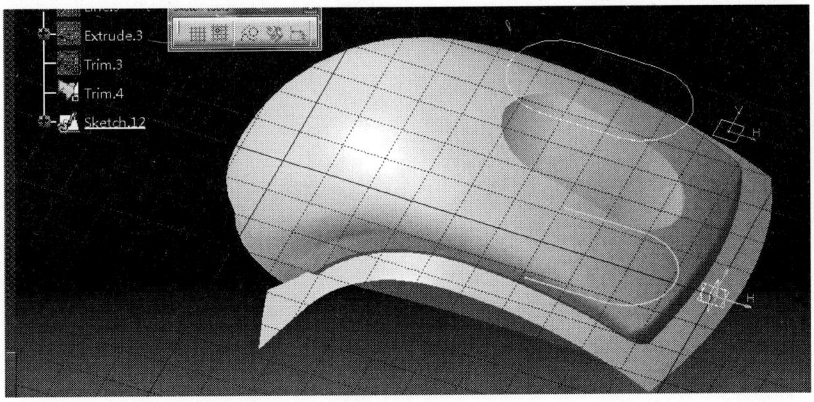

[그림 11.3] 현재의 평면(xy)에 세 개의 스케치가 투영되었다 (노란색)

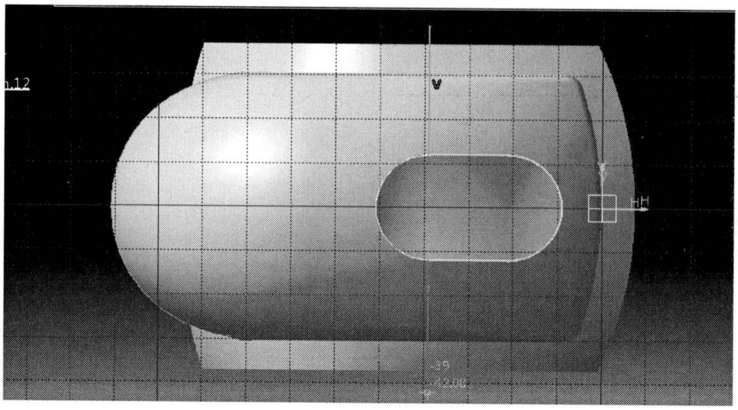

[그림 11.4] Line으로 두 선의 추가

(그림11.4)의 스케치가 완성되면 Exit 클릭하여 파트 워크밴치로 이동한다.

12. Extrude-선을 돌출시켜 면 생성

조금 전 생성한 Sketch.12를 50 mm만큼 위로 돌출시켜 면을 생성한다.

▶ Extrude 명령실행 〉 Pop-up 창 〉 Sketch.12 선택 〉 Direction : xy plane 〉 Dimension1 : 50 mm 〉 "OK" 클릭

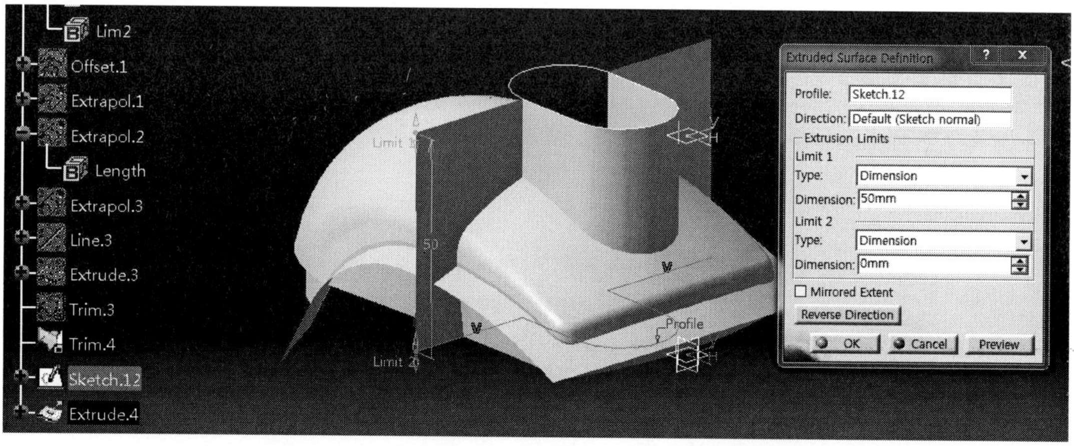

[그림 12.1] Sketch.12를 50 mm Extrude한 모습

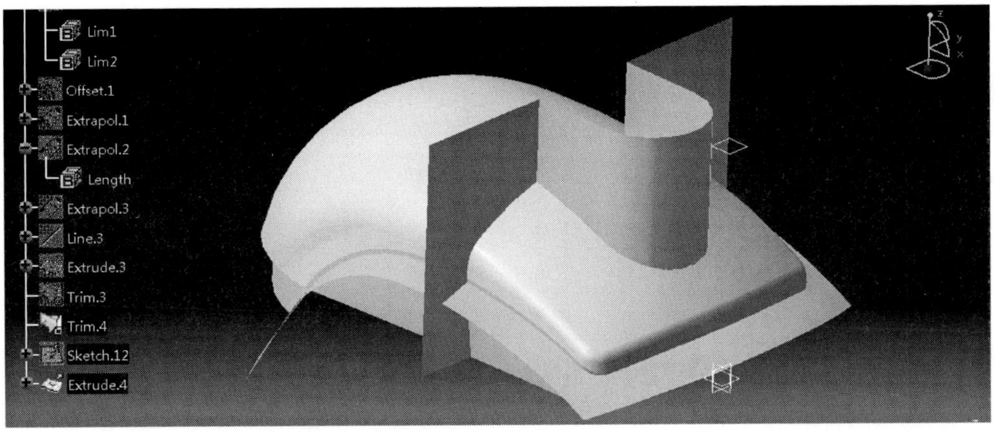

[그림 12.2] 화면과 같이, 세 개의 Surface Model만 남기고 모두 Hide시킨다.

13. Workbench의 이동
-Shape Design Workbench에서 Part Workbench로 전환

이제 마우스를 Surface 모델에서 Solid 모델로 전환한다. 우선, 현재의 Shape 워크밴치를 Part 워크밴치로 이동한다.

▶ Start 〉 Mechanical Design 〉 Part Design(도구모음이 Part workbench로 바뀐다.)

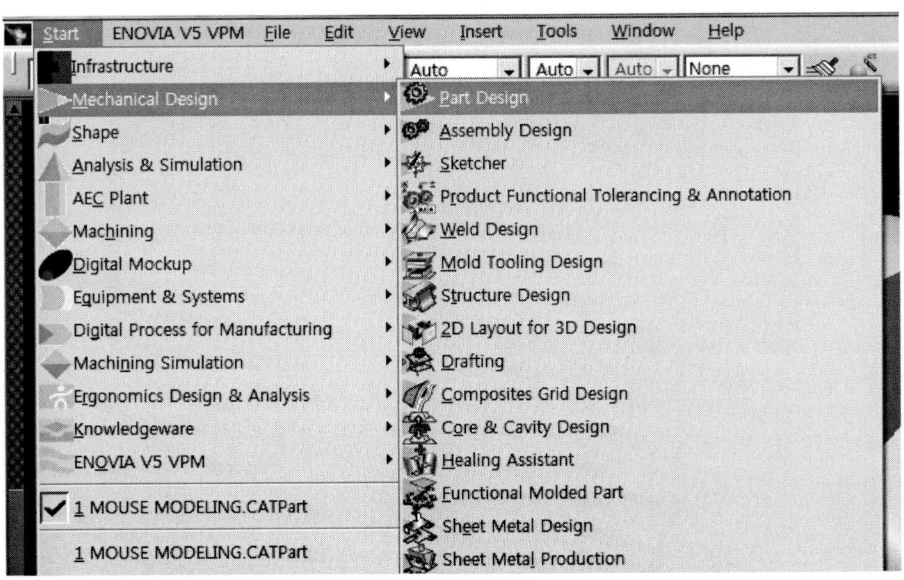

[그림 13.1] Workbench의 전환 - Surface 에서 Solid(Part)

14. Surface Model을 Solid Model로 전환

완성된 Surface model이 있으면, Solid model로 전환은 간단하게 할 수 있다. 여기서, 중요한 부분은 Surface model이 완벽하게 닫힌 단일 면으로 구성되어 있어야 한다. 만약, Surface model 면의 일부가 조금이라도 open 된 곳이 있다면 solid model 생성시 error가 발생한다. 이런 경우, 수정을 하거나 다른 생성방법이 있기는 하나 그 경우의 수가 다양하므로 지면을 통해 모두 설명하기는 어렵다.

Part workbench의 "Close Surface" 명령을 실행한다. Warning 창이 뜨면 "확인"을 클릭한다. 그리고 (그림14.3)과 같이 Surface model(마우스 몸통)을 선택하면 완료가 된다. (Warning 내용은 현재의 워크밴치가 파트 워크밴치가 아닌데 파트명령을 실행하였으므로, 이제부터 수행하는 작업이 파트 워크밴치에 저장이 될 것이라는 알림이다-명령 실행 후, Tree의 Part Body를 확인해본다.)

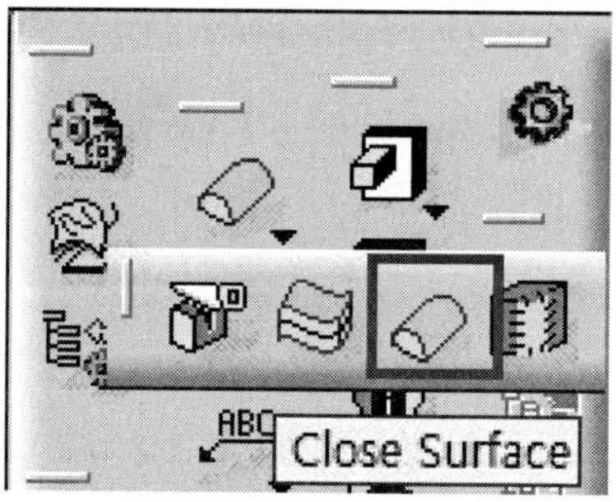

[그림 14.1] Close Surface 아이콘 모양

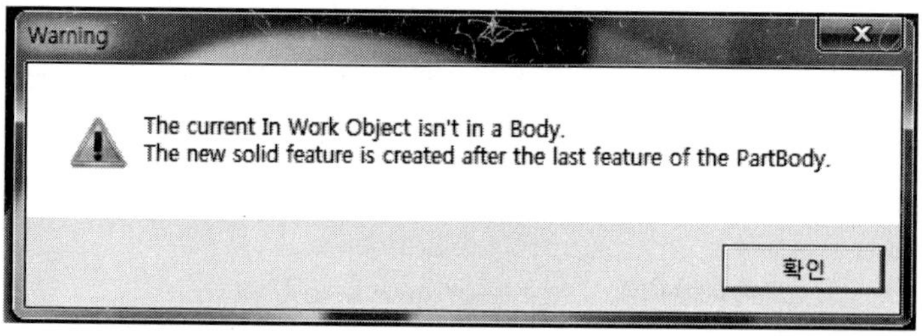

[그림 14.2] Close Surface 명령 실행 시 나타나는 Warning message - 확인 클릭

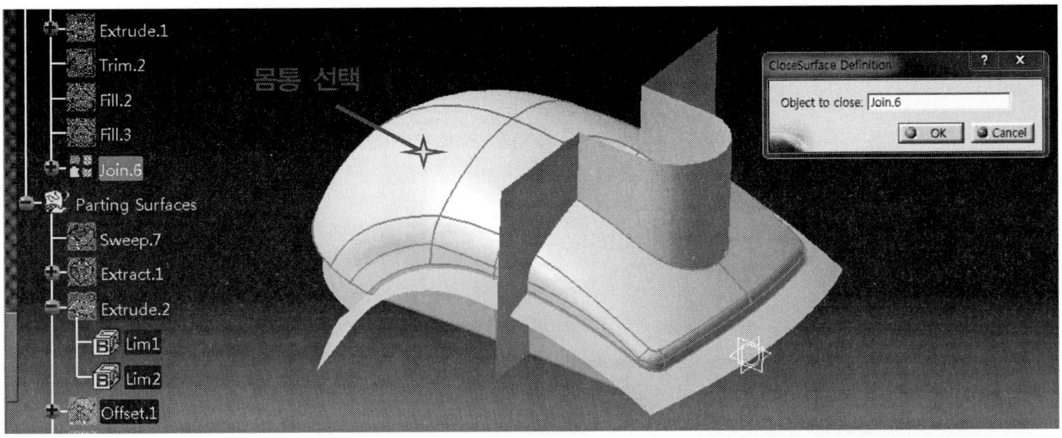

[그림 14.3] Mouse 몸통 모델을 선택하여 Close Surface 명령을 완료한다.

"Close Surface" 명령이 완료되고 나면 아무런 변화가 없어 보인다. 그러나 몸통 surface 내에 Solid model이 숨겨져 있다. 확인을 위해 Tree에서 "Geometrical Set.2"를 Hide시킨다.

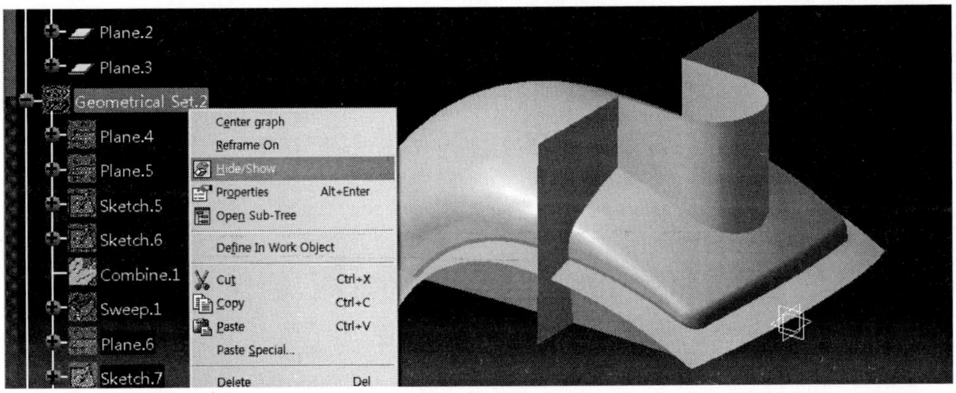

[그림 14.4] Geometrical Set.2를 Hide하면 Solid Model을 확인 할 수 있다.

15. Edge Fillet-모서리 라운딩

Edge Fillet 명령으로 마우스 휠 버튼 부분의 모서리를 라운드 처리 한다.

▶ Edge Fillet 명령 실행 〉 Radius 1 mm 〉 휠 버튼 Edge 선택 〉 Selection mode : Tangency 선택 〉 "OK"

[그림 15.1] Edge Fillet 아이콘 모양

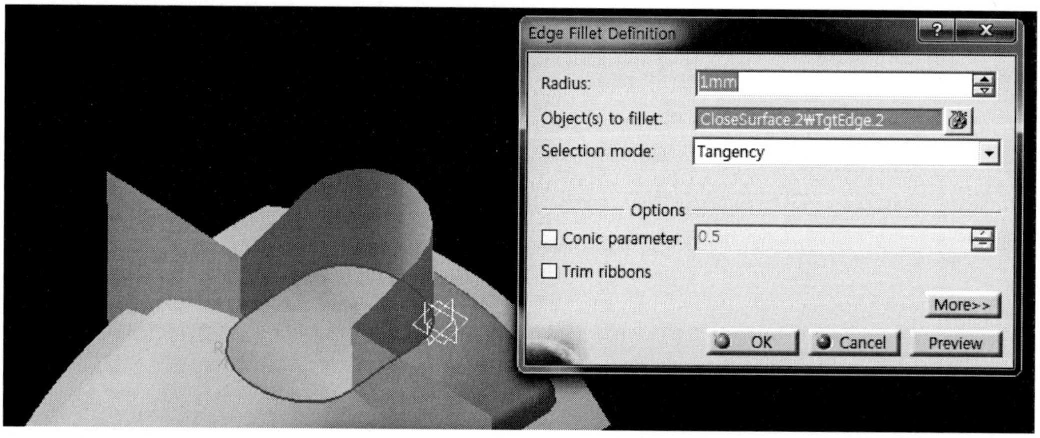

[그림 15.2] Edge Fillet 명령 상세 설정

16. Shell-일정 두께를 가지는 Solid Model 생성

현재 마우스 Solid model은 속이 꽉 찬 상태이다. 그러므로 속을 비워내고(공동) Shell 형태를 만들어 준다.

▶ Shell 명령 실행 〉 Inside thickness : 2.5 mm 〉 Outside thickness : 0 mm 〉 Face to remove: No selection 〉 "OK"

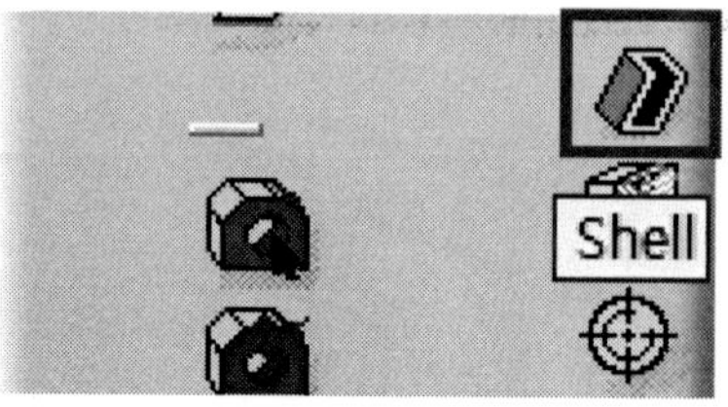

[그림 16.1] Shell 아이콘 모양

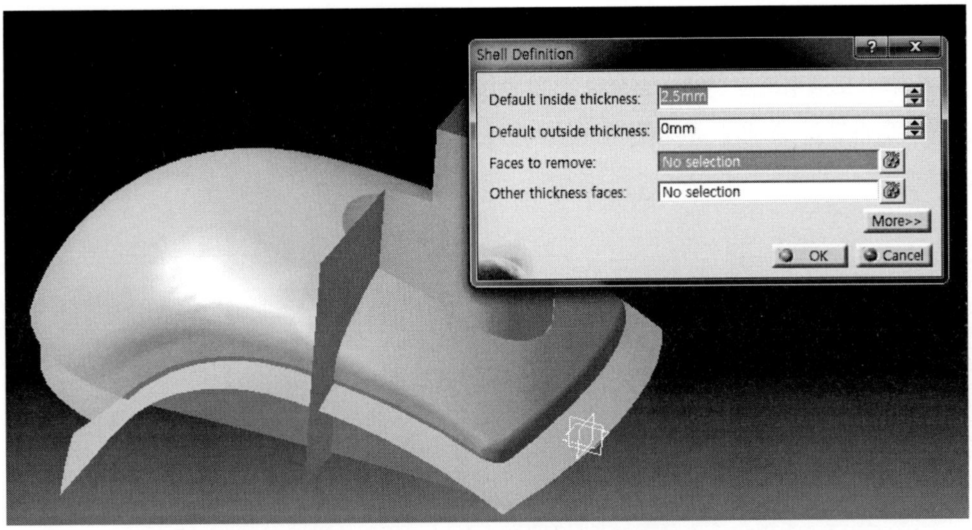

[그림 16.2] Shell 명령 상세 설정

이렇게 하면 두께 2.5 mm인 속이 빈 마우스 외형이 완성된다. 저장을 한 번 해준다.

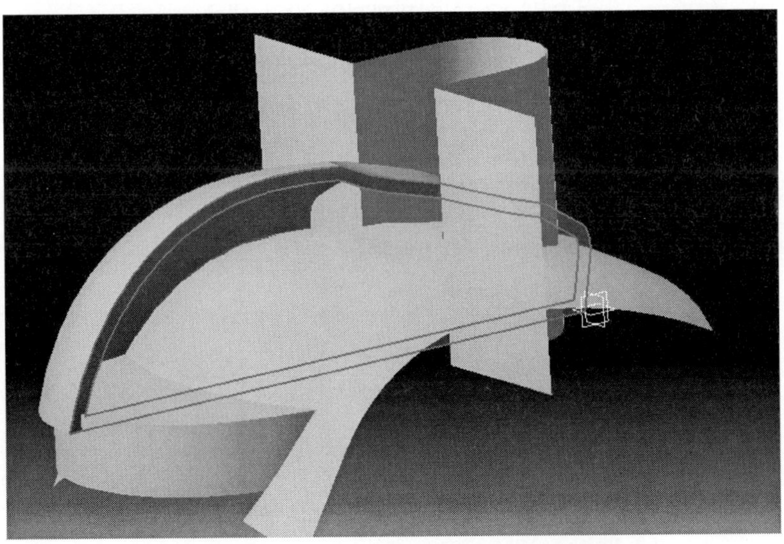

[그림 16.3] 속이 빈 마우스 모양 (Shell 형태)

17. Offset-일정거리 띄워서 면을 생성

현재까지의 모델링으로 마우스 전체 외형 이미지는 완성이 되었다. 그렇지만 실제 마우스는 버튼 부분에 약간의 틈새가 존재한다. 이 부분도 모델링에 표현하여 좀 더 detail을 살린 이미지를 완성해보자.

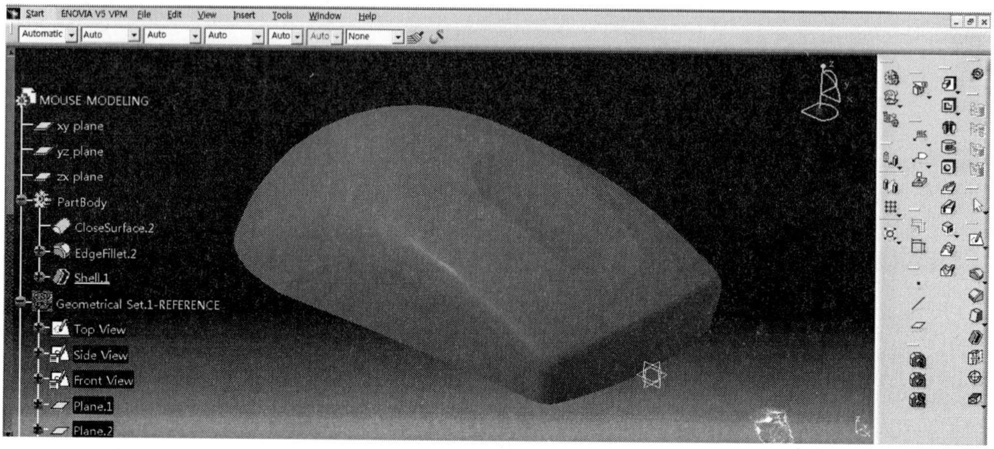

[그림 17.1] 현재까지의 작업 내용

Offset 명령을 실행하기 위해 "Generative Shape Design" 워크밴치로 이동한다.

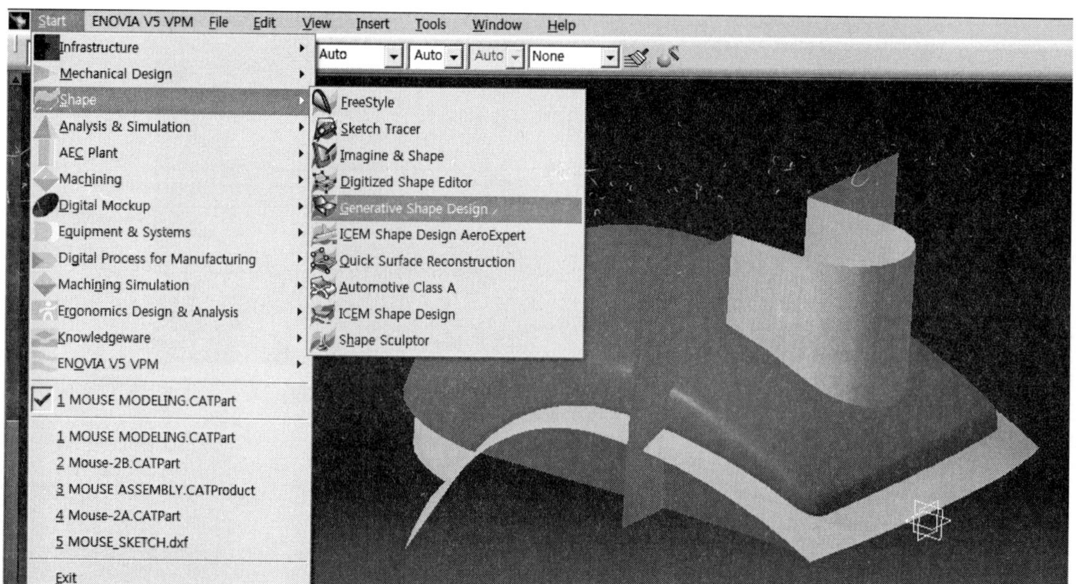

[그림 17.2] "Generative Shape Design" Workbench로 이동

[그림 17.3] Offset 명령 아이콘 모양

Offset 명령 실행한 후, Surface 선택(Trim.4) 하고 Offset 거리는 1 mm 입력한다. 방향은 위쪽 방향이다. “OK” 클릭

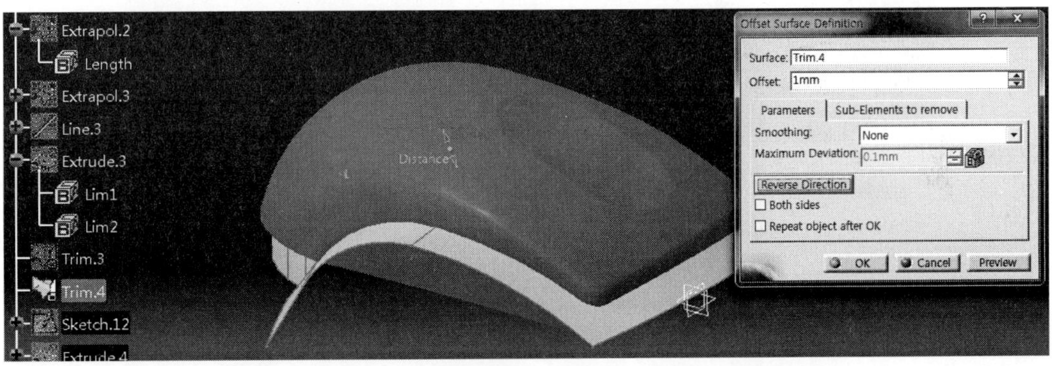

[그림 17.3] Offset 명령을 실행하여 새로운 면을 생성

18. Copy–객체 복사

“Generative Shape Design” 워크벤치에서 다시 Part workbench로 이동한다. Tree에서 Part Body 위에 마우스를 올리고, 마우스 우측 버튼을 클릭하여 Copy 한다.

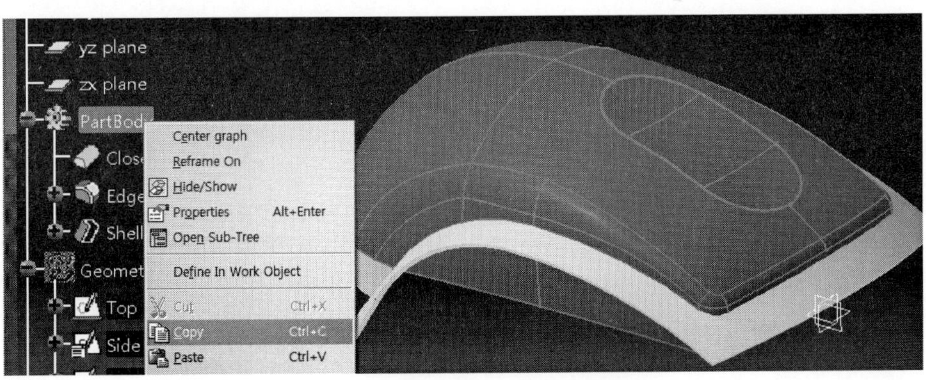

[그림 18.1] “PartBody” 를 복사한다.

Tree 최상단의 “MOUSE MODELING” 에서 마우스 우측버튼을 클릭하여 “Paste Special… ” 을 선택한다.

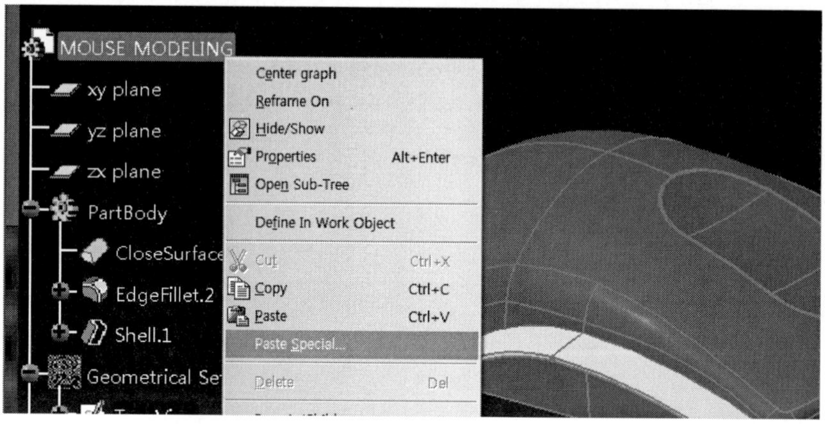

[그림 18.2] “Paste Special…” 로 붙여 넣기

“As Result” 를 선택하고 “OK” 클릭

[그림 18.3] “Paste Special…” 옵션에서 “As Result” 선택

Tree의 가장 아래에 “Body.2” 가 생성되었다. 화면에서는 구분을 할 수 없지만 마우스 모델 두 개가 겹쳐진 상태가 된 것이다.

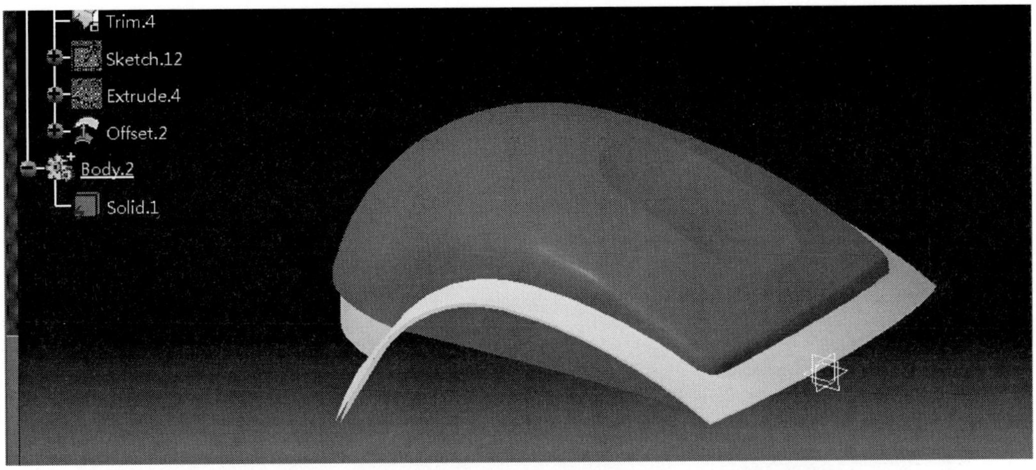

[그림 18.4] Tree의 가장 아래에 "Body.2" 가 생성되었다

이제 두 개의 마우스 모델과 두 개의 평면으로 마우스를 상하로 분리하여 보자.

19. Split & Define In Work Object-파트 분할과 작업영역선택

현재 상태에서 Tree를 잘 관찰해 보면, "Body.2" 에 밑줄이 그어져 있는 것을 볼 수 있다. 이것은 현재의 작업영역이 "Body.2" 임을 보여주는 것이다. 즉 어떠한 명령을 실행하면 " Body.2" 에서 이루어진다는 것이다.

Split 명령으로 윗부분을 잘라낸다. ▶ Split 명령 실행 〉 두 개의 Surface 중에 아래쪽 Surface 선택한다.(이때 화살표가 아래쪽을 향하고 있어야 한다. 만약 반대라면 화살표를 한 번 클릭 해준다.) 〉 "OK" (화살표 방향의 모델이 남고, 반대편은 사라진다.)

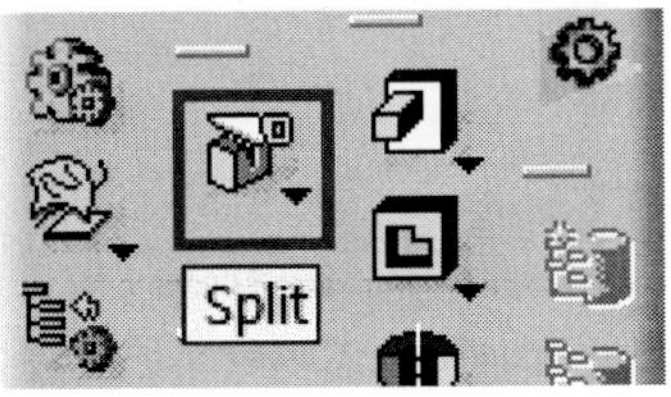

[그림 19.1] Split 명령 아이콘 모양

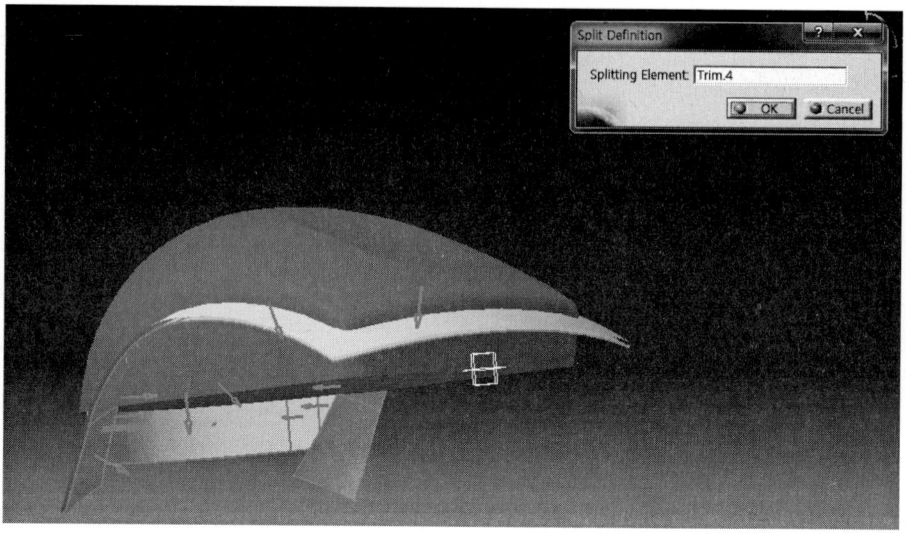

[그림 19.2] Split 명령으로 윗부분을 잘라낸다.

“Body.2” 의 윗부분을 잘라내더라도, 두 개의 Body가 있었으므로 윗부분이 남아 있는 것처럼 보인다. 이제 Body를 옮겨 Split를 이용해 아래 부분을 잘라내면 가운데 부분이 비워지게 된다. Tree의 상단에 위치한 “PartBody” 위에 마우스를 위치시키고 우측 버튼을 클릭하여 “Define In Work Object” 를 선택한다. 작업영역이 바뀌었다.

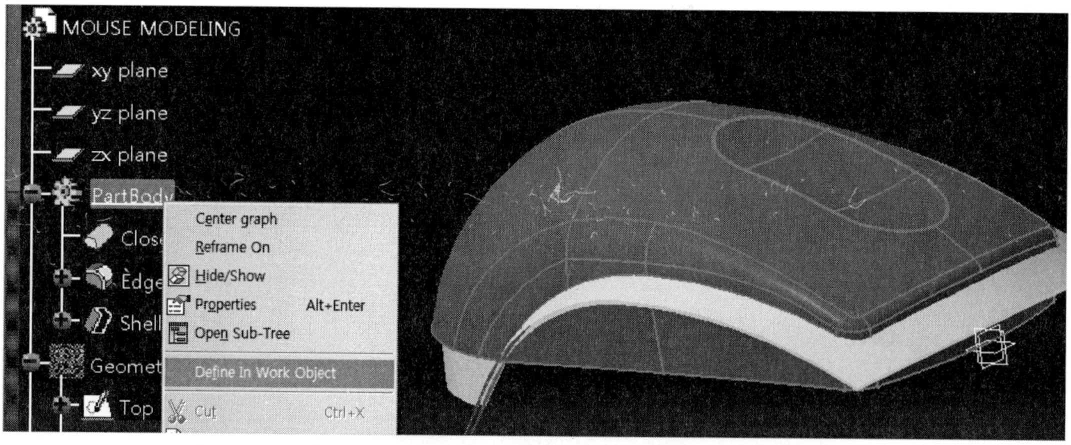

[그림 19.3] Define In Work Object로 작업영역을 지정한다.

▶ Split 명령 실행 〉 두 개의 Surface 중에 위쪽 Surface 선택한다.(이때 화살표가 위쪽을 향하고 있어야 한다. 만약 반대라면 화살표를 한 번 클릭 해준다.) 〉 “OK”

두 개의 Surface는 Hide시킨다. 그러면 상하가 분리된 모양의 마우스를 확인할 수 있다.

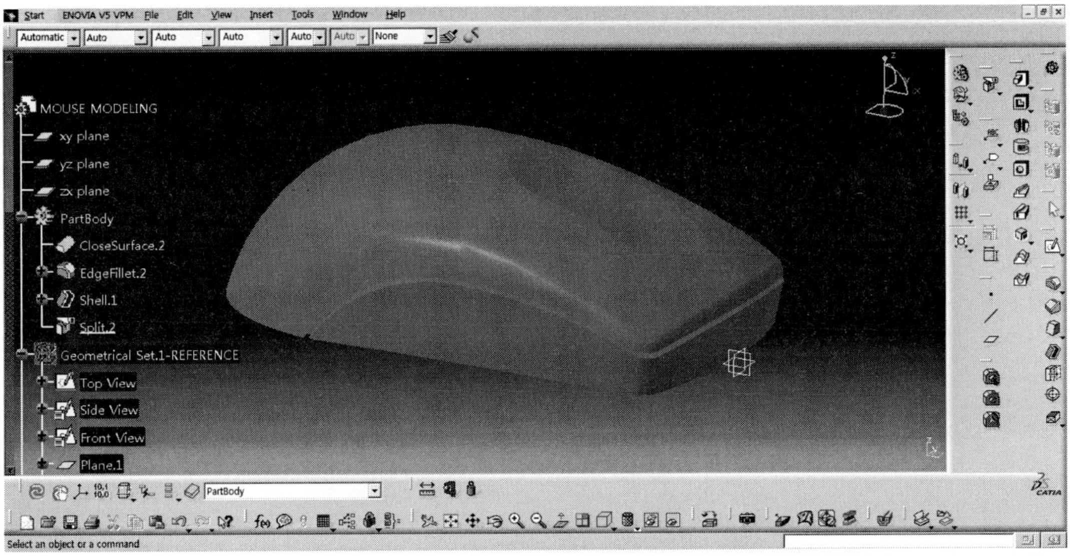

[그림 19.4] 상하가 분리된 마우스 모델

이제 버튼 부분을 분리하여 보자. 우선, Surface "Extrude.4" 를 Show시킨다.

[그림 19.5] Extrude.4를 Show시킨다.

마우스 상부의 좌, 우를 만들기 위해 상부가 2개 필요하다. 상부 모델을 Copy 하여 "Paste Special…" 로 붙여넣기 한다.(붙여넣기 옵션에서 "As Result" 를 선택한다.)

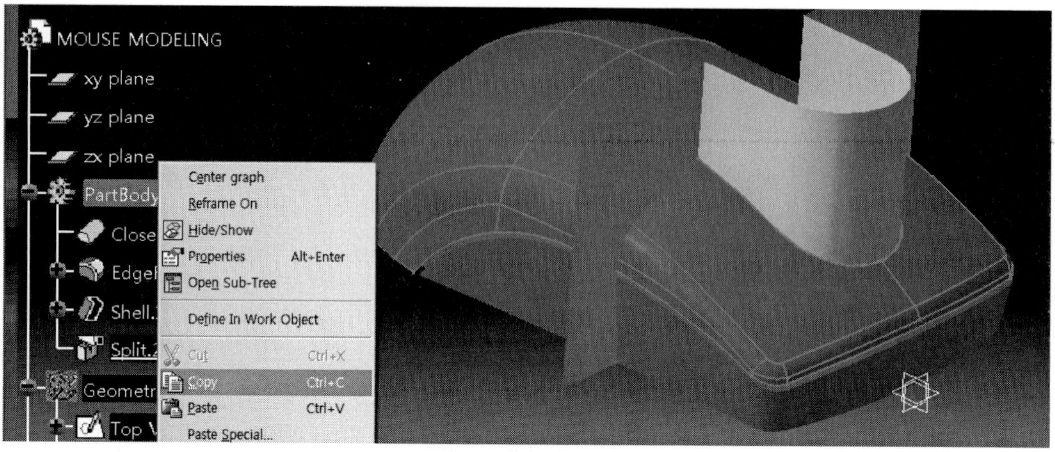

[그림 19.6] 마우스 상부 Copy

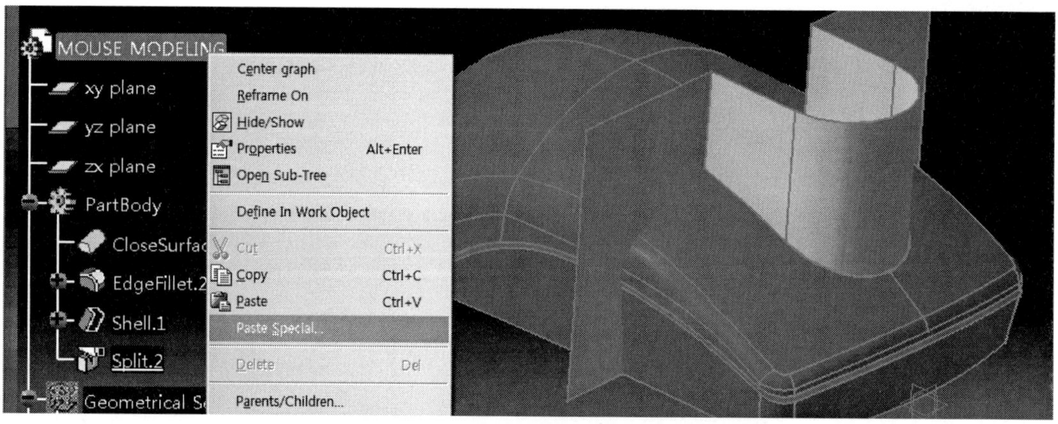

[그림 19.7] Paste Special로 붙여 넣기

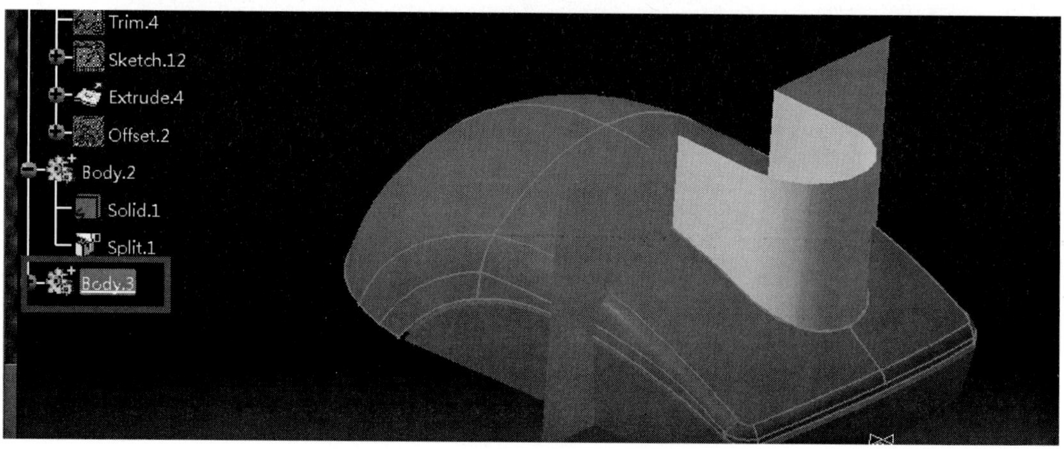

[그림 19.8] Tree에 Body.3이 생성된 모습

Surface 복사를 위해 "Generative Shape Design" 워크밴치로 이동한다. ▶ Offset 명령 실행 > Surface 선택 > Offset : 1 mm > 방향은 마우스 정면에서 뒤쪽 선택 > "OK"

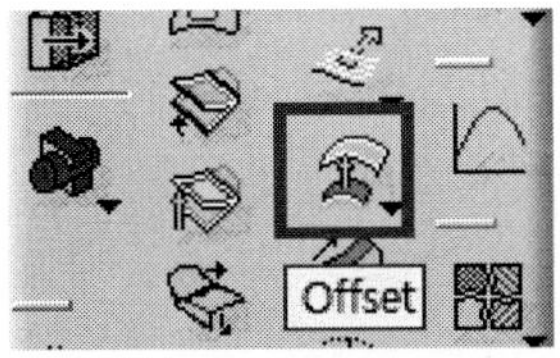

[그림 19.9] Offset 명령 아이콘 모양

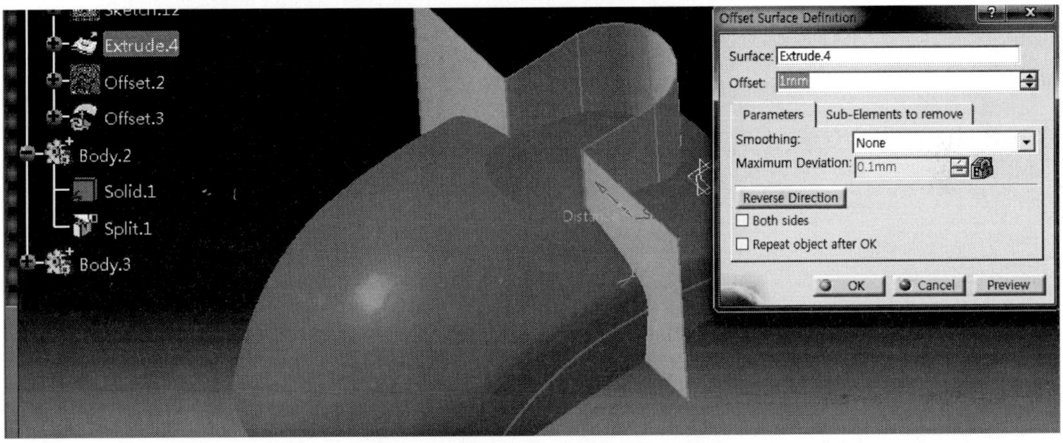

[그림 19.10] Offset 명령 세부 설정

[그림 19.11] Offset에 의해 뒤쪽으로 1 mm 떨어진 지점에 Surface가 생성

"Generative Shape Design" 워크밴치에서 다시 Part workbench로 이동한다. Tree의 상단에 위치한 "PartBody" 위에 마우스를 위치시키고 우측 버튼을 클릭하여 "Define In Work Object"를 선택한다. 작업영역이 바뀌었다.

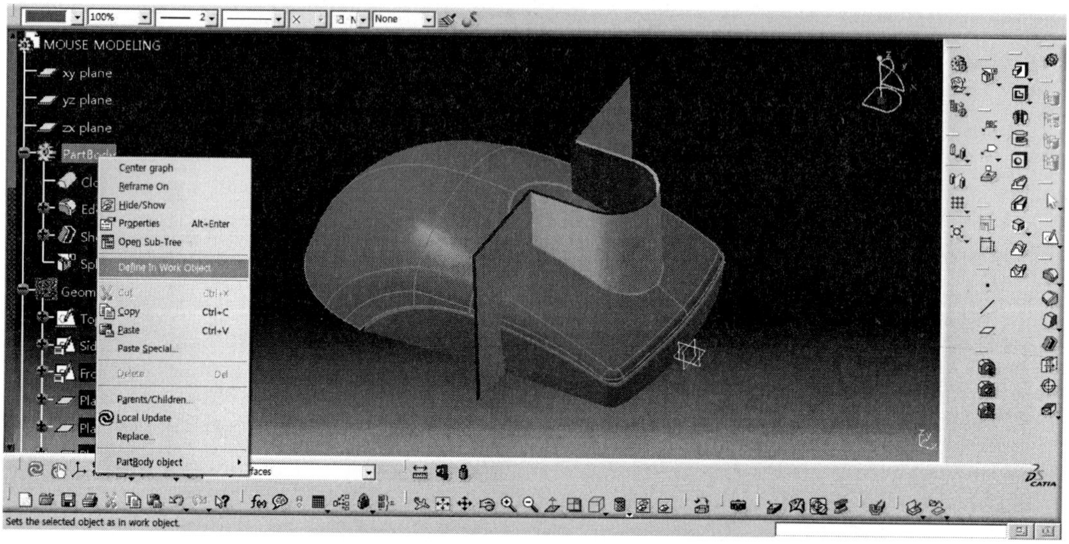

[그림 19.12] Define In Work Object로 작업영역을 지정한다.

Split 명령으로 앞부분을 잘라낸다. ▶ Split 명령 실행 〉 두 개의 Surface 중에 뒤쪽 Surface 선택한다.(이때 화살표가 뒤쪽을 향하고 있어야 한다. 만약 반대라면 화살표를 한 번 클릭해준다.) 〉 "OK"(화살표 방향의 모델이 남고, 반대편은 사라진다.)

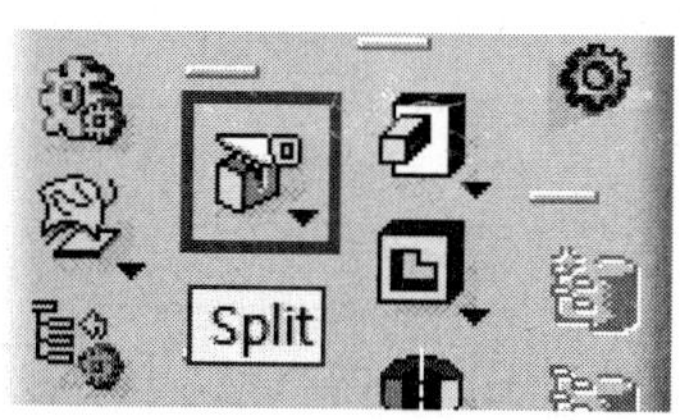

[그림 19.13] Split 명령 아이콘 모양

Tree의 최 하단에 위치한 "Body.3" 위에 마우스를 위치시키고 우측 버튼을 클릭하여 "Define In Work Object"를 선택한다.

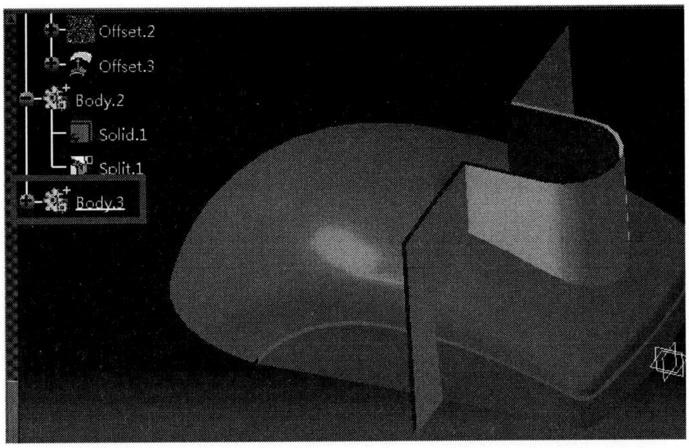

[그림 19.14] Body.3에 Define In Work Object 실행

▶ Split 명령 실행 〉 두 개의 Surface 중에 앞쪽 Surface 선택한다.(이때 화살표가 앞쪽을 향하고 있어야 한다.) 〉 "OK"

두 개의 Surface를 Hide시킨다. 완성된 모습을 볼 수 있다.

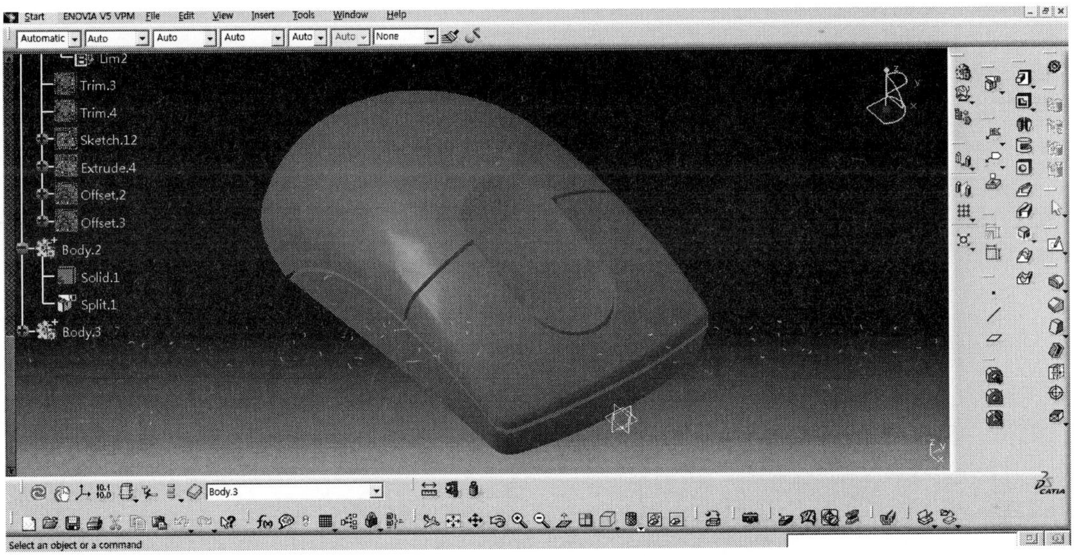

[그림 19.15] Mouse Modeling이 완성된 모습

Chapter 11 기계부품 Modeling과 Assembly

◆ V-BELT 전동장치

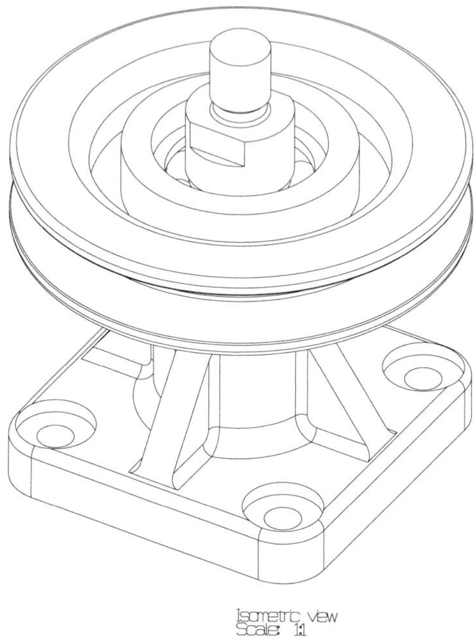

[그림 1.1] V-Belt 전동장치 Assembly

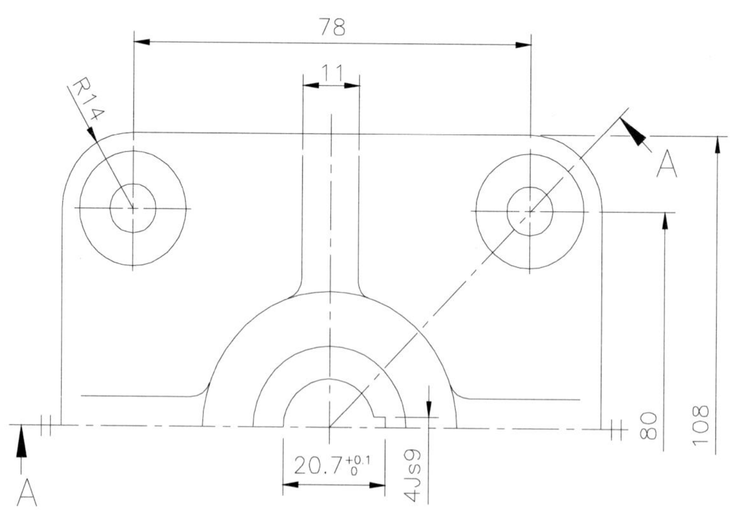

[그림 1.2] V-Belt 전동장치 Detail View

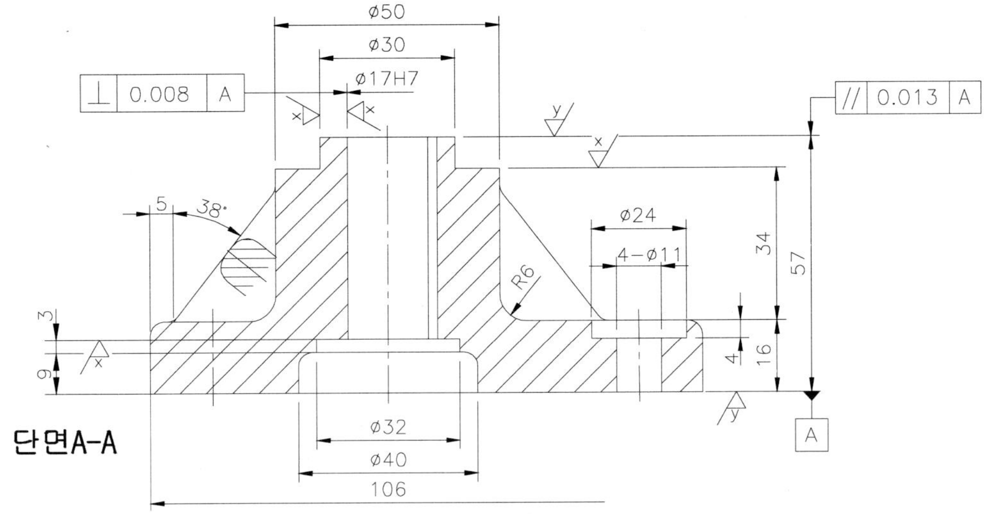

[그림 1.3] V-Belt 전동장치 Detail View

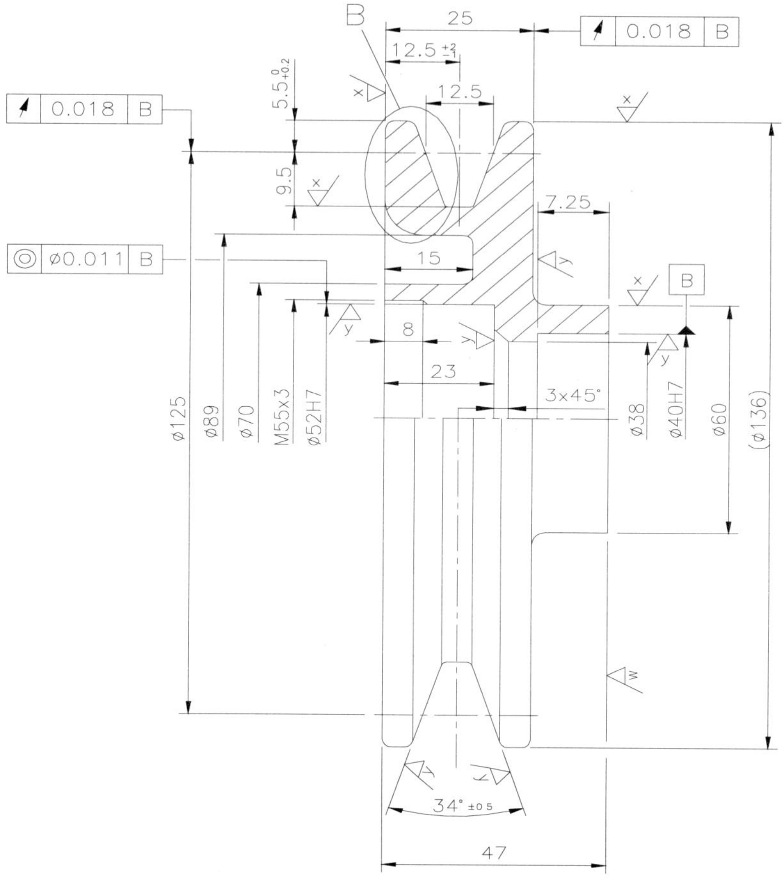

[그림 1.4] V-Belt 전동장치 Detail View

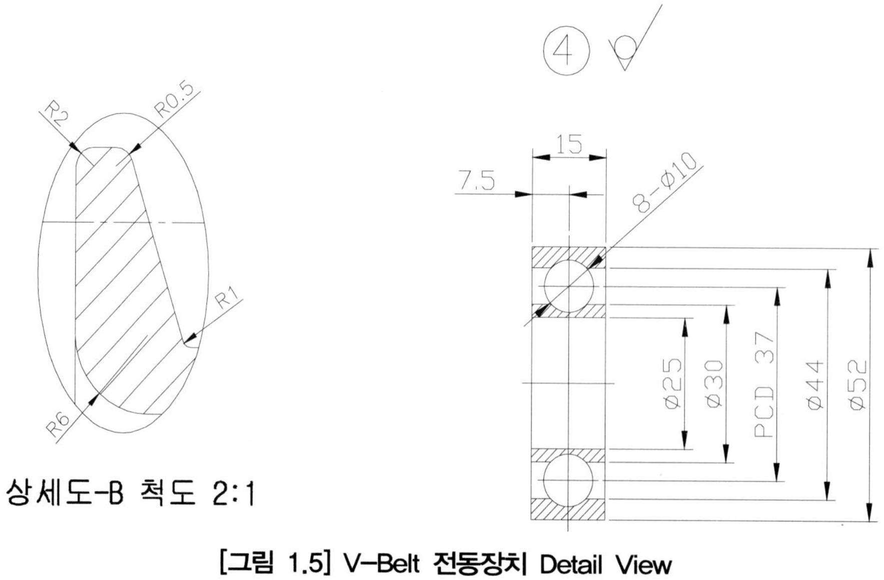

[그림 1.5] V-Belt 전동장치 Detail View

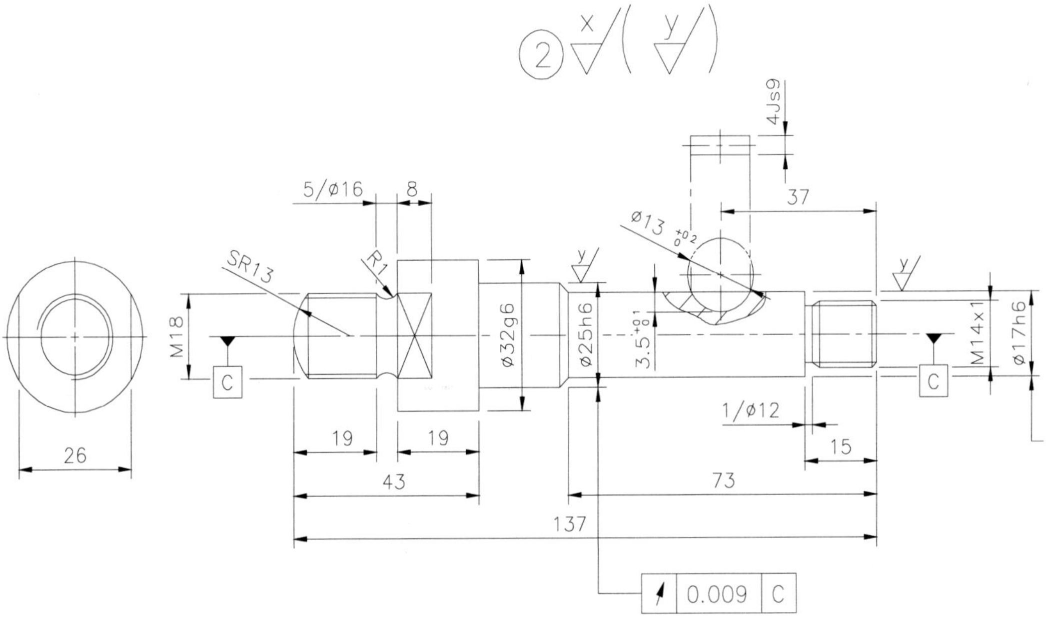

[그림 1.6] V-Belt 전동장치 Detail View

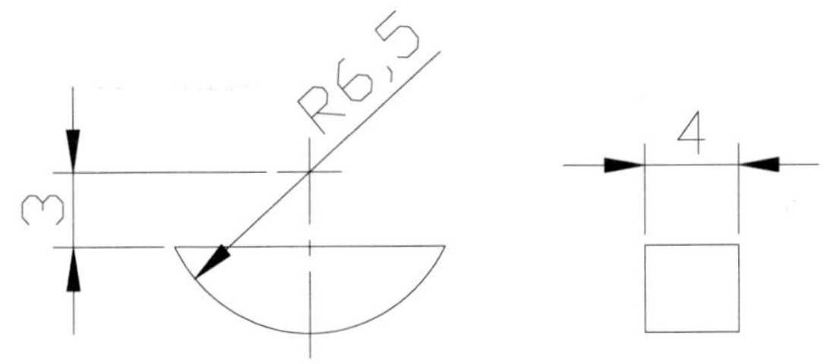

[그림 1.7] V-Belt 전동장치 Detail View

◆ 동력전달장치

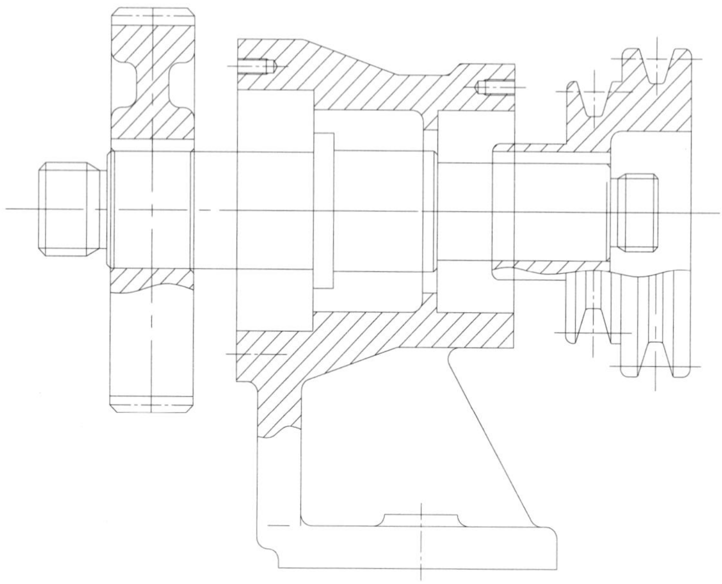

[그림 2.1] 동력전달장치 Assembly

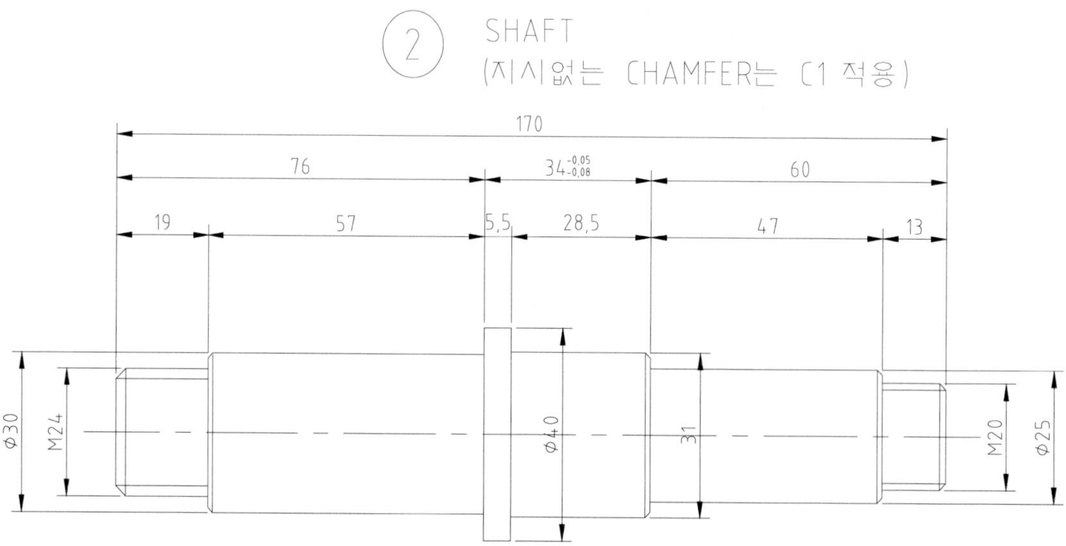

[그림 2.2] 동력전달장치 Detail Drawing

③ SPUR GEAR
(지시없는 FILLET은 R3 적용)

스퍼기어		
기어치형		표 준
공구	치형	보통이
	모듈	2
	압력각	20°
잇 수		50
피치원지름		Ø100
다듬질방법		호브절삭
정 밀 도		KS B 1405, 5급

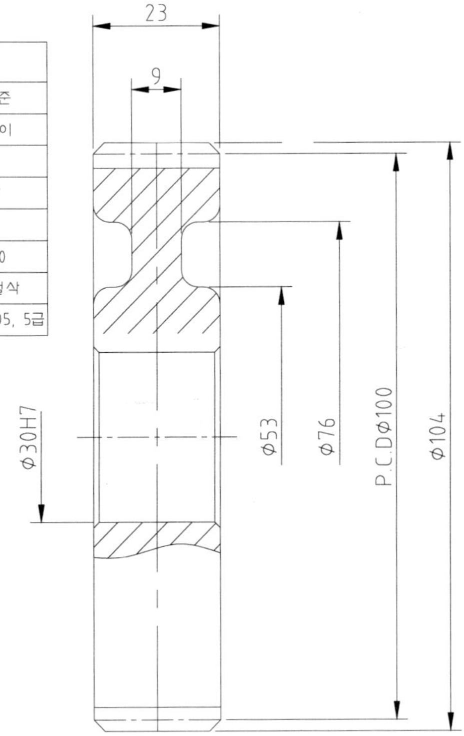

[그림 2.3] 동력전달장치 Detail Drawing

⑤ BEARING
(지시없는 FILLET은 R1 적용)

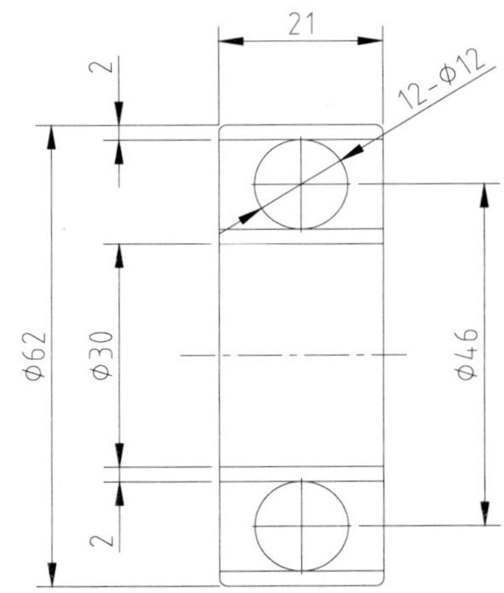

[그림 2.4] 동력전달장치 Detail Drawing

④ V-BELT PULLY
(지시없는 FILLET은 R1 적용)

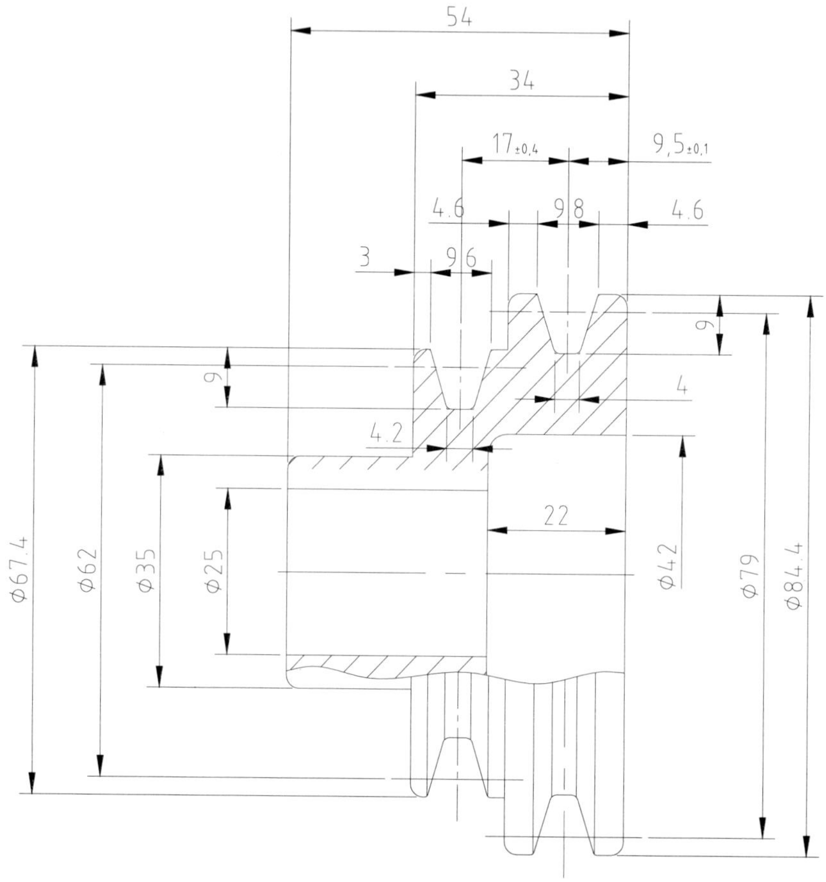

[그림 2.5] 동력전달장치 Detail Drawing

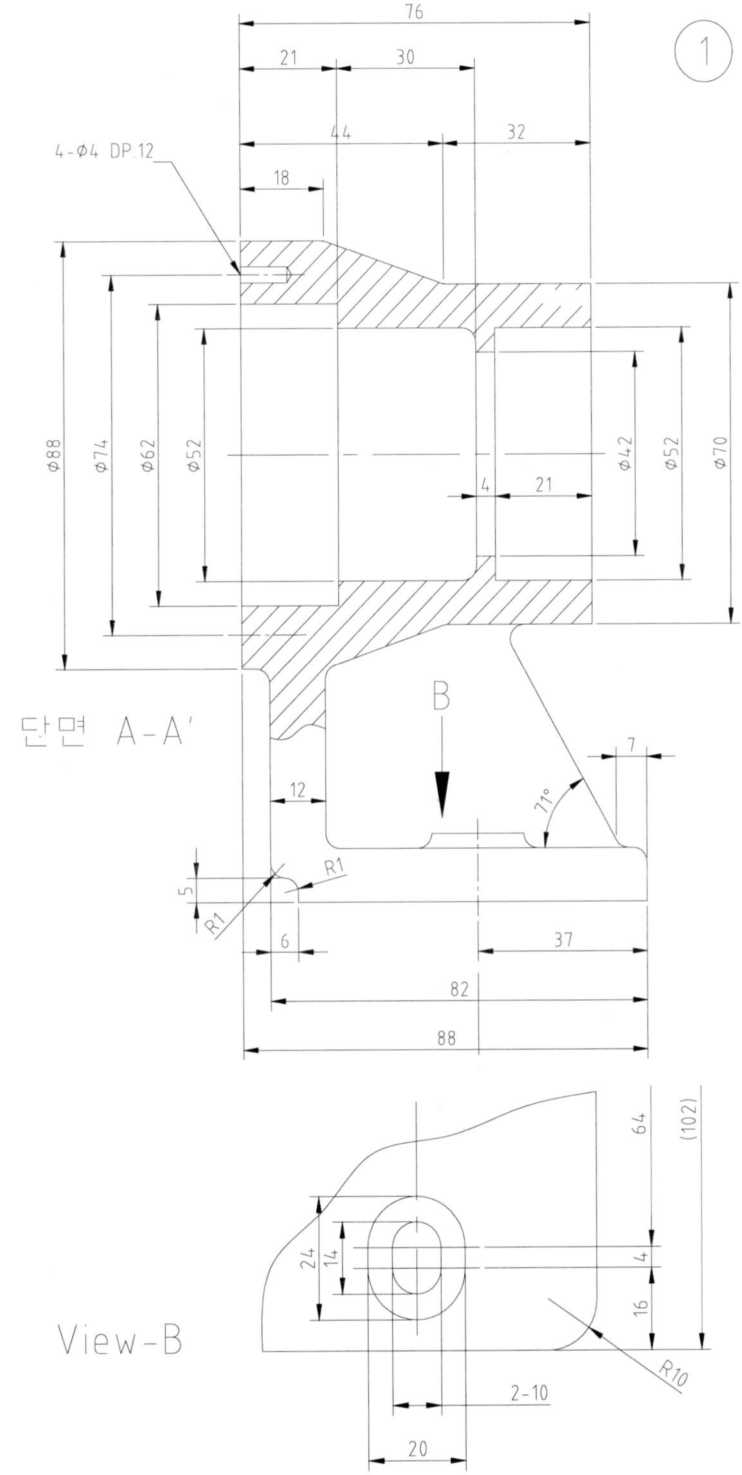

[그림 2.6] 동력전달장치 Detail Drawing

① HOUSING
(지시없는 FILLET은 R3 적용)

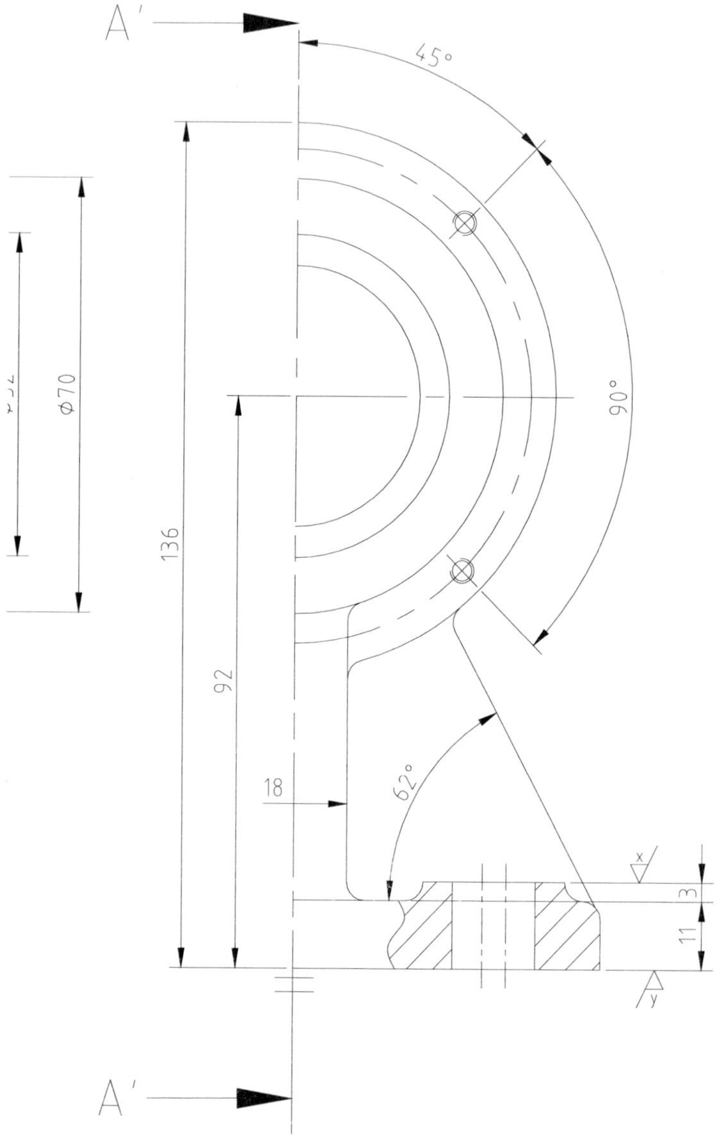

[그림 2.7] 동력전달장치 Detail Drawing

◆ 편심구동장치

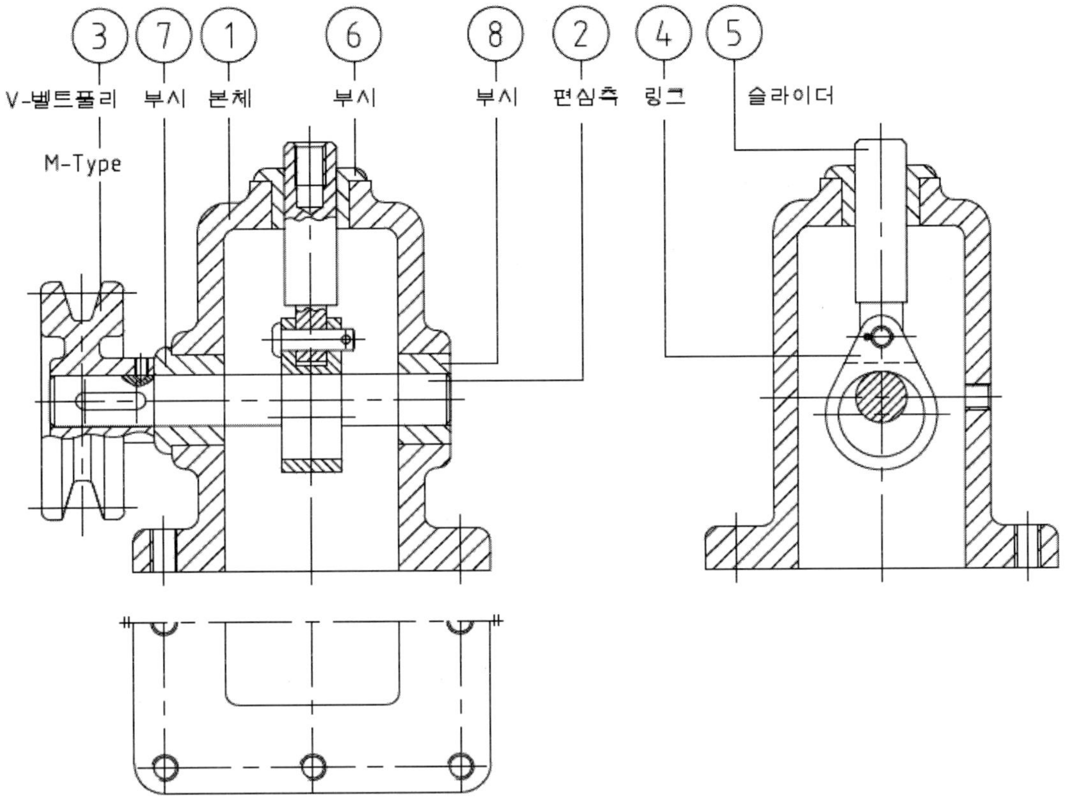

[그림 3.1] 편심구동장치 Assembly Drawing

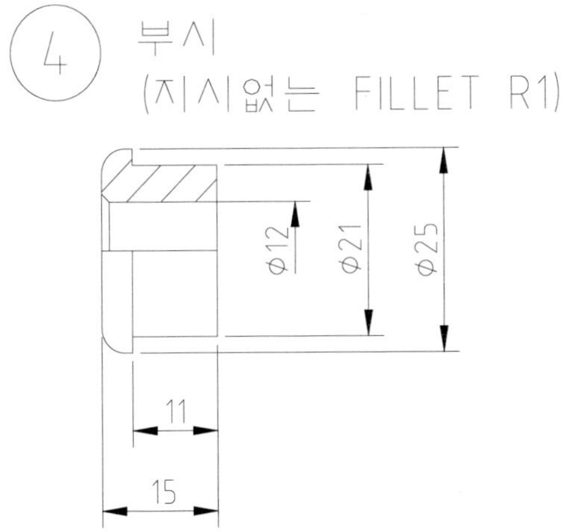

[그림 3.2] 편심구동장치 Detail Drawing

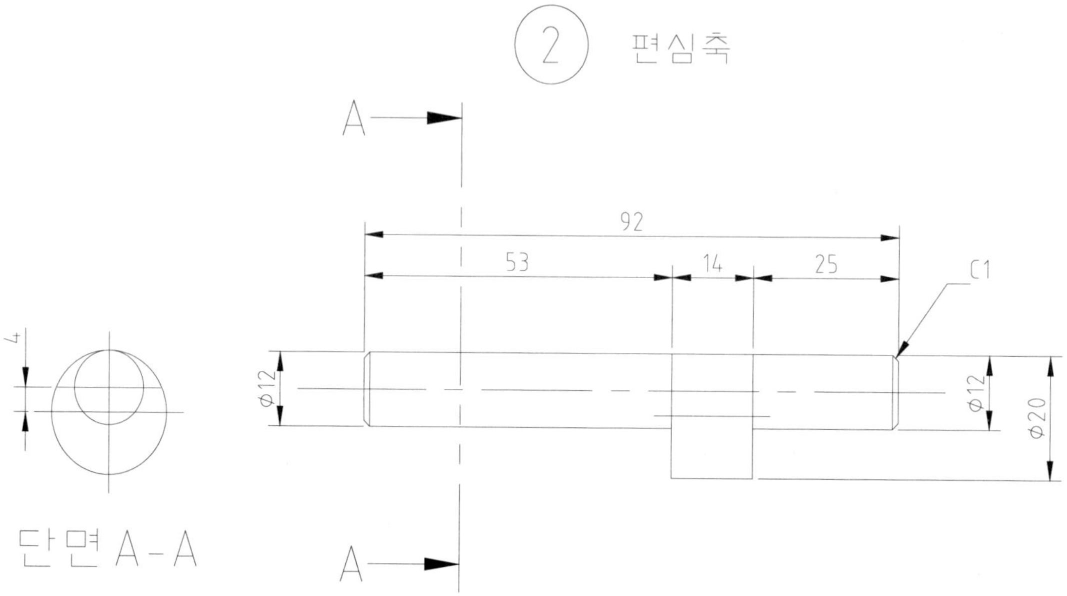

[그림 3.3] 편심구동장치 Detail Drawing

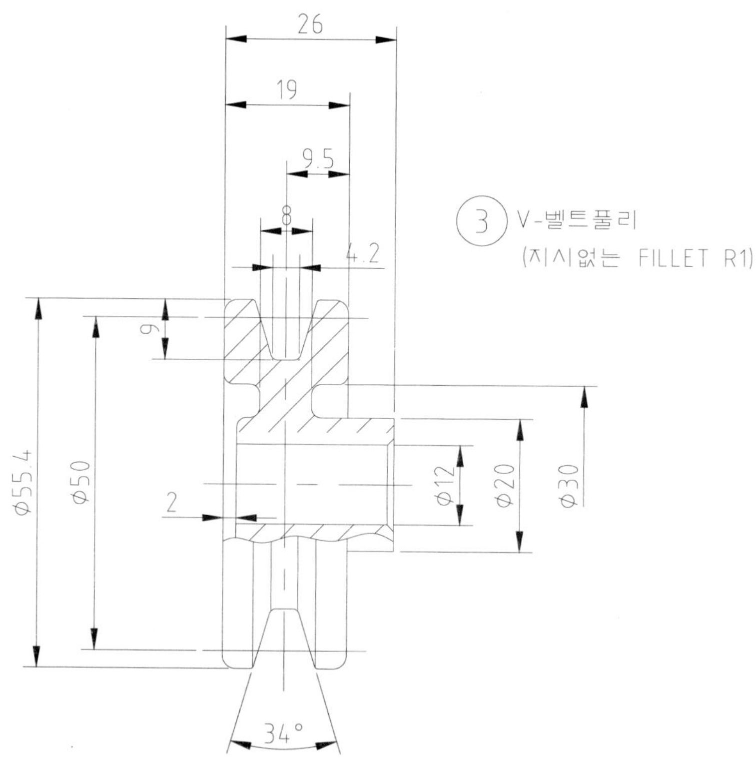

[그림 3.4] 편심구동장치 Detail Drawing

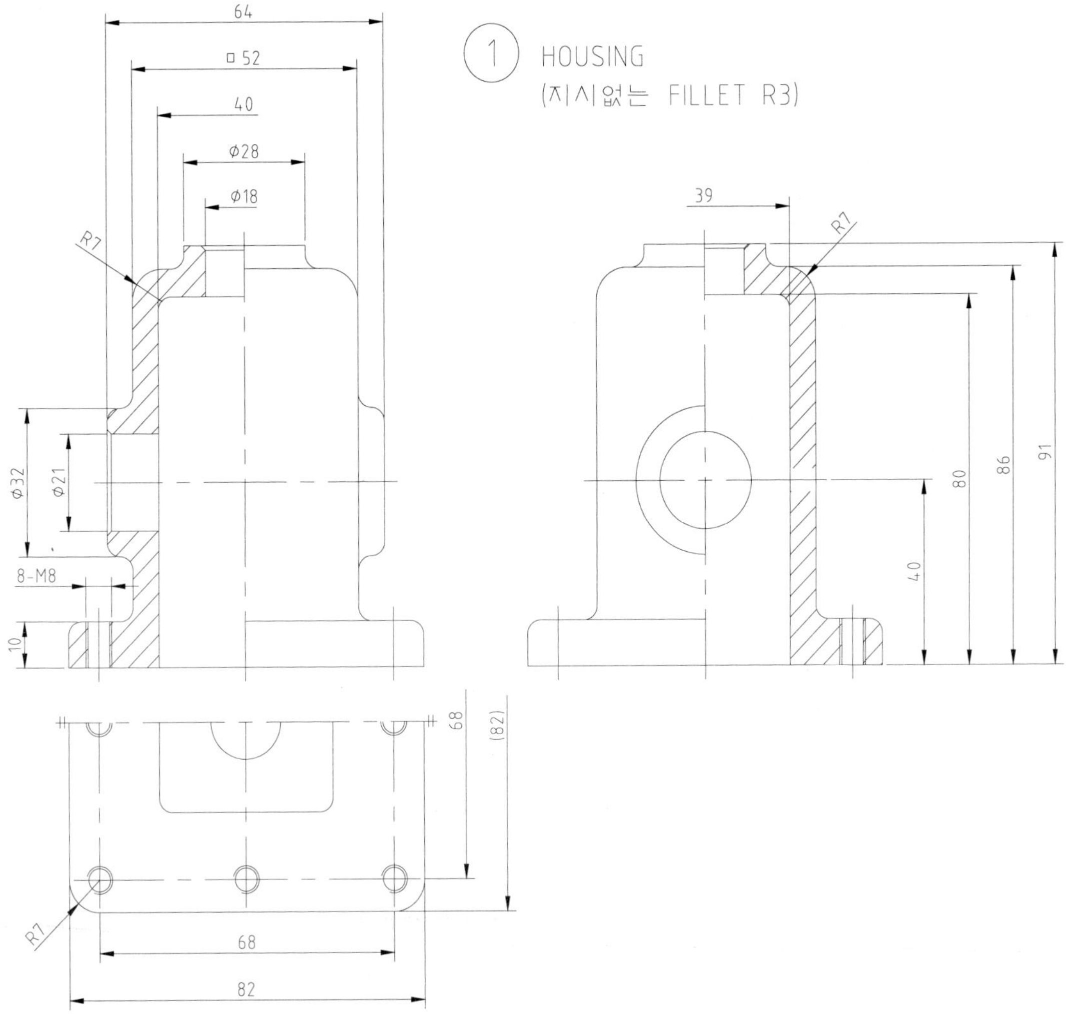

[그림 3.6] 편심구동장치 Detail Drawing

Chapter 12 표제란 만들기 (Title Block)

이번 장에서는 자신만의 Title block을 만들고 도면작성시(Drafting) Title block을 불러오는 방법에 대해 알아본다.

1. Title block 만들기

1.1 다음의 순서로 "Drafting workbench" 작업환경으로 이동한다.

▶ Start 〉 Mechanical Design 〉 Drafting

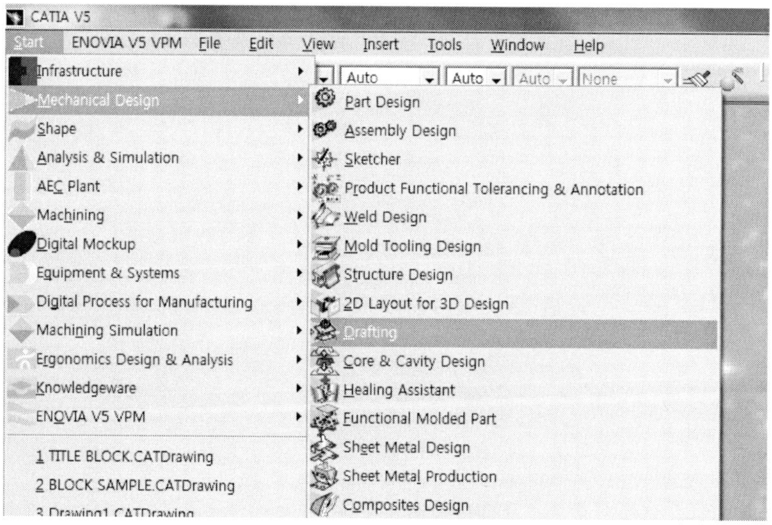

[그림 1.1.1]

아래와 같은 Pop-up 화면이 나타나면 (그림1.1.2) 그대로 두고 (Default) "OK" 를 클릭한다.

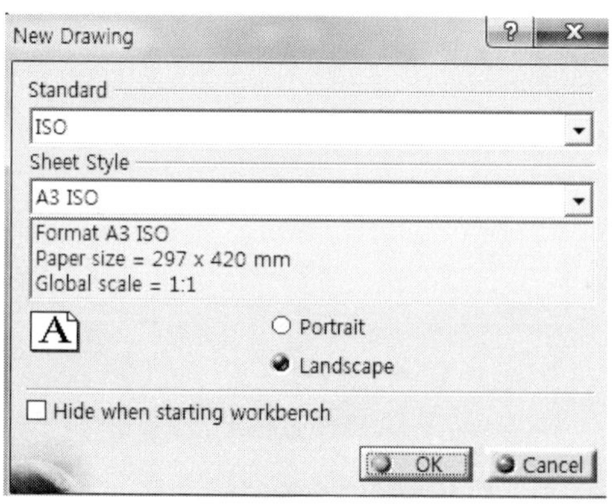

[그림 1.1.2]

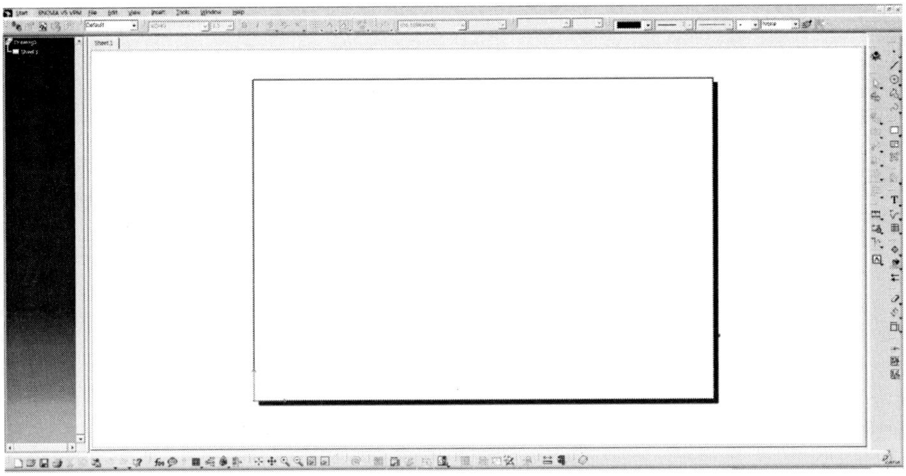

[그림 1.1.3]

(그림 1.1.3)과 같이 "Drafting workbench" 로 이동이 된다. (그림1.1.4)와 같이 왼쪽의 Tree에서 "Sheet 1" 에 마우스를 올려놓고 우측버튼을 클릭한다.

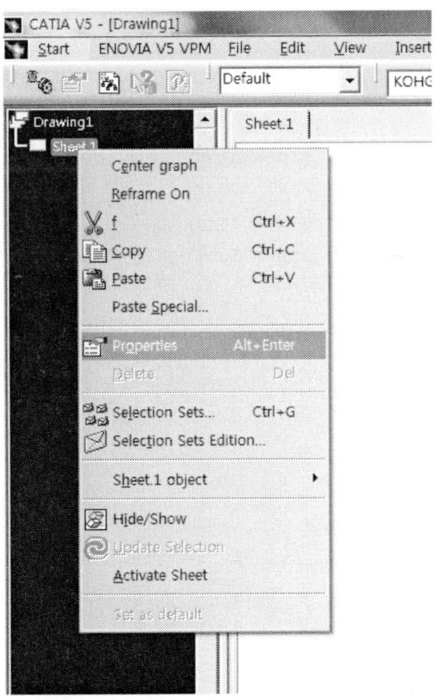

[그림 1.1.4]

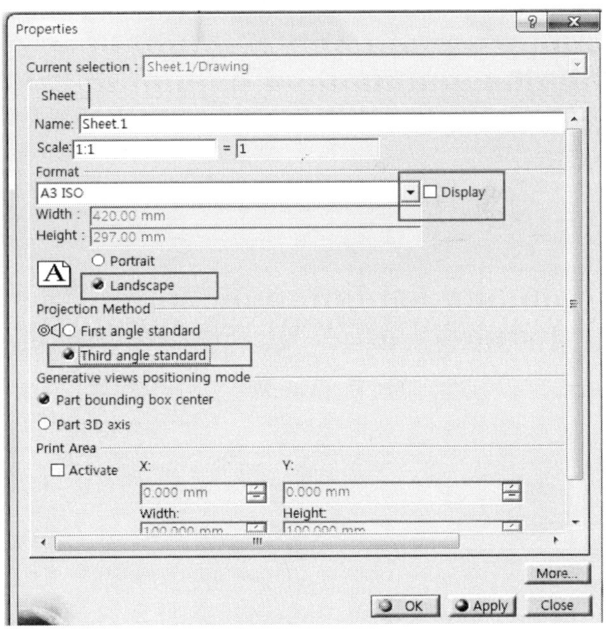

[그림 1.1.5]

(그림1.1.5)와 같이 설정을 한 후 "OK" 클릭

1.2 표제란 작성을 위해 “Sheet Background” 로 이동한다. (그림1.2.1)

▶ Edit 〉 Sheet Background

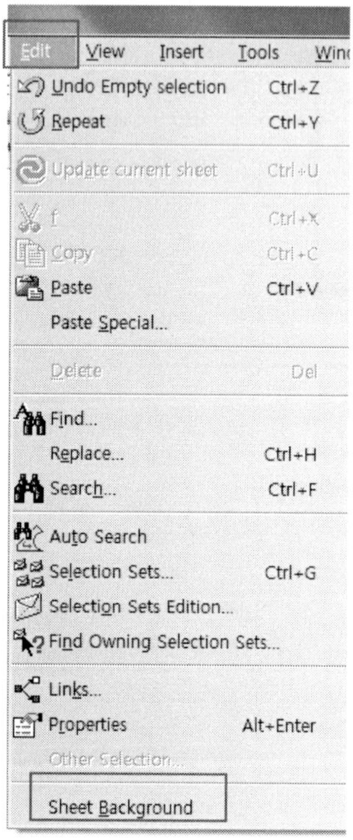

[그림 1.2.1]

[그림 1.2.2]

(그림1.2.2)와 같이 “Sheet Background” 화면의 우측상단에 “Frame and Title Block” 아이콘을 클릭한다. 그다음 (그림1.2.3)과 같은 Pop-up창이 나타나면, “Drawing Title block Sample 1” 을 선택하고 “Create” 를 선택 후, “OK” 클릭

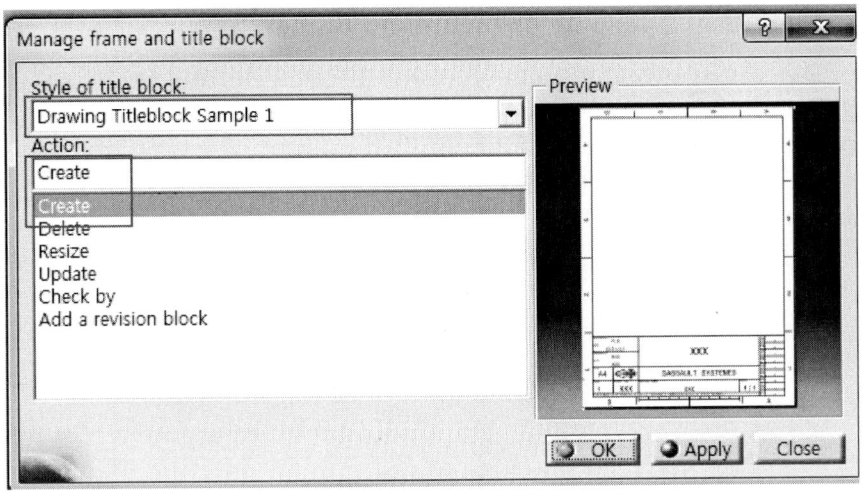

[그림 1.2.3]

Sample 1 표제란이 나타나면, (그림1.2.4)와 같이 자신이 원하는 표제란을 만든다.

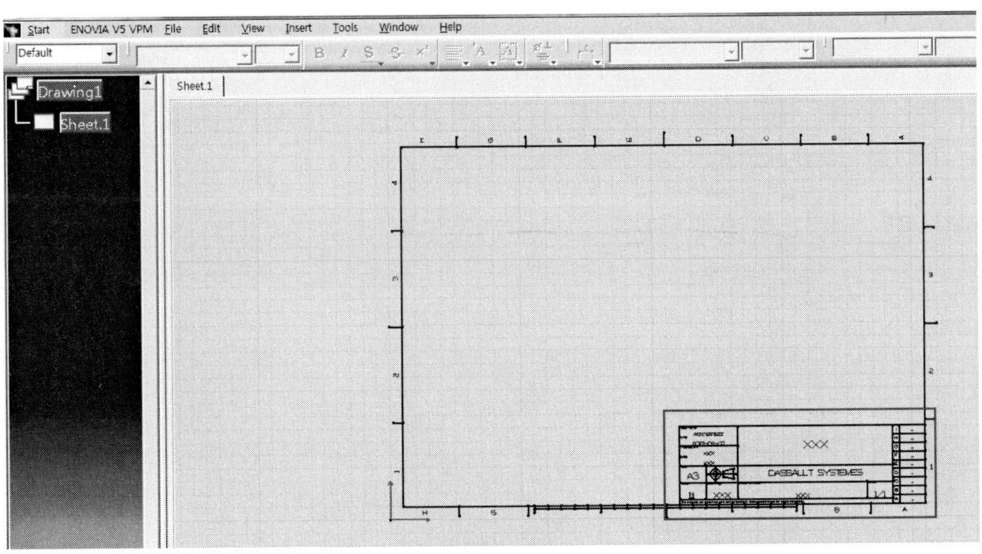

[그림 1.2.4]

글자(Text)를 수정하려면, 수정할 글자를 더블클릭하여 수정할 수 있다. Text style을 편집하려면, Text를 선택하고 마우스 오른쪽버튼을 클릭한다. 그리고 "Properties"를 선택하면 (그림1.2.5)와 같은 Pop-up 화면이 나타나는데, 여기서 여러 가지 Text style을 편집할 수 있다.

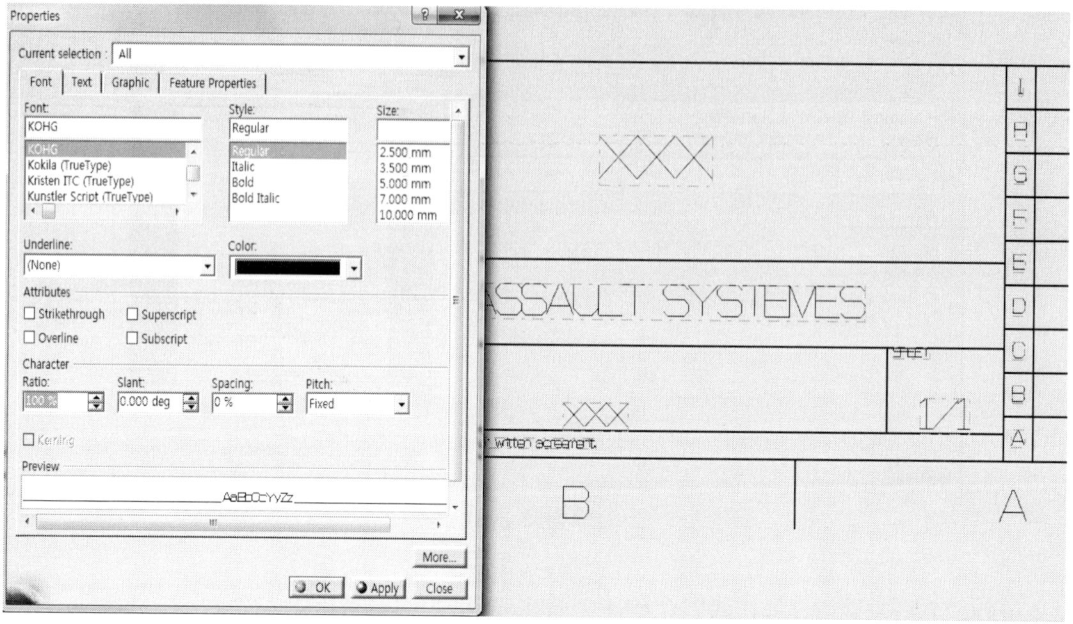

[그림 1.2.5]

표제란을 원하는 상태로 편집하였다면 저장을 하고 여러 도면에 계속해서 사용할 수 있다. 이제 "Sheet Background" 화면을 마무리하고 "Working View" 로 돌아가서 표제란을 저장한다.

▶ Edit 〉 Working Views 〉 Save to Your Folder

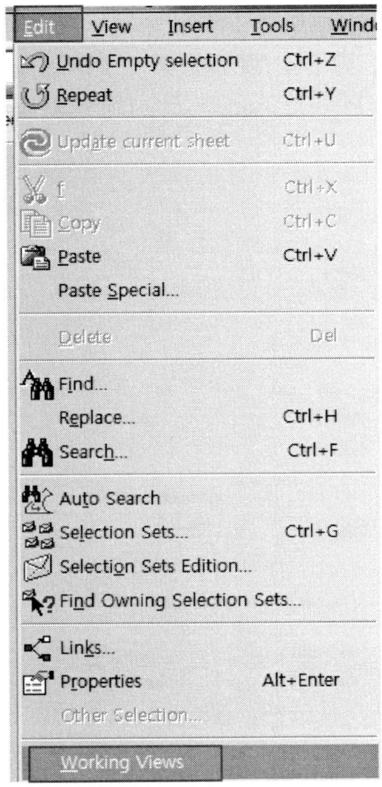

[그림 1.2.6]

▶ Working View는 도면작업을 하는 환경을 말한다.

▶ Sheet Background는 도면작업이 아닌 배경화면 즉, title block 공간을 말한다.

<Note>

"Working View" 환경에서는 "Sheet Background" 의 표제란을 수정하거나 선택하지 못하며, 반대로 "Sheet Background" 환경에서는 "Working View" 의 내용을 선택하거나 수정하지 못한다.

2. Title block 불러오기 (Insert Title block)

자신이 작업한 3D model을 도면화시키기 위해서는 "Drafting" workbench 환경에서 작업을 하여야 한다.

▶ Start 〉 Mechanical Design 〉 Drafting

"Drafting" workbench에 들어오면, 제일 먼저 Title block(표제란)을 불러와야한다. CATIA에서 기본으로 제공하는 표제란이 있으나, 이것을 수정 없이 바로 사용하는 경우는 아마도 없을 것이다. 앞에서 Title block 만들기로 작업해둔 자신만의 Title block을 불러와서 사용하면 된다.

▶ File 〉 Page Setup…

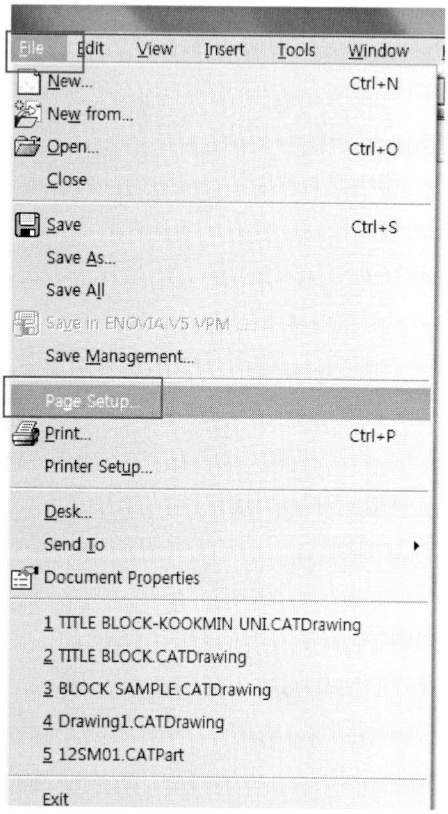

[그림 2.1]

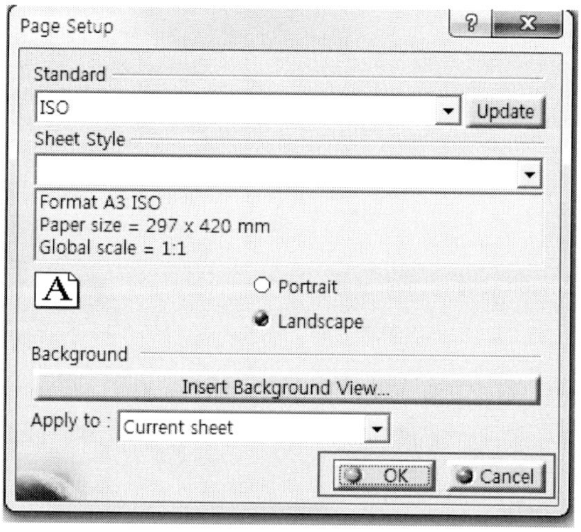

[그림 2.2]

(그림 2.2)와 같은 창이 나타나면 "Insert Background View…" 를 클릭한다. (그림2.3)과 같은 창이 나타나면 "Browse…" 를 클릭하여 자신의 Title block을 찾아서 선택하고 "Insert"를 클릭한다.

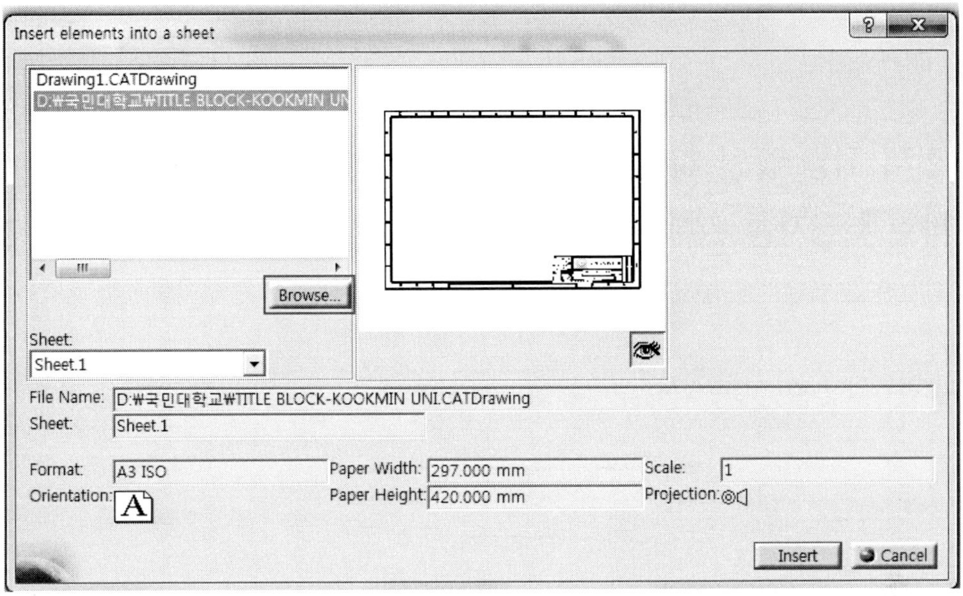

[그림 2.3]

Title block을 불러온 모습 (그림2.4)

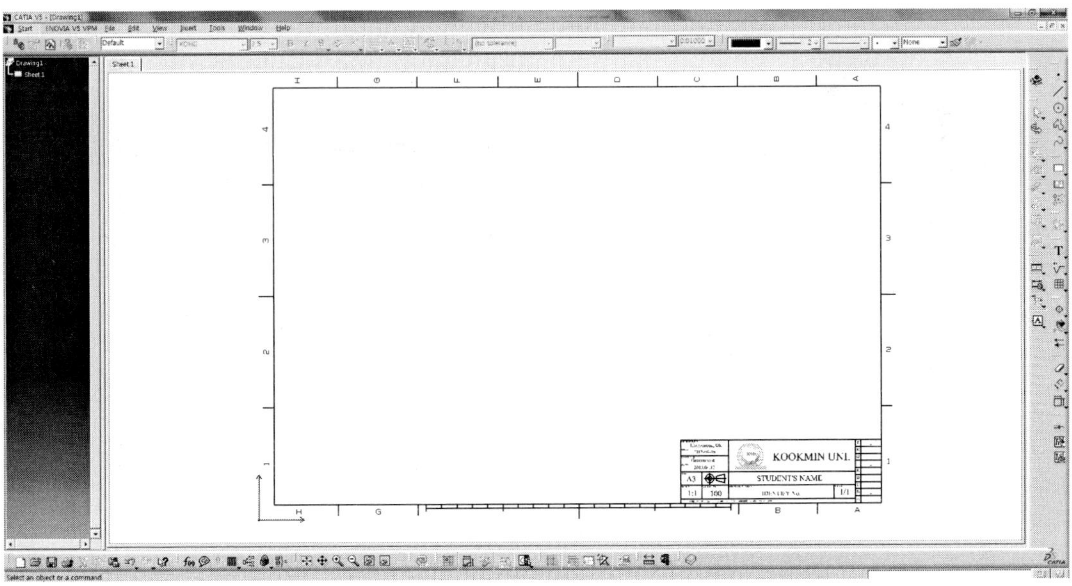

[그림 2.4]

이제 도면화작업(Drafting)을 시작하면 된다.

Chapter 13

다른 이름으로 저장

▶ File 〉 Save as…

1. 현재 작업 중인 파일을 다른 이름으로 저장할 수 있다.

2. 파일 확장자를 원하는 format(확장자)로 변경하여 저장할 수 있다.

꼭 필요한 모델정보만 저장되므로 파일용량이 많이 줄어든다.

◆ 저장가능한 format(확장자)

(1) *.stl
(2) *.igs
(3) *.model
(4) *.stp
(5) *.3dmap
(6) *.3dxml
(7) *.cgr
(8) *.hcg
(9) *.icem
(10) *.NavRep
(11) *.vps
(12) *.wrl

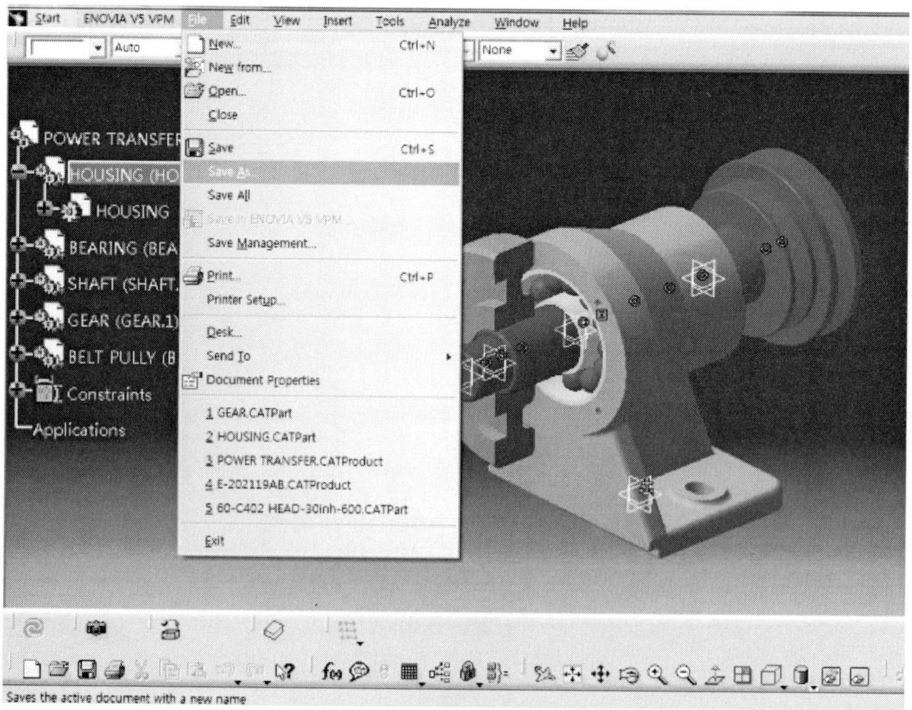

[그림 1.1]

[그림 2.2]

3. 확장자를 변경하여 저장하면 다른 프로그램에서도 모델을 열 수 있다.

예를 들어, CATIA 상위버전에서 작업한 내용을 구 버전에서도 읽을 수가 있다. 이때, 대부분 완벽하게 지원이 되나 가끔 호환이 되지 않는 경우도 있다.

4. Save as… 로 확장자를 변경하여 저장할 때, 저장환경에 대한 설정을 할 수 있다.

▶ Tools 〉 Options… 〉 Compatibility 〉 STEP

(그림 4.2)의 화면에서 확장자 변경에 따른 저장환경을 설정할 수 있다.(특별한 경우가 아니면 초기설정으로 두고 사용할 것)

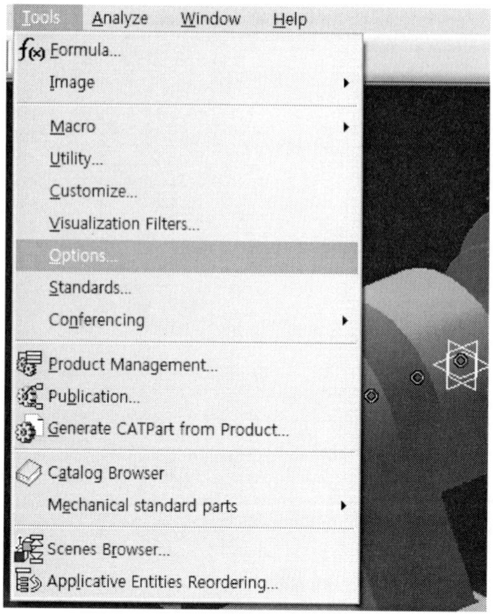
Tools
Analyze
Window
Help
Formula...
Image
Macro
Utility...
Customize...
Visualization Filters...
Options...
Standards...
Conferencing
Product Management...
Publication...
Generate CATPart from Product...
Catalog Browser
Mechanical standard parts
Scenes Browser...
Applicative Entities Reordering...

[그림 4.1]

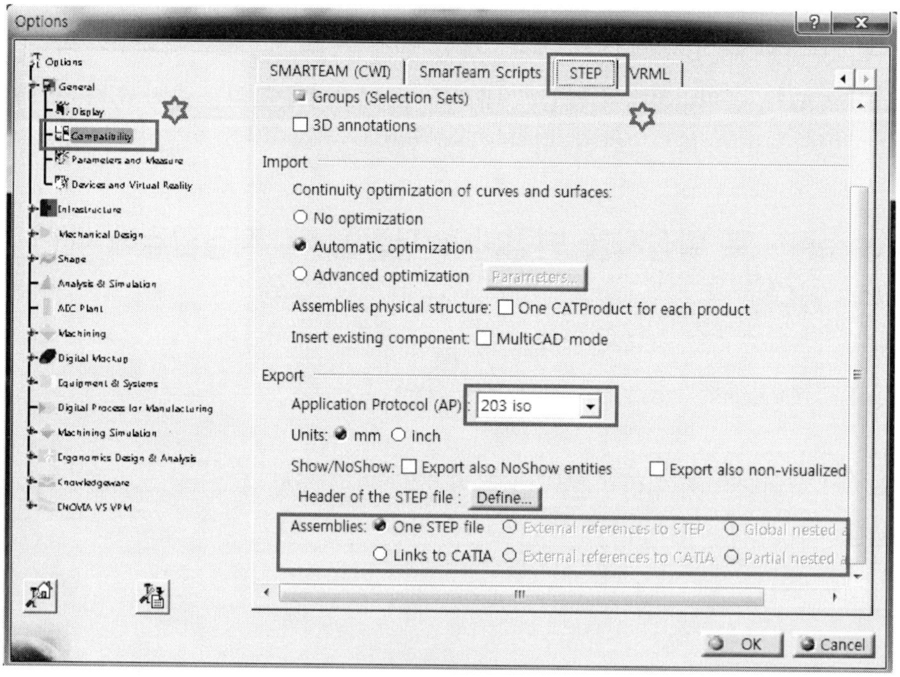
Options
SMARTEAM (CWI)
SmarTeam Scripts
STEP
VRML
Groups (Selection Sets)
3D annotations
Import
Continuity optimization of curves and surfaces:
No optimization
Automatic optimization
Advanced optimization
Parameters...
Assemblies physical structure: One CATProduct for each product
Insert existing component: MultiCAD mode
Export
Application Protocol (AP): 203 iso
Units: mm inch
Show/NoShow: Export also NoShow entities
Export also non-visualized
Header of the STEP file : Define...
Assemblies: One STEP file
External references to STEP
Links to CATIA
External references to CATIA
OK
Cancel

[그림 4.2]

〈 저자소개 〉

노현구

- 인덕대학교 기계자동차학과 교수

오현묵

- 인덕대학교 기계자동차학과 겸임교수
- 에이스무크이엔지(주) 대표이사

저자와의
협의에 의해
인지 생략

CATIA MASTER

1판 3쇄 2021년 3월 10일

저 자	노현구 / 오현묵
발행인	송광헌
발행처	복두출판사
주 소	서울특별시 영등포구 경인로82길 3-4 센터플러스 807호 (우) 07371
전 화	02-2164-2580
FAX	02-2164-2584
등 록	1993. 11. 22. 제 10-902 호

정가 : 12,000원

ISBN : 979-11-5906-293-3 93550

한국과학기술출판협회 회원사

* 본 도서의 자료 업데이트가 있을 경우 본사 홈페이지 자료실에 업로드 됩니다. 정기적으로 들러서 유익한 자료를 받아가시기 바랍니다.